相談援助のための
福祉実習ハンドブック

関西福祉科学大学
社会福祉実習教育モデル研究会 編

編集委員　遠塚谷冨美子・津田耕一・遠藤和佳子・橋本有理子・山戸隆也

ミネルヴァ書房

はじめに

「理論なしに実践することは，地図を持たないで航海に出るようなものである。実践のない理論はまったく航海しないのと同じである」。

これは最近出版された『ソーシャルワークスキル』（P. トレビシック著，杉本敏夫監訳，みらい，2008年）の中で紹介されている言葉である。また，「社会福祉学は実践の科学である」ということも古くから言われてきている。

大学における社会福祉教育は，人と社会を科学的に分析し，さまざまな生活問題が社会や地域に，そして個人や家族に発生する原因を突き止め，適切な対策を社会的な政策として実施したり，また個人や家族への具体的な援助活動として実践する力を包括的に幅広く身に付けることを目標とするべきであろう。特に，社会福祉の教育が社会福祉士や精神保健福祉士の養成を基盤にして行われるようになってからは実践を目指す教育はさらに重要になっている。

私たちの所属している関西福祉科学大学社会福祉学部社会福祉学科は，いわゆる福祉ブームがはじまりかけた1997年4月に開学し，2008年3月で丸11年を経過したことになる。当時はすでに社会福祉士及び介護福祉士法も施行されていて，本学のカリキュラムもそのカリキュラムを基礎にして本学の特色を生かすカリキュラムを組んでいた。その後，精神保健福祉士の資格制度も創設され，本学社会福祉学科では希望すれば両方の国家試験受験資格が取得できるようになっている。

このようななかで，本学社会福祉学科の特色の一つは実習教育に力を入れていることである。たとえば，実習に必要な知識を身に付けさせるための各種講義を行うとともに，各教員が15人程度の学生を担当して，きめ細かく実習の事前指導，実習先の選定，実習中の指導，事後指導等にあたっている。

このようにして学生の実習教育に取り組むなかで，より充実した実習を行うためには実習生を受け入れてもらっている施設や相談機関と連携して実習に取り組む必要性があることがわかり，施設や相談機関の中には，社会福祉士の実習指導に戸惑っているところもあることがわかった。

そこで我々は施設や相談機関のワーカーの人たちに呼びかけて，それぞれの施設や相談機関で社会福祉現場実習のモデルを作るため「社会福祉実習教育モデル研究会（以下，モデル研究会）」を立ち上げた。その研究成果は本書の中にも取り入れられ，生かされている。

また，この過程で，私たちは学生が実習について事前に学習したり，授業に利用したり，疑問点の回答を探したりするためのテキストの必要性も認識した。当然，すでにこ

のようなテキストは出版されていて，私たちもそのうちの一冊をテキストとして指定をしていたが，私たちの実習指導によりフィットしたテキストが必要であった。

このような経緯で誕生したのが本書である。本書は関西福祉科学大学で行っている社会福祉士と精神保健福祉士の実習を基盤にしてまとめたものであるが，本学以外の大学，短期大学，専門学校での実習指導でも，そして社会福祉の施設や相談機関で学生の実習を担当されている指導者の方や管理職の方にも役立つ本だと思われるので，ぜひ参考にしていただきたい。

本書の編集作業をすすめている時に社会福祉士及び介護福祉士法が改正され，社会福祉士の仕事に，それまでの「相談援助」に加えて「関係者との連絡調整」がプラスされた。同法が制定された1987年当時のことを思い起こすと，社会も大きく変化し，社会福祉の考え方をはじめ，制度も大きく変わってしまった。これは，そのような変化のなかで，社会福祉士に対する社会的な期待も変化したことを示すものだと思われる。

このような法改正に伴い，社会福祉士養成のカリキュラムも改正され，これもまだ案段階であるが，発表された。この度のカリキュラム改正のポイントの一つは「実践力の強化」である。そのために，これまでのカリキュラム以上に演習や実習に多くの時間がとられることになった。実践重視というカリキュラム改正であるので，本書は法改正，カリキュラム改正の前に編集されたものであるが，社会の変化や考え方の変化を十分に反映しており，その内容から見て今後とも実習指導にあたっては十分に活用できるものだと思う。本書が広く普及し，多くの関係者に読んでもらえることを期待する。

なお，本書の出版にあたってはミネルヴァ書房編集部の仁坂元子さん，音田潔さんにお世話になりました。お礼を申し上げます。

2008年4月
関西福祉科学大学
杉本敏夫
遠塚谷冨美子

目　次

はじめに

第1章　福祉実習とは

第1節　福祉実習の意味・意義・ねらい・目的 …………………………………… 2
福祉実習の意味…2　福祉実習の意義…3　福祉実習のねらい…3　福祉実習の目的…4

第2節　福祉教育における実習の位置づけ ……………………………………… 6
実習で得られるもの…6　実習の位置づけ…6　専門職としての価値…8　実習の重要性…8

第2章　社会福祉士・精神保健福祉士とは

第1節　福祉専門職の意義──実習に向けて── ……………………………… 12
職業人と専門職…12　専門性と聖職性…12　福祉専門職の幻想…13

第2節　福祉専門職の要件──実習に向けて── ……………………………… 15
価値（倫理）…15　知識…17　技術…17

第3節　社会福祉士 ………………………………………………………………… 19
社会福祉士とは──社会福祉士誕生の背景…19　「社会福祉士及び介護福祉士法」にみる社会福祉士…19　社会福祉士の役割と働く場…20　精神保健福祉士との違い…21　日本社会福祉士会…22

第4節　精神保健福祉士 …………………………………………………………… 23
精神保健福祉士とは──精神保健福祉士誕生の背景…23　「精神保健福祉士法」にみる精神保健福祉士…24　精神保健福祉士の役割と働く場…24　日本精神保健福祉士協会…26

第5節　社会福祉士・精神保健福祉士の業務 …………………………………… 28

1　福祉事務所　28
職場の紹介…28　仕事の内容…28　仕事を進める上での基本姿勢…29　実習生へのメッセージ…30

2　社会福祉協議会　30
職場の紹介…30　仕事の内容…31　仕事を進める上での基本姿勢…32　実習生へのメッセージ…33

3　特別養護老人ホーム　33
職場の紹介…33　仕事の内容…34　仕事を進める上での基本姿勢（有資格者として）…35

4　障害者支援施設（生活介護事業・施設入所支援）　37
職場の紹介…37　仕事の内容…37　仕事を進める上での基本姿勢…38　実習生へのメッセージ…39

5　児童養護施設　40
職場の紹介…40　仕事の内容…40　仕事を進める上での基本姿勢…40

　　　　　6　病院　42
　　　　　　　　　職場の紹介…42　仕事の内容…42　仕事を進める上での基本姿勢…44
　　　　　7　精神科病院　45
　　　　　　　　　職場の紹介…45　仕事の内容…45　仕事を進める上での基本姿勢…47

第3章　福祉実習の流れ

第1節　福祉実習全体の仕組みと流れ …………………………………… 50
　　1　2年間の現場実習の構成　50
　　2　現場実習の流れ　51
第2節　社会福祉士・精神保健福祉士実習の達成課題と到達点 ……… 54
　　　　　実習の達成課題…54

第4章　配属実習へ向けての準備と事前学習

第1節　事前学習の内容と方法 …………………………………………… 58
　　　　　事前学習の必要性…58　事前学習の方法…58　事前学習の内容…59
第2節　実践の場を学習する意義 ………………………………………… 61
　　　　　社会福祉施設・機関などの外部講師による講義…61　施設見学…61
第3節　実習先の選定 ……………………………………………………… 63
　　　　　問題意識・目的意識の明確化…63　実習先の情報収集とマッチング…64
第4節　実習先とのオリエンテーション ………………………………… 66
　　　　　オリエンテーションにあたって…66　オリエンテーションで確認すること…66　オリエンテーションをおえて…67
第5節　実習計画作成 ……………………………………………………… 69
　　1　実習計画作成の意義　69
　　　　　実習計画を立てる意味…69　「実習計画書」にどのようなことを書くのか…70
　　2　「実習計画書」の作成と記述方法　70
　　　　　実習計画を立てる上での留意点…70　「実習計画書」の記述方法…71
　　3　「実習計画書」の活用方法　73
第6節　計画書のモデルの提示 …………………………………………… 74
　　1　福祉事務所　74
　　　　　事前学習がポイント…74　実習テーマの設定…74　実習の達成課題を具体的に…74
　　2　児童相談所　76
　　　　　実習テーマの設定…76　具体的な達成課題設定のポイント…76
　　3　社会福祉協議会　78
　　　　　実習テーマの設定…78　実習の具体的達成課題を考えるには…78

- **4　特別養護老人ホーム　80**
  - 実習計画書を作成する上で，社会福祉士の専門性について考える…80　実習先の方針を確認した上で達成課題を検討する…80　具体的な達成課題を設定する際に，体系的な実習の流れを考慮する…80　事前学習では幅広い視野をもって学習に臨むようにする…80
- **5　障害者施設　82**
  - 障害者施設における実習のポイント…82　実習テーマの設定…82　実習の達成課題…82　事前学習…82
- **6　入所型児童福祉施設　84**
  - 施設の特性によってテーマを設定する…84　具体的な達成課題を考える際の視点…84
- **7　障害児施設　86**
  - 実習について…86　達成課題について…86
- **8　精神科病院　88**
  - 実習計画書作成の必要性…88　事前学習の重要性…88

第7節　実習に向けての心構え　90
体調管理…90　必要書類をととのえる…90　実習指導教員や福祉実習相談室との連携のあり方…91　各施設や機関の専門知識や技術の習得…91　その他の心構え…92　意欲の向上，職業倫理を高める…92

第5章　配属実習中の学習

第1節　実習中の態度，留意点　96
実習全体を通しての態度や留意点…96　実習初期…97　実習中期…99　実習後期…100

第2節　利用者・職員とのコミュニケーション　101
コミュニケーションとは…101　利用者とのコミュニケーション…101　職員とのコミュニケーション…103

第3節　実習テーマや達成課題へ向けての取り組み　106
実習先について理解する…106　実習目標を設定する——実習テーマや達成課題と関連づけながら…106　質問する，確認する，"ほうれんそう"（報告・連絡・相談）を大切にする…107

第4節　巡回指導の意義と進め方　109
巡回指導の意義…109　巡回指導の目的…109　巡回指導の進め方…109

第5節　スーパービジョン　112
スーパービジョンの必要性…112　スーパービジョンの意味…113　スーパービジョンの方法…113　スーパービジョンを受けるにあたっての心構えや留意点…114　スーパービジョンを効果的に進めるために…116

第6節　実習日誌の作成　117
実習日誌の目的と意義…117　実習日誌の記入に関する留意点…118　実習日誌の提出方法と実習ノートの取り扱い方…122　演習「実習所感の記入について考える」…122

第6章　事後学習と自己評価

第1節　実習のふりかえり …………………………………………………… 126
1. 事後学習と事後指導の意義　126
2. 個別事後学習と個別事後指導　126
   個別事後学習…126　個別事後指導…127
3. 実習報告会と実習交流会　128
   実習報告会と実習交流会の目的…128　実習報告会…129　実習交流会…129
4. グループ事後学習　130
   理論と実践を統合させる作業の意義…130　グループ事後学習の目的…131　グループ事後学習の概要…131　グループ事後学習の効果と今後の課題…132
5. 実習報告書の作成　132
   実習報告書作成の目的…133　実習報告書の内容…134

第2節　専門職としての自己覚知 ………………………………………… 136
自己覚知とは…136　感情・性格・価値基準…136　自分のパーソナリティについて理解する…138　自分を知るということ…139

第3節　実習先との今後のつながり ……………………………………… 141
実習後にも守るべきルール…141　実習後にも交流をもつ意義…142

第7章　福祉実習モデル

第1節　福祉実習モデルの意味 …………………………………………… 146
福祉実習モデルの意義…146　福祉実習モデルの作成過程…146　福祉実習モデルの到達点…148　種別間の共通事項…149

第2節　種別ごとにみる福祉実習モデル ………………………………… 150
1. 福祉事務所　150
   福祉実習モデルの目的・ねらい…150　福祉実習モデルの提示…151　福祉実習モデルの作成経過…155　推薦図書…156
2. 児童相談所　157
   福祉実習モデルの目的・ねらい…157　福祉実習モデルの提示…157　福祉実習モデルの作成経過…163　推薦図書…163
3. 社会福祉協議会　164
   福祉実習モデルの目的・ねらい…164　福祉実習モデルの提示…165　福祉実習モデルの作成経過…171　推薦図書…171
4. 高齢者福祉施設　172
   福祉実習モデルの目的・ねらい…172　福祉実習モデルの提示…172　福祉実習モデルの作成経過…176　推薦図書…178
5. 障害者福祉施設　179
   福祉実習モデルの目的・ねらい…179　福祉実習モデルの提示…179　福祉実習モデルの作成経過…183　推薦図書…183
6. 児童福祉施設　184
   福祉実習モデルの目的・ねらい…184　福祉実習モデルの提示

　　　　　　　…185　福祉実習モデルの作成経過…186　推薦図書…190
　　　7　障害児福祉施設　191
　　　　　　　福祉実習モデルの目的・ねらい…191　福祉実習モデルの提示
　　　　　　　…191　福祉実習モデルの作成経過…194　推薦図書…195
　　　8　精神科病院　196
　　　　　　　福祉実習モデルの目的・ねらい…196　福祉実習モデルの提示
　　　　　　　…197　福祉実習モデルの作成経過…200　推薦図書…201

第8章　福祉実習 Q&A

　　Q1　まもなくはじまる実習に不安な気持ちでいっぱいです …………… 204
　　Q2　実習に向けてのモチベーションが上がりません ………………… 205
　　Q3　職員が利用者を子ども扱いしており，疑問を感じています ……… 206
　　Q4　利用者が突然意識を失いました。どうすれば良いでしょうか …… 206
　　Q5　職員から個人的なつきあいを求められ困っています …………… 207
　　Q6　性的嫌がらせにどう対処すれば良いのでしょうか ……………… 208
　　Q7　実習で一緒に学ぶ他大学の実習生との関係で悩んでいます …… 208
　　Q8　職員から他の実習生と比較され困っています …………………… 209
　　Q9　「職員には内緒にしてほしい」と言われたのですが ……………… 210
　　Q10　実習日誌が上手く書けるか不安です ……………………………… 211
　　Q11　利用者の一つひとつの言動の意味が分かるか不安です ………… 212
　　Q12　実習計画書の目標や課題が達成できるかどうか不安です ……… 213
　　Q13　実習中，利用者と上手く関係がとれません ……………………… 215
　　Q14　実習内容が相談業務ではなくほとんど介護業務です …………… 215
　　Q15　実習先の職員と関係がとりにくいのですが ……………………… 216
　　Q16　介護の経験がないのに，介護できるかどうか不安です ………… 217
　　Q17　オリエンテーションの時の服装は？ ……………………………… 217
　　Q18　利用者から「連絡先を教えてほしい」と言われたのですが ……… 218
　　Q19　利用者から個人的な頼まれごとをされたのですが ……………… 218
　　Q20　利用者から手紙をもらったのですが ……………………………… 219
　　Q21　実習先の職員からボランティアの依頼を受けたのですが ……… 219
　　Q22　突発的な出来事に遭い，遅刻しそうなのですが ………………… 220
　　Q23　職員は忙しそうで，なかなか質問できません …………………… 220
　　Q24　職員によって指導方法が違うと感じるのですが ………………… 221
　　Q25　実習が上手く進まず落ち込んでいます …………………………… 222

第9章　よく起こりがちな福祉実習トラブル事例

　　事例1　かぜで実習を休むことになった ………………………………… 226
　　事例2　細菌検査の結果が実習開始直前になっても届かなかった …… 227
　　事例3　遅刻をしてしまった ……………………………………………… 228
　　事例4　実習中に気象警報が発令された ………………………………… 229
　　事例5　入所児童から連絡先を聞かれた ………………………………… 230

事例6　実習先との往復で事故に遭った……………………………………… 232
　　事例7　利用者から物をもらってしまった……………………………………… 233
　　事例8　個人情報の扱いについて注意された………………………………… 235

第10章　福祉実習体験者からのワンポイントアドバイス

　　アドバイス1　福祉事務所…………………………………………………… 238
　　アドバイス2　児童相談所…………………………………………………… 240
　　アドバイス3　社会福祉協議会……………………………………………… 242
　　アドバイス4　特別養護老人ホーム………………………………………… 244
　　アドバイス5　心身障害者デイサービスセンター………………………… 246
　　アドバイス6　児童養護施設………………………………………………… 248
　　アドバイス7　盲児施設……………………………………………………… 251
　　アドバイス8　知的障害者更生施設………………………………………… 253
　　アドバイス9　保健所，精神障害者地域生活支援センター……………… 256

第11章　福祉実習先からのワンポイントアドバイス

　　アドバイス1　事前学習の大切さ…………………………………………… 260
　　アドバイス2　マナーについて（挨拶，服装，言葉づかい，時間厳守など）
　　　　　　　　　………… 261
　　アドバイス3　自分の意見・考えをまとめてみる………………………… 262
　　アドバイス4　福祉実習をはじめるにあたって…………………………… 263
　　アドバイス5　実習計画に挙げたことを現場でみつけるには…………… 266
　　アドバイス6　実習中にモチベーションが低下しそうになったら……… 267
　　アドバイス7　モチベーションを維持する方法…………………………… 268
　　アドバイス8　主体的・積極的に動く，指示待ちにならないために…… 269
　　アドバイス9　巡回指導の活用法…………………………………………… 270
　　アドバイス10　実習担当者以外にも指導してくれる職員のみつけ方…… 270
　　アドバイス11　セクハラ・パワハラ等の対応について…………………… 271
　　アドバイス12　実習中挫折しかけた時……………………………………… 272
　　アドバイス13　実習後のふりかえりの必要性とその意義について……… 274

第12章　福祉実習事務手続き

　　第1節　事前学習……………………………………………………………… 276
　　　　　　　　事務手続きを学ぶにあたって…276　事前学習における書類作
　　　　　　　　成の意義…276　実習先の選定方法…277　実習依頼の方法
　　　　　　　　…277　実習計画作成…278　準備すべき書類…278　オリエン
　　　　　　　　テーション（事前訪問）…278
　　第2節　実習がはじまったら………………………………………………… 280
　　　　　　　　実習初日の段取り…280　実習中の過ごし方…280　実習日誌に
　　　　　　　　ついて…281　巡回について…282

第 3 節　事後学習と自己評価 …………………………………………………… 284
　　　　　レポートまとめ…284　実習日誌の活用と保管…284　お礼状の
　　　　　書き方…285

おわりに　287

第1章

福祉実習とは

　この章では，本書の導入として，福祉実習とはどのようなものなのかについて，福祉実習の意味，意義，ねらいや目的を明確にし，福祉教育において福祉実習がいかに重要であるかについて解説している。社会福祉は実践であり，福祉実習は学校で学んだソーシャルワークの理論をより具体的に理解する絶好の機会である。まず，福祉実習とは何かについて理解を深めて欲しい。

第1節　福祉実習の意味・意義・ねらい・目的

■福祉実習の意味

　「実習」とは専門職者を目指して勉学中の学生等が実践の現場に入って，実践の指導者の指導を受けつつ実際の仕事について学ぶことである。人が人に対して援助や指導を行う福祉職だけでなく，教育，治療，看護，介護等も含めた，いわゆるヒューマンサービスの仕事にとって実習は不可欠である。これらの職業は，程度の差はあれ，それぞれに専門職であり，その仕事に従事するにあたっては倫理，専門的な知識と共に必要最低限のスキルや技術を身に付けておくことが求められるのであり，そのためにも勉学中に実習という形での実践の経験が必要になるのである。

　「福祉実習」とは社会福祉の専門職者になるための実習ということになる。今日，社会福祉の専門職者といった場合には，相談援助を中心に仕事をするソーシャルワーカーと，介護を中心に仕事をするケアワーカーの2種類に大きく区別できる。現在，ソーシャルワーカーには社会福祉士と精神保健福祉士，ケアワーカーには介護福祉士という国家資格制度が設けられているが，それらの資格を取得するためには法律で定められたカリキュラムによって学習をすることになっており，そのなかには講義や演習と共に，やはり実習が必修になっている。

　このように福祉実習には大きく2つの種類があるが，本書は主に前者の実習を意識したものである。

　社会福祉士は，対象者としては児童から，障害者，高齢者，その他環境上の問題を抱える人々全体を想定して，その福祉に関する相談援助全般を行う資格であるのに対し，精神保健福祉士は精神障害者のみを対象にした資格制度である。ソーシャルワークそのものは，対象者で区別されるものではなく，生活問題を抱えている人々であればすべての人々を対象として援助活動を行うものであるが，わが国では資格制度創設の関係で2つの資格が別資格として制度化されている。

　そのため，両者ともソーシャルワークの専門職ではあるが，実習のできる施設や機関もそれぞれ別の種類のものが規定されており，それは実習の場が違うだけで基本は同じソーシャルワークの実習ということになる。しかし，対象者や施設，機関の種類によって抱えている課題にも違いがあるので，その点で実習内容に違いが出てくることも事実である。たとえば，特別養護老人ホームでは社会福祉士の実習といっても，介護の実習が課せられることは当然であるし，福祉事務所の実習は相談活動の実習が中心となる。

■福祉実習の意義

　社会福祉，特にその実践のための倫理，知識，スキルや技術から構成されるソーシャルワークの学習は学校の教室での座学だけでは将来ソーシャルワーカーとして働くのに必要な内容，特にスキルや技術が身に付かないし，倫理についても倫理綱領を覚え，頭で理解をしただけでは倫理に関する現実的な問題が十分に理解できない。専門知識についても教室での講義や自己学習によって身に付けることはできるが，それを社会福祉援助の実際の場面に応用するとなると実際的な経験が必要になるであろう。

　このように，ソーシャルワークも含めて，社会福祉の援助活動は実践なのである。実践ができるようになって一人前といえるのである。したがって，この領域での学習には実習を通じての学習が不可欠なのである。

　たとえば，ソーシャルワークの勉強をすると「バイスティックの7原則」は必ず学ぶであろう。その内容は教科書に書いてあるし，講義でも学ぶであろう。教科書を読んだり，講義を聞けばその内容は頭に入るであろうし，理解もできるであろう。しかし，それだけでは不十分なのである。社会福祉の実践ではそれらの原則に即した援助活動ができなければならないのである。サービス利用者を個別化した援助ができなければならないし，受容ができなければならないのである。できるようになるためには，やってみなければならないのである。

　それが実習なのである。実習は仕事ではなく，あくまで勉強の一環である。したがって，実習指導者がつき，指導を受けながら援助活動の一端を担うことになる。当然，実習指導者は実習生を一人前の仕事ができる人とは考えていないし，必要な指導を行うのが自分の仕事だと考えているであろう。したがって，実習生は実習の場では指導してもらえばよいのである。実際にやってみて，うまくできなかったことや疑問に感じたことは積極的に実習指導者の助言を受ければよいのである。その助言によって自分の成長をはかることができるし，それがまた実習生の特権でもあるのである。

　しかし，実習指導者は，実習生といえども実習生になるのに必要な知識や技術は身に付けているものと考えていることも当然である。そのレベルの知識や技術を欠いているようでは実習生になる資格もないし，実習指導者に受け入れてもらえなくても仕方がないであろう。

■福祉実習のねらい

　ここでは，ソーシャルワーカーの養成課程で実習にはどのようなねらいがあるのかを，希望を示す形で箇条書き的に整理しておきたい。

① 社会福祉の援助活動が行われている現場に入り，その現状を自分の肌で感じ取ってほしい。

　　講義では社会福祉の現場のことを生のまま伝えにくい。それを自分の目で見て，その場で生活して実態を感じ取ってほしい。

② 社会福祉の施設や機関，団体の働きをその場に入り，理解してほしい。そこで働いているソーシャルワーカーをはじめ，多くの職種の働きも理解してほしい。
③ 実習先の施設や機関，団体の利用者のことを理解してほしい。教科書では一応学んでいると思われるが，その知識をベースに，利用者から直接学んでほしい。
④ 社会福祉の現場にいる自分をしっかりと見つめて，自己理解を進めてほしい。実習を通して自分の新しい側面に気づいてほしい。
⑤ これまでに学校で学んできたソーシャルワークに関する理論や原則や知識を実践現場に照らしてどうであるか，適切か，おかしいかを考えてほしい。
⑥ 「ソーシャルワーカーの倫理綱領」を事前にしっかりと学び，社会福祉実践において倫理綱領がどのように生かされているかを学んでほしい。
⑦ 社会福祉の現場で実習をすることで，社会福祉にはどのような課題があるのかを考えてほしい。

■ 福祉実習の目的

福祉実習の目的を述べる前に，いくつかの前提も示しておきたい。
① 実習に行くのに必要なマナーをしっかりと身に付ける。たとえば，あいさつ，服装，礼儀等。
② 実習に行くのに必要な知識を身に付ける。たとえば，法制度，援助技術，利用者理解等。
③ 実習計画をしっかりと作る。自分は実習で何を学ぼうとしているのか等。
④ 実習先の施設，機関，団体のことを資料やオリエンテーションによってできる限り理解しておく。たとえば，その施設の歴史，現状等。

　これは福祉実習の目的ではないが，実習を充実したものとするためには，まず施設や機関，団体職員と良い関係を作ることが必要であろう。そのためには，実習生はあくまで実習生であり，学校にいる時とは違うということを自覚しておくことが必要である。実習生は単なる学生ではないのである。つまり，実習先で実習生はある程度まで社会人として扱われることは知っておくべきである。
　次に，実習の目的を整理するが，実習生各自の目標は以下の点を枠組みとして，自分の学びたいことやそれまでの学習の進行度に応じて設定するものである。
① 実習施設や機関や団体の法的基盤，目的，利用者の状況，職員の職種や配置状況や職務の内容等を学ぶ。
② さまざまな利用者とのコミュニケーションがスムーズにできるようになる。コミュニケーションは社会福祉援助の基本である。
③ ②を基盤にして利用者の援助のための面接ができるようになる。面接を通じて，専門的な援助関係を樹立し，アセスメントのためのデータを得ることが求められる。

④ アセスメントができるようになる。アセスメントとは，利用者の生活の現状と解決するべき課題の把握である。
⑤ 問題の分析ができるようになる。学校で学んだ知識を基盤にして，問題が発生している原因やそのプロセスを理解する。
⑥ 問題の解決を試みる。カウンセリングや社会資源を活用して問題の解決をはかる。
⑦ 入所施設での実習の場合は，利用者の身体的な世話や介護が求められる可能性が高い。それも実習として大切なことである。
⑧ 実習前に学んだ理論が果たして社会福祉援助で生かされているのかも考えてみる。
⑨ 実習を通じて社会福祉と社会福祉援助の問題点，課題を把握し，解決の道を探る。

第2節　福祉教育における実習の位置づけ

■実習で得られるもの

　配属実習を終えた学生は一般に大きなものを得て自分を変化させるが、実習レポートに書かれている記述から、その様子を読み取っていきたい。

- 現場での利用者とのかかわりの中で、人の話をよく聞く「傾聴」の大切さを実感した。
- 利用者に何かをしてあげるのでなく、そのことを通して学ぶことの方が多いと気づかされた。
- 地元の機関で実習して、自分の地域をもっと知ろうと思うようになった。
- 理想と現実のギャップが大きく、もっと視野を広げなくてはと思った。
- 職員は冷静に判断しているように見えても、実際は葛藤に苦しんだり苦慮していることが分かった。
- 学校で学んだことが現場でどのように実践されているかが分かり、福祉に対する熱意が大きくなった。
- 志望する職種に対する動機が実習を通してはっきりしてきて、学習意欲が向上した。

　学生は学校で知識として学んだ理論を、現場の実際を経験することで、自分の中に捉え直す作業をする。言葉として理屈として頭に入れていたことが、実際に現場で体験するとどのような形になって現れるのかを知る。こうあるべきと思っていたことがそうはならないと知って、自分なりの知識の補充や体系化を迫られることもある。もっと身近に具体的に知ることができることがあるのに、これまではまったく気づかなかったこともあろう。もっとも多いのは、制度や法律やあるいは福祉理論が具体的に利用者にどう活用されるのかを実例で多く体験することであろう。また、援助技法を理屈として何度も聞いたり、援助技術演習で模擬的に実演したりしていたが、実際に自分が利用者とかかわる中で、その効果や難しさを知ることができる。

　実習では、学校で学習した知識の実践的な意味を体得するのであり、そこから事前学習の不足を痛感することもあり、それが今後の具体的な学習目標を獲得することにもつながることが多い。多くの学生が実習後の学習意欲の高まりを報告する。

　また、卒業後の進路と結びつけて実習に入る学生も多く、実習後は具体的な実践に向けての勉学に力が入ることにもなる。

■実習の位置づけ

　学生は実習の前後に学校で多くのことを知識として学ぶ。福祉専門職に必要な専門知識の体系としては、利用者を理解するための基礎的な人文・社会・自然科学や社会福祉

理論に関するもの，社会福祉の制度・政策などに関するもの，援助技術に関するものなどがあり，厚生労働省は社会福祉士・精神保健福祉士養成に必要な科目を定めている。

これらによって利用者を理解し，生活の諸側面やそこに生起する問題について学び，社会全体の仕組みの中での社会福祉の制度・政策を知り，問題への介入の方法・手段である技術についても学ぶことができる。

しかし，知識としてこれらの科目を学ぶだけでは不十分である。社会福祉は実践の学であり，社会福祉理論や制度・政策の知識や援助の技術・技法について学んだことが，具体的・個別的に利用者の問題解決にどう生かされるかを，実践の場で実際に体験して学び直さなければならない。

理論を学ぶことは，原理や抽象的概念を学ぶことになりがちである。それだけではなく，社会福祉の問題が人間の生活においてどのような形をとって現れるのか，そこに介入する技術がその個人にとってどのような意味をもつのか，実際に理解できなくてはならない。そして，自ら利用者とかかわり，問題解決の道筋を経験することで，基礎的な実践力を身に付けることが必要である。そのために実習が用意されている。

しかし，福祉現場の実習に行く前に，十分な準備が必要である。そこで，演習の場で理論を応用して，具体的で柔軟な考え方をきたえておくことを経験する。事例研究により，実際に想定される場合の援助・支援のあり方を学び，ロールプレイングで面接等の援助技法を模擬的に体験する。また，基本的な人間関係のもち方やコミュニケーションについても学んでおくことが必須である。そして何よりも，専門職として目指すべき目標や価値について演習を通じて考え続けることが求められる。そのために，社会福祉援助技術演習や精神保健福祉援助演習が設けられている。

学生はこれらの講義や演習を経て，現場実習についての学習をはじめる。事前学習は，配属実習の準備段階にあたり，福祉現場の実際を学び，実習の分野を確定し，実習のテーマを設定する。この段階では実習についての動機づけを明確にしておくことが何よりも重要である。

福祉現場は現在大きな変革のさなかにあり，そうした個々の現場の状況にあって実習成果を挙げるには，従来にもまして十二分の事前学習が必要であることを銘記しておきたい。

現場実習においてはすでに述べたように，学校の座学で学ぶものとは異質の学びを獲得する。そこから理論と実際を統合的に学習し，これまでに学んだことを再体系化する。現場実習においては，利用者や実習指導者やその他関係する多くの人との出会いがあり，多様な人間関係を経験し，人間的な成長の機会を得ることができることも大きな意味がある。

配属実習が終わると，それを事後学習においてふりかえり，これまでの自己の知識や技術の体系の中に実習で獲得したことを位置づけ，その意義を確認し，今後の課題を考える。

■ **専門職としての価値**

　一般に専門職を構成するものとして，知識と技術と価値が挙げられる。社会福祉専門職は，専門知識と専門技術を用いて利用者とかかわり，援助・支援にあたっている。その専門知識と専門技術の基盤にあって，社会福祉が実現するべき理念を示しているのが価値である。知識や技術は，その専門職の属する専門分野や職場により，必要とされるものが異なることはあるが，どの社会福祉専門職にも共通して認識されていなければならないのが価値である。

　国際ソーシャルワーカー連盟はソーシャルワークを定義し，「すべての人間が平等であること，価値ある存在であること，そして尊厳を有していることを認めて，これを尊重することに基盤をおいている」，「人権と社会正義は，ソーシャルワークの活動に対し，これを動機付け正当化する根拠を与える」と述べている。

　実習に行く前に，学生は自らの実習領域に合わせて，知識や技術を学び直すが，とりわけ価値をしっかり認識することが重要である。それは望ましい社会福祉士像，精神保健福祉士像の基盤を描くことでもある。また，自らの実習の対象となる利用者にどれだけ深い関心と理解をもつことができるかを問うことでもあろう。そのことは現場実習を経て利用者への自らの態度を点検し，専門職としてのあり方を評価することにつながる。

　専門職の実践の根底にあるべき価値は，実習態度や心構えに大きく関係することを知っておかなければならない。

■ **実習の重要性**

　社会福祉教育の根幹は実習であるといえる。これまでに述べてきたことをまとめ直すと，その意味は以下のようになろう。

　① 理論と実践の融合

　すでに述べたように実習は理論と実践の融合の場である。本で学んだことを実践の中で具体的に体験する。頭で理解していたことが実感として総合的に理解できる。学生は実習によってこれまでと比較にならない深い学びを得る。

　② 理論の再認識

　学校で学んだ理論が利用者とのかかわりの中で確かめられ，実体のあるものとして再認識される。現場での理論と実践の乖離の実情も見聞し，理論の重要性や意味づけを理解する。学校での学習にも新たな気持ちで取り組めるようになる。

　③ 実践力を身に付ける

　利用者とかかわることで，関係を結ぶ力を否応なく身に付けていく。はじめはまったくどうしようもなかったのが，それなりにコミュニケーションがもてる喜びを実感できるようになる。また，職員やその他の人々との人間関係を体験し，社会性を広げ成長する。

④　自己覚知の導入

　利用者との関係や実習指導者との関係において，自らの反応様式や行動様式を認知し評価することで，社会福祉職としてあり方を学ぶことができる。また，社会福祉職に就くことの適性を考える機会となる。

⑤　将来の進路の検証

　将来の進路を重ね合わせて実習する学生は多い。実際の職務への不安，労働の実態や職員に必要とされる専門性の程度などを現場で検証することができ，将来の方向性を確定ないしは修正することができる。また，具体的に志望職種への専門的な勉強をはじめたり，資格取得のため受験勉強に弾みがつくことにもなる。

⑥　専門職としての資格の実質を準備する

　国家試験では知識の量やペーパーテストでの判断力を知ることができても，実践的な総合力を測ることはできない。しかし，それこそが福祉現場で求められるものであろう。事前学習で準備し，配属実習で体験したことを，事後学習によって定着させる。実習は専門職としての資格の実質的な内容を準備するものである。

第2章

社会福祉士・精神保健福祉士とは

　この章では，ソーシャルワーカーは専門職であるという観点に立ち，ソーシャルワーカーの国家資格ともいえる社会福祉士および精神保健福祉士について説明している。まず，専門職として兼ね備えておかなければならない専門性について解説する。次に国家資格である社会福祉士，精神保健福祉士について誕生の背景，法的根拠，定義，役割について説明する。そして，具体的な福祉の現場での業務内容について現場のワーカーからのメッセージを紹介する。

第1節　福祉専門職の意義
──実習に向けて──

　社会福祉の仕事（ソーシャルワーク）は，専門職としての仕事である。歴史的にも，福祉の担い手（ソーシャルワーカー）はその意識を持ち続けた。今日，日本標準職業分類は，福祉の担い手を福祉専門職と明示する。福祉の担い手は，専門職の自負をもち，評価を受ける存在である。社会福祉士や精神保健福祉士という国家資格の創設は，このことを一段と固めた感がある。ところで，もとより専門職が社会福祉の仕事の担い手となることの意味は何だろうか。現場実習に臨み，その基本事項を確認したい。

■職業人と専門職

　まず前提として，専門職は職業の一形態である点に注目しよう。職業の特徴の一つは，生計を立て保つための営みであることである。職業は，他者に仕事をし，その対価を獲得し，生活を成り立たせる。今日，社会福祉の仕事はこの一面をもつ職業として展開する。なぜなら，現代社会はこの職業の設置なしでは人々の生活問題を解決できないからである。そのため，現場実習は実社会の職業の場所に赴くことを意味する。そして，厳粛な職業人の指導を受けるのが現場実習の目的である。その点，学校教育で受ける指導とは大いに異なることを覚悟すべきである。現場実習は，以上にみた職業人としての実地訓練にほかならない。なお，職業は現代社会の分業体制の中で自己実現をはたす機会を与える一面がある。はたして，社会福祉という職業に就いて生涯をかけて自己実現の道を行くのか。現場実習は，このことを体感的に確認する作業の最初の一歩でもある。

　さて，社会福祉の仕事は単に職業一般ではなく，専門職であった。この専門職とは何か，現場実習に際してその要点を確認しよう。専門職の英訳は，プロフェッション（profession）である。時に，スペシャリスト（specialist）とも誤り混同が起こる。プロフェッションは，スペシャリストでは意を尽くせない。確かに，スペシャリストは1つの仕事に精通し高度な専門性をもつ者を指す。同様に，プロフェッションも高度な専門性をもつ者のことを言うことに間違いない。しかし，プロフェッションには辞書的に信仰告白などといった語義もある。このことは，使命感と責任感といった崇高な聖職性をプロフェッションがもつことを意味する。したがって，スペシャリスト以上の内容を含み持つのがプロフェッションだということである。

■専門性と聖職性

　以上にみた高度な専門性と崇高な聖職性をもつのが，職業の一形態である専門職の要素である。福祉専門職の仕事はこの要素を備えるべき仕事であり，現場実習はその資質

や能力を問う。それでは，高度な専門性や崇高な聖職性とは，何を意味するのだろうか。次に，その要点を確認した上で，現場実習に向けた若干の注意をうながしたい。

　まず高度な専門性は，一般の人々には不可能な事柄を特別な教育と研究で養い培った知識と技術で成し遂げることを意味する。現代社会は，家族や地域といった基礎社会の力が弱まり，また生活問題は複雑多岐にわたり，一般の人々の力のみでは解決が困難な事柄が多い。福祉専門職は，知識と技術を巧みに使い，一般の人々と共に力を合わせて問題解決に取り組むプロフェッショナルにほかならない。無論，知識と技術は個別状況や時代状況に従い適用に無理が生じることは不可避である。知識と技術は，ここにたゆまぬ工夫と応用，そしてたえざる更新と創造が不可欠になる。このことは，福祉専門職が知的職業の所以であり，プロフェッショナルの域に通じる道でもある。このことに思いいたるならば，現場実習は多大な収穫をもたらすことだろう。

　ところで，他方の崇高な聖職性は福祉専門職に価値や倫理を要請する。元来，プロフェッションはキリスト教信仰に基づく職業を意味した。神父や牧師，医師，法曹は三大専門職であり，人々のいのちやくらしに深く関与する。だから，この三大専門職はキリスト教信仰に基づく献身と善意の仕事であった。今日，プロフェッションの姿に職業的な世俗化が進んだことを否定することはできない。しかしこのなかで，福祉専門職もまた人々のいのちやくらしに深く関与する。そのため，献身と善意といった聖職性を背負うことが福祉専門職の宿命である。具体的には，第1に福祉専門職は人々のいのちやくらしに献身することである。この点で，福祉専門職は職業の一形態でありながら日常業務では，仕事の報酬の多寡にこだわらない性格を一面にもつ。また第2に，福祉専門職は自身とその知識や技術の悪用を許さない善意を終始一貫もつことである。その点で，福祉専門職には自身とその知識や技術を善用する使命感と責任感の不断の自省が欠かせない。なお，福祉労働者の立場を自覚することもここで同時に肝心なことである。このことは，福祉専門職がその献身や善意を十全に発揮するための職場環境や労働条件に対する観点をもつことを意味する。

　社会福祉の仕事は，現代社会が生み出す社会問題を背負い，生活が困難な状況にある人々を守り支える職業である。この人々に眼を向けその立場に立ち，その人々と状況を深く認識して問題解決をはかる存在を現代社会は必要とする。ここに，単に私利に走らず，人間性の悪の面にも打ち克つよう職業倫理を究め，つねに知識と技術を磨いて障壁を打開する知的職業として，福祉専門職の出番がある。現場実習は，以上にみた専門職の要素を実地訓練する機会にほかならない。

■福祉専門職の幻想

　現場実習では職業人に向けて，また専門職を志して努力を傾けるべきである。ただし，この時に注意したい若干の事柄がある。一つは，福祉専門職が職業人であることに関係する。職業は，人々の生活を守り支える役割分担であり社会分業の体制の単位である。

人々の連帯意識を社会的に強める一方で，こと家族生活の機能を切り出しその統合を崩す。また，職業は仕事で対価や報酬を求める行為であり，利得衝動がわくこともある。そして人々に対する奉仕の精神を蝕み，ときに偽りの信頼関係の形成に陥ることもないことはない。

　いま一つは，福祉専門職が専門職であることに関連する。専門職が自負をもち評価を受ける意識は，ときに高慢をもたらす。第1に，専門職として人々の助力になりたいという表層心理とは裏腹に，人々の能力を奪うという深層心理が眠るという逆説が指摘できる。また第2には，専門職は全知全能だという幻想を人々に抱かせて，実のところ人々の能力を奪いその生活を支配する危険も指摘できる。ここでは，専門職と人々とが協働的な関係性を適切につくり保って，人々こそが自身の生活状況を最も知る存在なのだという専門職の姿勢もいる。

　特に福祉サービスを必要とする人々の生活支援を仕事とする福祉専門職にとっては，以上の諸点は警戒してもし過ぎることのない事柄ではないだろうか。このことをわが身の懐中と足元に見出し，自問自答を重ねることも現場実習の重要な課題だろう。

注
(1)　京極高宣『日本の福祉士制度——日本ソーシャルワーク史序説』中央法規出版，1998年。
(2)　尾高邦雄『職業社会学』(尾高邦男選集第1巻) 夢窓庵，1995年。
(3)　同前書。
(4)　石村善助『現代のプロフェッション』至誠堂，1969年。
(5)　同前書。
(6)　A. グーゲンヴィル-クレイグ著，樋口和彦・安渓真一訳『心理療法の光と影——援助専門家の力』創元社，1981年。
(7)　I. イリイチ他著，尾崎浩訳『専門家時代の幻想』新評論，1984年。

第2節　福祉専門職の要件
――実習に向けて――

　福祉専門職に必要な事柄として，3つのHといった表現がある。すなわち，温かい心（Heart），冷めた頭脳（Head），巧みな手腕（Hand）を意味する。福祉専門職は，温かい心をもち問題事象に関心を寄せて接触をはかる。しかし，福祉専門職が問題事象の認識を鋭く深めるのは冷めた頭脳である。そして，この温かい心と冷めた頭脳こそが問題事象に働きかける巧みな手腕に冴えを生む。この3つのHは，福祉専門職の価値，知識，技術といった要素の平易な表現でもある。価値は，温かい心として具現化し，冷めた頭脳は知識が支え，巧みな手腕には技術を要する。現場実習に向けて，まず福祉専門職の価値，次に知識，そして技術の要点を確認しよう。

■価値（倫理）

　温かい心を生み出す福祉専門職の価値は，人権の思想に根ざす。人権の思想は，人間はすべて自由で平等といった近代の自由権の認識に萌芽した。しかし，自由は秩序の崩壊と競争の激化を引き起こし，数多くの「社会的弱者」を出現させた。ここに，「社会的弱者」の生存を脅かしさえする自由で不平等な事態が深刻化する。そこで，現代に入りこの不平等を是正する生存の保障といった人権の思想が生成した。このことは，人間はすべて自由で平等といった認識を実質化する生存権の提起であった。人権は，人間の生来の権利であり，何の資格も何の属性も問わない。人間は，すべて自由で平等であり，社会的に生存する権利をもつ。この人権の思想こそが，福祉専門職の価値の根源にほかならない。

　福祉専門職の価値は，以上の人権の思想から，第1に社会の底辺や周縁にある人々の一人ひとりを大切にする。そして第2に，その一人ひとりを社会の一員として，真の民主主義社会を創り出すことを大切にする。このことは，当然のことノーマライゼーションの考え方にも通じ合う。現場実習の生活施設や地域社会などで，このことが体現可能か否か用意をしておきたい。その点，福祉専門職の価値に基づく規範や指針を公言する倫理綱領を熟読することをすすめたい。

　たとえば，2005年採択の新しい日本社会福祉士会の倫理綱領は，前文にはじまり「価値と原則」および「倫理基準」を掲げる。前文では，2000年に国際ソーシャルワーカー連盟が採択した次のソーシャルワークの定義を実践の拠り所として提示する。すなわち，「ソーシャルワーク専門職は，人間の福祉（ウェルビーイング）の増進を目指して，社会の変革を進め，人間関係における問題解決を図り，人々のエンパワメントと解放を促していく。ソーシャルワークは人間の行動と社会システムに関する理論を利用し

て，人々がその環境と相互に影響し合う接点に介入する。人権と社会正義の原理は，ソーシャルワークの拠り所とする基盤である」。この定義に続いて前文は，「われわれは，ソーシャルワークの知識，技術の専門性と倫理性の維持，向上が専門職の職責であるだけでなく，サービス利用者は勿論，社会全体の利益に密接に関連していることを認識し，本綱領を制定してこれを遵守することを誓約する者により，専門職団体を組織する」と公言する。

第1に「価値と原則」の内容では，人権尊重の観点に立ち，「人間の尊厳」と「社会正義」の実現に「貢献」する社会福祉士として，倫理綱領に対する「誠実」を保つと共に，その「専門的力量」を発揮し向上させることを宣言する。また第2に，「倫理基準」の内容は「利用者に対する倫理責任」，「実践現場における倫理責任」，「社会に対する倫理責任」，「専門職としての倫理責任」といった項目に分け，社会福祉士の倫理責任を言明する。まず「利用者に対する倫理責任」は，「利用者との関係」，「利用者の利益の最優先」，「受容」，「説明責任」，「利用者の自己決定の尊重」，「利用者の意思決定能力への対応」，「プライバシーの尊重」，「秘密の保持」，「記録の開示」，「情報の共有」，「性的差別，虐待の禁止」，「権利侵害の防止」といった内容をもつ。また「実践現場における倫理責任」は，「最良の実践を行う責務」，「他の専門職等との連携・協働」，「実践現場と綱領の遵守」といった責任であり，「社会に対する倫理責任」は「ソーシャル・インクルージョン」，「社会への働きかけ」，「国際社会への働きかけ」といった責任である。最後に，「専門職としての倫理責任」としては，「専門職の啓発」，「信用失墜行為の禁止」，「社会的信用の保持」，「専門職の擁護」，「専門性の向上」，「教育・訓練・管理における責務」，「調査・研究」といった責任である。

なお，ここで福祉専門職の価値として平和主義を忘れるべきではない。以上の倫理綱領の前文は，社会福祉士の「平和」の「擁護」をも明記する。有史以来，今日にいたるもなお必要悪のように戦争が世界で勃発する。戦争は，人々の生命を奪い，数多くの障害者を生み，寡婦や孤児，孤老をもたらし生活を壊す。さらに，ここにとどまらず人間の存在に悲しみと憎しみを植え付けるのも戦争である。人権の思想は，第2次世界大戦の猛省から国際連合にして世界人権宣言を採択させるにいたった。戦争は，福祉の敵以外の何物でもなく，平和主義こそが最大の福祉である。世界の戦禍に思いをいたし，実習現場の日常空間が福祉理念，すなわち平和希求の発信基地であることをも心すべきだろう。

他方，改訂を経た後2004年採択の日本精神保健福祉士協会の倫理綱領は，前文で「われわれ精神保健福祉士は，個人としての尊厳を尊び，人と環境の関係を捉える視点を持ち，共生社会の実現をめざし，社会福祉学を基盤とする精神保健福祉士の価値・理論・実践をもって精神保健福祉の向上に努めるとともに，クライエントの社会的復権・権利擁護と福祉のための専門的・社会的活動を行う専門職としての資質の向上に努め，誠実に倫理綱領に基づく責務を担う」と公言する。その構成は，「クライエントに対す

る責務」,「専門職としての責務」,「機関に対する責務」,「社会に対する責務」といった項目を,「倫理原則」および「倫理基準」に分けて定める形をとる。社会福祉士も, 精神保健福祉士も, ソーシャルワーカーであり構成や表現こそ違え, 同じ福祉専門職としてその精神は一脈相通じ内実を共有する倫理綱領といえるだろう。

■知識

次に, 福祉専門職の冷めた頭脳を支えるのは, 知識である。かのリッチモンドは,「人間個人と社会環境の間を」「調整してパーソナリティを発達させる」ことの必要性と重要性を謳った。今日では, 人間個人と社会環境に対する視点を, 生態学理論やシステム論を応用したエコロジカル・システムズ・パースペクティブと呼ぶ。福祉専門職のうちソーシャルワーカーは, 人間個人と社会環境の交互作用が織りなす生活に関係する広範な知識を必要とする。ソーシャルワーカーにあたる社会福祉士や精神保健福祉士の指定科目の種類や内容からも, このことを理解することは容易である。「現代福祉学」の分野も, 低所得者福祉, 児童・家族福祉, 高齢者福祉, 障害者福祉, 医療福祉, 司法福祉, 地域福祉, 国際福祉と幅が広い。(2)ここでは現場実習に向けて, 準備を最低限要する知識を確認したい。

まず人間行動に関する知識と, 社会環境に関する知識を日頃から身に付ける努力が肝要である。ただし, 現場実習を開始するまでに, そのすべてを習得することはカリキュラム上に無理がある。それゆえ, 実習現場に焦点をしぼり準備を進めることを期待したい。まず前提として, 実習現場の分野に関する概論を一通り学習することである。その上で第1に, 人間行動に関する知識としては, 実習現場の利用者（クライエント）に関する知識があがる。ここでは, 利用者の抱える問題を身体面や精神面などから一般的な理解をはかっておきたい。第2には, 社会環境に関する知識として, 実習現場の法的根拠や動向と課題, 関連事業, 職員構成, 業務内容, 社会制度などの一般的な理解を試みておきたい。無論, 利用者に個性があり, 実習現場に歴史性や地域性がある。したがって当然, 一般的な理解は実習現場でそのまま通用し難い。ここを克服するには, 現場実習が開始するまでに見学やボランティアを行い, 実習現場の沿革や理念, 地域社会の変遷や実情を学習しておくことも重要だろう。

以上の準備は, 現場実習に際し最低限要する知識である。現場実習を通じてはじめて, 知識が生きたものとなり, 現場実習の後の学習が広がりと深まりをもつことだろう。

■技術

最後に, 福祉専門職が巧みな手腕をふるうには, 技術が必要である。社会福祉援助技術は, 主にケースワーク（個別援助技術）, グループワーク（集団援助技術）, コミュニティワーク（地域援助技術）といった形で成立した。ケースワークは個人や家族に焦点を合わせ, グループワークは集団の構造や機能を扱う。そして, コミュニティワークは地

域社会に視野を広げて住民主体を原則に人々の生活の環境に働きかける。ケースワークやグループワークは直接援助技術であり，コミュニティワークは間接援助技術である。直接援助技術とは，利用者（クライエント）と対面的に接点をもち，間接援助技術は生活環境の改善を通じて影響を及ぼす。以上の技術は，実習現場の分野や種別に応じて力点の置き方に違いがあるのが実際のところである。ただし他面，すべての分野や種別で以上の技術を総合的ないしは統合的に駆使する場合があるのも事実である。今日では，以上の技術を一括し再編するジェネラリスト・ソーシャルワークといった技術の研究動向もある。

現場実習にあたっては，以上の技術展開の一通りの理解を必要とするだろう。そしてまた，以上の技術展開に共通して必要な技能の習得を最低限なすべきだろう。第1に，問題解決（problem-solving）の技能である。これは，利用者（クライエント）の問題をアセスメントおよびプランニングして，インタベンションおよびモニタリングに導く技能である。ここでは，人間個人と社会環境の交互作用に着目した上で，利用者（クライエント）とその取り巻く環境の諸相に働きかける視点が欠かせない。第2に，面接（interviewing）の技能である。たとえば，あいづちやくり返し，閉じられた質問や開かれた質問，コンプリメントなどがここにはある。ちなみに，コンプリメントとは利用者（クライエント）の強さを賞賛してその自覚を促進し活性化させる意味がある。利用者（クライエント）の弱さのみならず，強さに対する視点を保つ上でこの面接の技能は有用である。第3には，協議（consultation）の技能である。これは，利用者（クライエント）の家族ほか，外部の地域住民や社会資源の関係者とさまざまに話し合いをもつ技能である。ここでは，面接の技能と同様に多様な人々と円滑にコミュニケーションをはかる能力を必要とする。[3]

コミュニケーションは非言語の側面，すなわち顔や声の表情，身振りや手振りを解釈し表現する能力も欠かせない。このことは，面接と協議の両面で重要であるが，子どもや障害者，高齢者の生活場面では格別の意味をもつ。このほか，記録作成の技能や事務作業の技能なども重要であり，日頃から鍛錬することが不可欠だろう。物事を観察し，考察し，文章表現する能力や，雑多な仕事を適切に処理し整理する能力をも現場実習に際して準備しておきたいものである。[4]

注

(1) M. O. McMahon, *The General Method of Social Work Practice : A Generalist Perspective*, Allyn and Bacon, 1996.
(2) 京極高宣監修『現代福祉学レキシコン』雄山閣出版，1993年。
(3) 前掲書(1)。
(4) 前掲書(1)。

第3節　社会福祉士

■社会福祉士とは——社会福祉士誕生の背景

　社会福祉士は，1987年に制定された「社会福祉士及び介護福祉士法」に規定されている社会福祉援助の国家資格である。「社会福祉士及び介護福祉士法」が制定されたことによって，社会福祉の専門職制度が誕生したといえる。社会福祉士は，社会福祉の専門職であり，社会福祉実践を展開していく上で重要な役割を担っている。

　戦後のわが国の社会福祉専門職に関する制度といえば，社会福祉主事と保育士のみであった。社会福祉全般に対応する社会福祉主事は，社会福祉専門職の概念や養成体系を網羅するものではなかった。そのため，社会福祉従事者のあり方や専門性に関する議論がなされてきた。

　社会福祉士は，介護福祉士と共にわが国の多様化・高度化する社会福祉ニーズ，特に高齢化問題により専門的に対応していくために誕生したといえる。また，急速に進む高齢化問題に備え，従来の行政や社会福祉法人といった一部の団体に限定せず，多様な事業主体による社会福祉サービス提供の是非について議論されるようになり，やがてシルバービジネスといった民間団体による福祉サービスの提供が認められるようになった。そこでは，質の高い福祉サービスを提供する必要があり，専門職の配置が必須の条件となった。

　一方，従来から一人ひとりの利用者に応じた福祉サービスの質の向上を目指す専門性とソーシャルワーカーの専門職としての社会的地位の確立のため社会福祉の資格制度について議論されていた。さらに，国際的な動向からも資格制度の重要性が議論されていた。とりわけ，1986年にわが国で「国際社会福祉会議」が開催され，わが国のソーシャルワーカー制度の確立が内外から指摘され，関係機関・団体が社会福祉士制度の誕生に大きく動き出した。

　このような社会福祉を取り巻く情勢の中，1987年に「社会福祉士及び介護福祉士の資格制度の必要性について」の意見具申がなされ，「社会福祉士及び介護福祉士法」の制定によって，社会福祉士が誕生した。ソーシャルワーカーの国家資格は関係者の永年の悲願であった。

■「社会福祉士及び介護福祉士法」にみる社会福祉士

　「社会福祉士及び介護福祉士法」に規定されている社会福祉士は，「その業務の適正を図り，もつて社会福祉の増進に寄与することを目的」としている（第1条）。第2条において「第28条の登録を受け，社会福祉士の名称を用いて，専門的知識及び技術をもつて，身体上若しくは精神上の障害があること又は環境上の理由により日常生活を営むのに支障がある者の福祉に関する相談に応じ，助言，指導，福祉サービスを提供する者

又は医師その他の保健医療サービスを提供する者その他の関係者との連絡及び調整その他の援助を行うこと（相談援助）を業とする者をいう」と規定されている。社会福祉に関する相談援助業務を行う有資格者を指す。

　社会福祉士になるには，複数のルートがあるが，いずれにせよ社会福祉士試験を受験しなければならず，合格後，財団法人社会福祉振興・試験センターに登録し，登録後社会福祉士を名乗ることができる。よって，試験に合格しても登録が完了していなければ社会福祉士を名乗ることはできない。社会福祉士でないものが社会福祉士の名称を用いることはできない（第48条）。ただ，社会福祉に関する相談援助業務は，社会福祉士でなくても行うことができる。このように，社会福祉士という名称を独占することから社会福祉士は名称独占であるといわれている。一方，医師や看護師などその資格を有していないものがその分野の業務を行うことができない資格を業務独占という。

　社会福祉士は，信用失墜行為の禁止（第45条）や秘密保持義務（第46条）が規定されており，これらを遵守できない場合は，登録の取り消しや名称の使用の停止となる場合もある（第32条）。また，担当する利用者が個人の尊厳を保持し，その有する能力および適性に応じ自立した日常生活を営むことができるよう，常に利用者の立場に立って誠実に業務を行わなければならない（第44条の2）。さらに，医師などの医療関係者は言うに及ばず，福祉をはじめとする関連領域の関係機関・団体と連携を保ちながら総合的かつ適切なサービスが提供されるよう，地域に即した創意と工夫を行いつつ利用者支援を展開することが求められている（第47条）。このように，国家資格である社会福祉士には，さまざまな規定が設けられており，専門職としての遵守事項が定められていると共に，相談援助に関する知識の向上に努めなければならない（第47条の2）とされている。

■社会福祉士の役割と働く場

　社会福祉士は，相談援助が本来の業務である。相談を通して利用者が尊厳の保たれた安心のできる生活を送ることができるよう，各関係機関・団体との連絡調整および利用者の権利擁護を含む代弁者としての役割を果たしながら利用者の自立生活を総合的に支援する福祉専門職である。ただ実際，同じ相談援助といっても，職場や職種によって果たす役割が異なってくる。日々の生活を共にする社会福祉施設では，相談員として配置されているだけでなく，介護員，作業指導員，生活支援員など呼ばれる職員が介護，作業，日常生活援助などを通して利用者と直接かかわりながら，相談援助を行うことも多い。

　一方で，地域包括支援センターや障害児者の地域生活支援センターなどこれからの地域福祉を担っていく各種相談事業所では，相談援助業務が重要な役割を果たすことになる。加えて，利用者が地域で生活するにあたって，さまざまな団体や機関が関係してくるため各関係機関の業務内容を熟知した上で，機関同士の調整役も担っている。その意

味で，ケアマネジャーとしての役割も求められるが，単にケアプラン（個別支援計画）作成だけではなく，関係機関団体との連絡調整，コーディネーターとしての役割はますます重要視されている。

　国家資格を有する相談援助職としての社会福祉士は，専門価値・職業倫理，専門的知識，技能といった高度の専門性が求められる。なかでも価値と職業倫理は，専門性を構成する根底にあり，大変重要なものである。価値とは，社会福祉援助を展開していく上でもっとも大切にする考え，拠り所となるものをいう。職業倫理とは，仕事を行っていく上での良し悪しとなる判断基準を指す。

　社会福祉援助の価値とは，利用者を一人の人間として尊重し，利用者の権利擁護を第一義的に考えることにある。ソーシャルワーカーの行動規範を示した倫理綱領が定められており，社会福祉士も当然遵守しなければならない。ソーシャルワーカーの倫理綱領を土台とし，社会福祉士の倫理綱領も定められている。利用者と対等な関係を心掛け，利用者の利益を最優先し，利用者の意思を尊重し，秘密保持に努めることが謳われている。

　幅広い分野で活躍する社会福祉士は，特定分野の専門的知識や技術のみを修得するのではなく，ソーシャルワークの共通基盤をしっかり押さえておく必要がある。

　社会福祉士の働く場は，高齢，児童，障害，疾病，貧困，ホームレス問題など広範囲にわたっている。具体的な活動の場としては，福祉事務所，児童相談所，更生相談所といった行政機関，社会福祉協議会，各種社会福祉施設，医療機関，各種相談センター（地域包括支援センター，障害者地域生活支援センターなど），グループホーム，居宅サービス事業所，福祉関係の民間企業など多様な職場で働いている。このなかでも，介護保険制度の地域包括支援センターに社会福祉士の必置義務が課せられた。

　多くは，行政，社会福祉法人，NPO法人，有限会社，民間企業の職員あるいは社員として組織の一員として働いている。なかには，独立型社会福祉士として自ら事務所を開設し，地域の人々の福祉に関する相談に応じたり，サービスの調整を行ったり，また，直接サービスを提供したりしているところもある。

■精神保健福祉士との違い

　社会福祉士も精神保健福祉士も共に社会福祉相談援助専門職の国家資格である。違いは，社会福祉士が社会福祉全般領域を対象とするのに対し，精神保健福祉士は，精神障害者の社会福祉に関する相談援助を専門的に行う資格である，ということである。精神保健福祉士は，精神科病院などに入院中の精神障害者や社会復帰を目指す精神障害者，あるいは地域で生活している精神障害者の自立支援が主な業務となる。よって，次節で述べられているように，精神保健福祉士は，精神障害者の福祉，保健医療に関する専門的知識や技術が求められることとなる。

■日本社会福祉士会

　社会福祉士の資格取得がゴールではない。あくまで質の高いソーシャルワーカーになるための中間地点にすぎない。資格取得後も自己研鑽が必要である。社会福祉士をサポートする団体として，社団法人日本社会福祉士会（Japanese Association of Certified Social Workers：JACSW）がある。1993年に任意団体として設立され，1996年に社団法人化された。各都道府県に支部が設けられている。

　社団法人日本社会福祉士会は，「社会福祉士の倫理を確立し，専門的技能を研鑽し，社会福祉士の資質と社会的地位の向上に努めるとともに，社会福祉の援助を必要とする人々の生活と権利の擁護及び社会福祉の増進に寄与することを目的とするソーシャルワーク専門職で構成される団体」[1]である。社会福祉の増進のためのさまざまな調査や提言を行ったり，権利擁護のための事業を展開したり，社会福祉士の資質の向上のための各種研修などを行っている。

注
(1)　社団法人日本社会福祉士会編集『三訂版　社会福祉士のしごと――社会福祉士の専門性と資格の取り方――』中央法規出版，2005年，161頁。

参考文献
社団法人日本社会福祉士会編『三訂版　社会福祉士のしごと――社会福祉士の専門性と資格の取り方――』中央法規出版，2005年。
社団法人日本社会福祉士会監修『社会福祉士まるごとガイド』（まるごとガイドシリーズ①）ミネルヴァ書房，2001年。
福祉士養成講座編集委員会編『新版社会福祉士養成講座1　社会福祉原論』中央法規出版，2003年。
松本英孝・高間満・相澤譲治・津田耕一編著『社会福祉原論』久美出版，2005年。

第4節　精神保健福祉士

■**精神保健福祉士とは——精神保健福祉士誕生の背景**

　精神保健福祉士とは，精神保健福祉領域でのソーシャルワークに従事する者の国家資格である。1997年に国家資格化され，精神保健福祉士と呼ばれるようになったが，1950年代から，精神科ソーシャルワーカー（Psychiatric Social Worker：PSW）として活動した長い歴史がある。このように，精神保健福祉士のアイデンティティはソーシャルワーカーであって，社会福祉学をその学問的基盤としている。

　ソーシャルワークでは，問題は人と環境についての全体論的な捉え方から考察される。個人に生じている問題は，個人のみならず，その人の生きる社会や環境ともかかわっていると考えられることから，ソーシャルワーカーは人とその環境の間の相互作用に働きかける。そこで，精神障害をもつ人々を対象としたソーシャルワークを行う精神保健福祉士には，精神障害者が医療において「患者」とされ，個人の水準における「病理」や「症状」に焦点があてられる傾向が強いなかにおいても，社会的状況の中で日々の生活を送る一人の「生活者」として捉える視点に立ち支援をしていくという特徴がある。その職能団体である社団法人日本精神保健福祉士協会では，精神保健福祉士は「精神障害者の抱える生活問題や社会問題の解決のための援助や，社会参加に向けての支援活動を通して，その人らしいライフスタイル」(1)を獲得することを目指すとしている。

　1950年に「精神衛生法」が制定された後，わが国の精神障害者施策は長らく社会防衛，治安対策に重点を置き，多くの精神障害者を精神科病院へ隔離・収容してきた。欧米諸国は，1960～1970年代に，精神科病院を縮小し，できるかぎり地域で生活することを推進する脱施設化を国の施策として選択した。これに対して，わが国では入院中心の治療体制から地域ケアへの転換が進展しなかった。ようやく，1984年の宇都宮病院事件を契機に，精神科病院における精神障害者の人権擁護を求める声が高まった。これを受け，1987年，精神医療における人権の確保と社会復帰の促進を理念として，精神衛生法が精神保健法へと改正された。続く1993年には，グループホームを法制化し，社会復帰促進センターを創設する等の，同法の改正が行われた。同年，「障害者基本法」が成立し，それまで「患者」として，すなわち医療の対象として捉えられてきた精神障害者がはじめて「障害者」として位置づけられた。これにより精神障害者も，身体障害者・知的障害者と並び，福祉施策の対象となった。しかしながら，当時の施策内容には身体・知的障害者施策と比べて，大幅な遅れがあった。

　そこで，1995年，精神保健法が「精神保健及び精神障害者福祉に関する法律」（精神保健福祉法）へ改正され，その名称に福祉が加わった。その目的には「自立と社会経済活動への参加の促進のための援助」という福祉の要素が加えられ，手帳制度の創設や社会復帰施設の4分類が明確化される等の措置が講じられた。また，同年発表された「障

害者プラン～ノーマライゼーション7か年戦略」には，他障害と同様に，社会復帰施設等の数値目標が設定され，社会復帰施策の強化がはかられることが明記された。

このようななか，社会復帰に関する相談援助を行う専門職が求められるようになり，1997年12月，「精神保健福祉士法」が国会で成立した。福祉領域における社会福祉士，介護福祉士に続く国家資格として，精神保健福祉士が位置づけられたのである。

■「精神保健福祉士法」にみる精神保健福祉士

精神保健福祉士は，法的には，「精神障害者の保健及び福祉に関する専門的知識及び技術をもって，精神科病院その他の医療施設において精神障害の医療を受け，又は精神障害者の社会復帰の促進を図ることを目的とする施設を利用している者の社会復帰に関する相談に応じ，助言，指導，日常生活への適応のために必要な訓練その他の援助を行うことを業とする者」（精神保健福祉士法第2条）と定義されている。

精神保健福祉士になるには，精神保健福祉士試験を受験し，合格しなければならない。その後，財団法人社会福祉振興・試験センターに登録してはじめて精神保健福祉士を名乗ることができる。したがって，試験に合格しても登録が完了しなければ精神保健福祉士を名乗ることはできない。精神保健福祉士は，有資格者がその名称を名乗ることのできる「名称独占」の資格である。資格をもたない者がその業につくことを禁ずる「業務独占」（業務独占の例としては，医師や弁護士等）ではないが，資格を求人の条件にする施設・機関も多い。専門職として求められる一定の水準を示すためにも，資格を取得し，専門職としての資質の向上に努めることが望ましい。

また，精神保健福祉士法では，信用失墜行為の禁止（第39条）や秘密保持義務（第40条）等，専門職として遵守すべき事項が規定されており，これらを守ることができない場合は，登録の取り消しや名称の使用が停止される場合もある（第32条）。精神保健福祉士は，医師その他の医療関係者と連携を保ち，利用者に主治医があるときは，その指導を受けなければならない（第41条）。精神保健福祉士には，医療関係者はもちろんのこと，福祉をはじめとする関連領域の関係機関・団体と連携を保ちながら利用者支援を展開することが求められている。

■精神保健福祉士の役割と働く場

精神保健福祉士は，その国家資格化の際の趣旨にあるように，まず，病院から地域ケアへの移行を進める担い手となるよう求められている。わが国では，依然として患者数に比し入院する者の割合が非常に高く，2003年の患者調査によると，217万人といわれる精神障害者のうち33万人弱が入院している。病床数でみると，全国に約35万の精神科病床があり，これはわが国の全病床数（精神科も含めた総病床数は約186万人）の2割に匹敵する。また，精神科病院に入院している者の在院日数は，平均して363.7日と長く，5年以上入院している者が約半数にもなる。そして，入院加療の必要性はないにも

かかわらず，地域へ戻る条件が整っていないために入院生活を継続せざるを得ない状況にある，いわゆる「社会的入院」とされる者は約7万2,000人と推定される。

そこで，2003年を初年度とする新障害者プランは，精神障害者の退院・社会復帰を目指す方向性を明確に示した。続いて，2004年の「精神保健医療福祉の改革ビジョン」には，精神科病床を機能分化すると共に，1年以上入院している者に社会復帰リハビリテーションを実施し，病院外の地域生活支援体制と協働のうえ，地域生活への移行を促すことが盛り込まれた。これを進めるために，病院内外の社会資源を結ぶ精神保健福祉士には活発な働きが期待されている。

その具体的な業務としては，①受診援助，②入院援助，③退院援助，④療養中の相談援助，⑤グループワーク業務，⑥就労・住宅・教育等の社会生活上の相談援助・日常生活訓練，⑦経済問題の調整，⑧家族問題の調整，⑨地域活動，⑩人権擁護等が挙げられる。

精神保健福祉士の活躍する場は，医療機関や行政機関，福祉施設あるいは地域へと広がっている。さらに，最近では，司法領域にも精神保健福祉士が配置されるようになり，精神保健福祉士の職域は拡大を続けている。

まず，医療機関の中でも，精神科病院は精神保健福祉士の主要な職場となっている。病院の精神保健福祉士は，外来や病棟，社会復帰部門，デイケア等の各部門で，他職種の職員と共に支援にあたる。医療機関にあっても，精神保健福祉士は，疾病や障害を生活の問題として位置づけ，障害者が生活者としてこれに主体的に取り組んでいくことを支援する。また，精神科病院の他，主として通院治療を行う精神科診療所でも，精神保健福祉士を置くことが増えてきている。

次に，行政機関である保健所や精神保健福祉センターには，精神保健福祉相談員として精神保健福祉に関する業務を行う者を置くことができるとされ，多くの精神保健福祉士が勤務している。さらに，障害者自立支援法制定に伴う精神保健福祉法の改正により，市町村における相談支援体制が強化されたことを背景に，市町村でも専門職として精神保健福祉士を配置する動きがある。これらは，保健所が市町村への技術支援と広域調整を行い，精神保健福祉センターが，精神保健福祉行政の技術的な中核として，連携や技術協力・援助を通した地域保健福祉の向上のための活動をするという関係にある。精神保健福祉相談員は，家庭を訪問し，医療の受療や家庭生活について相談・助言・指導を行う他，家族教室，保健所デイケア，ボランティア講座等も実施している。また，総合的なメンタルヘルス対策を担う精神保健福祉センターに所属する精神保健福祉士は，調整や企画立案，調査研究等にも携わっている。

精神保健福祉法においては社会復帰施設とされた福祉系の諸施設は，障害者自立支援法による事業再編に伴い，転換点を迎えている。障害種別ごとに33種類あった施設および事業体系が，6つの日中活動と居住支援に再編され，障害によるサービスの区別はなくなった。これまで，入居施設にいる人は1日中施設で生活したが，今後は，日中活

動の場と居住の場を分け，それぞれを利用者が選択できるようになった（新たなサービス体系には2006年から5年以内に移行することが定められている）。

　日中活動の場として，働く場やその準備の場としての就労継続支援・就労移行支援や（旧精神障害者授産施設，精神障害者福祉工場等に該当），生活能力の維持・向上をはかる生活訓練（知的・精神障害者の利用を想定したもの。旧精神障害者生活訓練施設等に該当）等が規定されている。また，居住支援には，施設への入所，またはグループホームやケアホーム等がある。

　このほか，地域生活支援体制を整備するために，利用者の生活に身近な市町村が主体となり，地域の実情に応じて自主的・柔軟に実施する事業として，地域生活支援事業が設けられた。これには，成年後見人利用相談や権利擁護事業等の「相談支援」，手話通訳者や要約筆記者を派遣したりする「コミュニケーション支援」，「移動支援」，「地域活動支援センター（デイサービス）」等がある。

　2005年には，心神喪失者医療観察法の施行により，精神保健福祉士は司法の領域にかかわることになった。精神保健参与員として指定された精神保健福祉士が，法の対象となった精神障害者の審判に関与したり，保護観察所において社会復帰調整官として地域社会における処遇を調整する等といった，新たな任務が新設されている。

　上述したいずれの機関に所属していようとも，地域社会の中の精神保健福祉士という視点は，今後，より一層重視されるべきであろう。このように，精神障害者を取り巻く制度はめまぐるしく変化している。しかし，精神障害をもつ人の生活上の困難はそう変わるものではない。精神保健福祉士には，「かかわり」の基本を堅持しつつ，今の変化や新たな局面に対応していくことが求められている。

■日本精神保健福祉士協会

　精神保健福祉士をサポートする団体として，社団法人日本精神保健福祉士協会（Japanese Association of Psychiatric Social Workers：JAPSW）がある。1964年に日本精神医学ソーシャル・ワーカー協会として設立され，精神保健福祉士法制定後の1999年に日本精神保健福祉士協会と名称変更された。また，2004年に社団法人化された。

　社団法人日本精神保健福祉士協会は，「精神保健福祉士の資質の向上を図るとともに，精神保健福祉士に関する普及啓発等の事業を行い，精神障害者の社会的復権と福祉のための専門的・社会的活動を進めることにより，国民の精神保健福祉の増進に寄与することを目的[2]」としている。精神障害者の生活と権利の擁護に関する事業や，精神保健福祉に関するさまざまな調査研究，精神保健福祉士の資質を向上するための各種研修などを行っている。

注
(1)　社団法人日本精神保健福祉士協会「精神保健福祉士（PSW）とは」

(http://www.japsw.or.jp/psw/index.htm) 2007年4月11日確認。
(2) 社団法人日本精神保健福祉士協会「協会の概要」
 (http://www.japsw.or.jp/syokai/gaiyo.htm) 2007年4月11日確認。

参考文献

住友雄資編『精神保健福祉士の仕事』朱鷺書房，2003年。

社団法人日本精神保健福祉士協会監修『精神保健福祉士まるごとガイド』（まるごとガイドシリーズ⑯）ミネルヴァ書房，2003年。

社団法人日本精神保健福祉士協会編『障害者自立支援法——地域生活支援の今後と精神保健福祉士の実践課題』へるす出版，2006年。

第5節　社会福祉士・精神保健福祉士の業務

　前節までは，福祉専門職，特に社会福祉士や精神保健福祉士に着目し，その意義や役割について概説してきた。では，福祉専門職は，実践の場で具体的にどのような活動や役割を担っているのだろうか。

　そこで本節では，各分野の第一線で活躍している福祉専門職が，職場での業務内容や福祉専門職としての基本姿勢，実習生へのメッセージを通して，社会福祉士あるいは精神保健福祉士として必要な知識や技術，視点などの専門性について詳述するだけでなく，福祉観や援助観，倫理観のように福祉専門職として備えておかなければならない価値観とは何かも含めて，わかりやすく解説する。

1　福祉事務所

■職場の紹介

　私は，政令指定都市の福祉事務所で，生活保護のケースワーカーとして働いている。
　福祉事務所は，生活保護法，児童福祉法，母子及び寡婦福祉法，老人福祉法，身体障害者福祉法及び知的障害者福祉法に定める援護，育成または更生の措置に関する事務を行う事務所とされている。具体的に私が勤務する市の福祉事務所は，生活保護法に関する事務を行う課と，その他五法に関する事務を行う課の2課からなっている。ケースワーカーはそれぞれの市町村等で採用された公務員であるため，公務員が人事異動により福祉事務所に配属されると，生活保護のケースワーカー等として働くことになる。

■仕事の内容

　ケースワーカーの仕事はおおまかに，事務所内での事務と家庭訪問等がある。
　生活保護の新規申請が受理された場合は，家庭訪問や資力調査等を行い，保護の開始もしくは却下の決定を行う。保護開始以降は，被保護世帯の状況の変化に応じて，保護費の支給額の変更を行う。また，一時扶助等の申請があった場合は，その都度支給の可否を検討し，支給決定等を行う。このような事務所内での事務の他，定期的に家庭訪問を行い，被保護世帯の生活状況を確認する。その他，被保護者からの相談内容は実にさまざまであり，必要に応じて各関係機関（社会福祉施設，社会福祉協議会，医療機関，学校，児童相談所，保健師，民生委員等）との連絡調整を行う。私が担当する地域は，昔から福祉の向上を目指して運動が展開されてきた地域であるため，各関係機関との連携が密であるのが特徴である。したがって，ケース会議の開催や出席，医療機関への主治医

図表2-1　ある1日の流れ

時刻		業務内容
8:00	出勤	書類・備品等の補給・整理整頓 主治医意見書の入力・医療券の発行 前日の家庭訪問の記録作成※1 保護費支給額の変更・一時扶助の支給決定※2
9:00	始業	（※1～※2等を行いながら，随時，来客や電話等の対応を行う。）
〃	窓口対応（Aさん来所）	Aさんより，精神保健福祉手帳の等級が2級から1級に変更になったとの報告あり。障害者加算額の変更について説明。保護費の変更を行う。
10:00	電話対応（病院より）	Bさんが，昨日入院したとの連絡を受ける。入院期間1か月以上の見込みとのことであるため保護費の変更を行う。
11:30	電話対応（Cさんより）	Cさんより，介護保険の要介護認定を受けたいとの相談あり。手順について説明する。
11:50	窓口対応（介護業者来所）	Dさんのケアプラン利用票を受理。介護券を発行する。
12:15	昼休み	
13:00	家庭訪問（7件）	定期訪問を行い，生活状況や通院状況，扶養義務者の状況を聞き取る。 7件中4件は不在であったため，不在連絡票を投函する。
14:30	ケース会議	Eさん世帯（母子世帯。母親は知的障害者）への支援のあり方について，障害者施設主催のケース会議に出席する。出席者は，デイサービス担当職員，ヘルパー，保育士，児童相談所職員，ケースワーカー等。
16:00	帰所	
〃	面談（Fさん来所）	福祉事務所への報告なく就労収入を得ていたことが判明したFさんに来所してもらい，就労状況を確認。未報告分の就労収入について返還決定し，Fさんより返還をうける。今後は適宜収入申告するよう伝える。
17:00	窓口対応（Gさん来所）	Gさんより，給与明細書等を受理。就労状況等を聞き取る。
17:10	残務整理	外勤中の不在メモの内容を確認し，処理する。
17:30	終業	

訪問等も頻繁に行っている。

　また，1日単位で仕事の流れをみた場合，午前中は事務所内での事務を，午後は家庭訪問やケース会議といった外勤に出ることが多い。これは，被保護者が，午前中に病院へ通院もしくは就労しているケースが多いことから，午後に訪問することが多くなるためでもある（図表2-1参照）。さらに，1か月単位で仕事の流れをみた場合，月の初めにその月1か月分の生活扶助費等の支払い業務を，月の中旬に翌月の生活扶助費等の支給額の変更や決定を，月末には翌月の生活扶助費等の支払い準備を行っている。

■仕事を進める上での基本姿勢

　前述の通り，ケースワーカーは公務員の仕事であり，社会福祉士の資格は絶対に必要

とされるものではない。しかし，ケースワーカーには被保護者にとって有益な社会資源（その他五法，各種手当，年金，介護保険等）に関する知識が求められるため，私は社会福祉士の有資格者等が主催する福祉に関する研修があれば積極的に参加し，新しい制度等の知識を得るよう心掛けている。また，被保護者はそれぞれの問題が深刻な状態になってはじめて相談に来ることが多く，さらに，傷病や障害等で自分の想いをうまく伝えることができない人もいるため，面接の時は相手の表面的な言葉だけを捉えて判断してしまうことのないよう，主訴は何なのかをきちんと聴き取るよう気を付けている。80件以上の生活保護世帯を1人で担当しているため，実際に何らかの問題が起こり，その相談を受けてから対応していくというパターンになりがちであるが，可能な限り定期的に家庭訪問に行き，生活上の不具合が大きな問題になる前にそれを察知し，自立や生活の安定に向けて支援していけるよう努めていきたいと思っている。被保護者が保護申請に至った理由はさまざまであるため，それぞれの状況を画一的にみることのないよう意識しながら，個人的な感情をはさまず，丁寧な対応を心掛けていきたいと思っている。

■実習生へのメッセージ

　一般的に，福祉事務所での実習は，他の福祉施設での実習に比べて受け入れ期間が短い。しかし，被保護者からの相談は短期間で解決しないこともあり，実習期間中にその顛末が分からない場合もあるだろう。したがって，短い実習期間を有意義なものとするためにも，教科書や関係書籍等の事例をよく読み，ある程度のイメージをもって実習に臨んでほしい。また，生活保護の各扶助について事前学習を行い，実習を通じてケースワーカーが具体的にどのような判断や手順で支給決定を行うのかを学んでほしい。福祉の仕事を行うには，他法他施策の知識が必要であるということを知り，実習後の勉強につなげていってほしい。

2　社会福祉協議会

■職場の紹介

　私が勤務するA市社会福祉協議会（以下，A市社協）は，人口10万人の中都市である。職員数は，登録ヘルパー83名も含め，124名の職場である。この職場も，全国の市町にある社会福祉協議会（以下，社協）と同じく，2000年の社会福祉法により，「地域福祉推進の中核」と位置づけられ，その後，介護保険，障害者支援費制度や障害者自立支援法等の大きな改革の中で，大きく変わってきた。

　従来の社協活動は，自治会，婦人会，民生委員・児童委員やボランティアと協働し地域のさまざまな問題に対して，地域住民に働きかけ，住民主体の福祉活動を展開し，地域の福祉力を高める活動の推進である。具体的には，①地域での見守りや助け合い活動等の小地域福祉活動，②ボランティア活動と福祉教育の推進，③福祉団体や当事者組織

への支援，④食事サービス事業等在宅福祉サービス事業であった。そして，2000年4月にスタートした介護保険や福祉サービス利用援助事業等により，相談業務や個別援助業務が増え，各専門機関とのネットワーク化により，ますます専門性を要求される業務が増えている。

　たとえば，私が就職した約20年前は，A市社協の事務局は，事務職4人であった。その後，さまざまな在宅福祉サービスの受託・補助に伴い職員も増え，介護保険への参入により介護支援専門員や介護福祉士等の雇用により大幅に増えた。配置職員も次のように専門的になっていった。①在宅福祉サービス事業を担当する在宅福祉コーディネーター，②ボランティアセンターでボランティアの需給調整等を担当するボランティアコーディネーター，③小地域福祉担当の地域福祉コーディネーター，④介護保険事業に伴う，介護支援専門員，介護福祉士，サービス提供責任者，⑤福祉サービス利用援助事業担当の社会福祉士，⑥地域包括支援センター担当の保健師，看護師，主任ケアマネジャー，社会福祉士等専門職が次々と配置されている。精神保健福祉士は，現在は配置されていないが，最近，地域からこころのケアの必要な方の相談や苦情がよくあり，精神保健福祉士の必要性も強く感じている。このような現場の状況から，社協職員の採用時の基礎資格は，これまでは，社会福祉主事任用資格としていたが，現在は，社会福祉士，または各資格保持者とするように変わってきた。

■仕事の内容

　私が勤務するA市社協での社会福祉士，地域福祉コーディネーターの仕事内容は，大きく分けて3点ある。

　まず第1に，地域を支える仕事である。各地域で開かれるいきいきサロンや高齢者のつどい等の企画，当日の運営等をサポートする仕事である。地域住民にいきいきサロン等の必要性や効果を説明し，地域の人にやる気になってもらい，企画の相談や講師の手配等をサポートする仕事である。時には，自ら介護保険の改正点について説明したり，レクリエーションのミニ講師として，手遊びをしたりすることもある。

　第2には，地域からのSOSの声を受けとめ，対応策を行う仕事である。最近は，特に，個別支援の相談や対応が多い。特徴的なものを挙げると，①介護疲れで介護者が倒れてしまいそうな事例，②高齢者が高齢者を介護している老老介護の事例，③娘が父親を，息子が母親を介護している事例で，娘，息子は昼間仕事があり，昼間，寝たきりでしかも独居であるという事例，④一人暮らし高齢者宅で3日分も新聞が新聞受けにたまっており，家の中で倒れているのではないかと心配し，近所の人から通報があった事例，⑤夜中に大声で叫ぶなど近所への迷惑行為により，近所とトラブルになっている事例，⑥一人暮らし高齢者で身寄りもなく，在宅がいよいよ無理になっている事例，⑦悪徳商法等の被害にあった認知症のおそれのある高齢者の事例等があり，さまざまなSOSに対応していく仕事である。

図表2-2　ある1日の流れ

時間	業務内容	
8:30	出社，事務所にて	回覧の書類に目を通す。本日の予定確認。事務業務。
9:00	電話連絡	地区社協のA委員長，民生委員のBさんに，先日の問合せの件で，電話連絡をする。
	研修会企画案作成	地域福祉リーダー養成講座の企画を考える。
10:30	C地区いきいきサロンへ行く	社協だよりの取材も兼ね，いきいきサロンへ行き，介護保険改正の話を20分間する。
12:00	昼休み	
13:00	Dさん宅訪問	一人暮らし高齢者で在宅生活がいよいよ無理になったDさん宅へ担当の民生委員Gさんと訪問し，今後のことについて本人と話し合う。
14:30	Eさん宅訪問	地域の役員さんより，介護者に介護疲れがみえるとの連絡を受け，市保健師と同行訪問する。
15:30	健康増進課にて会議	訪問後，同行した保健師とEさんの今後の処遇方針について，協議する。
16:30	事務所にて，電話連絡	留守中にかかってきた電話の対応。
16:50	記録の記入	本日の訪問先，会議等記録を書く。業務日誌の記入。
17:15	終業	

　第3には，障害者団体や当事者団体への支援の仕事である。A市では，認知症の人や寝たきり者を抱える家族の会等当事者団体がある。事務局として大きく支えたり，少し距離を置いたり，団体としての自立を支えたりしていく仕事である。

　ある1日の流れを図表2-2に示した。

■仕事を進める上での基本姿勢

　仕事を進める上で，大切にしてほしい点が4つある。

　まず第1に，この活動の主体は誰であり，主体形成はどうしたらできるのかということである。「住民主体」と「住民参加」は同じではないと私は思っている。そして，「社協活動の主体は住民である」と言われている。なぜ，この福祉活動が必要なのかを，みんなで考えることが大切である。たとえば，車いすの体験試乗会を開き，実際に車いすに試乗してもらい，道がかまぼこ形になっており，車いすの人には不便であることに気づいてもらい，車いすの人の問題にも目を向けてもらうことが大切であると思う。

　第2に「かわいそう」ではなく，「共感」を活動の原点に置くことである。同情からは共感は生まれてこない。地域の住民に，自分たちと同じ地域に住む住民の問題であることを知らせ，どうすればよいかを地域のみんなで考えるようにする姿勢である。「他人ごとの意識」ではなく，地域の，仲間の問題と捉え，人として対等の立場で考えることが大切である。

　第3に，障害者や当事者のこころの声を聴く姿勢である。ある障害をもつ青年は，私に，「僕は，同情ややさしさではなく，機会均等，チャンスがほしい」と…。また，あ

る障害児の親は,「私たちの一番の心配事は,親なきあとの問題です」と…。認知症の夫をもつ妻は,「認知症の人をかかえる家族の会という看板のこの会に来るのに,2年かかった。夫を認知症と認めたくなかった」との声。これらの声をこころで聴く姿勢が大切である。

第4に,介護保険認定審査会,地域ケア会議,ケース検討会等,最近は,医療,保健,福祉のネットワーク,連携の関係で他の専門職との会議も多い。福祉分野だけではなく,医療,保健分野の知識も必要となってきているのを強く感じる。自己研鑽,自己啓発に努める姿勢も必要である。また,他の専門職は,常に記録を取り,業務分析,研修研究をしている。専門職として,当然であるが,この姿勢も学ぶ必要がある。福祉の分野でも,専門職であるという自覚をもつことが大切である。

■実習生へのメッセージ

最後に,私のA市社協に実習に来た方々に福祉実習の最終日にお話することを述べて終わりとしたい。「社協の現場も大きく変わり,他の専門職との連携も必要となり,社協の現場も専門性,資格は不可欠のものとなってきている。社会福祉士等の資格がなくては,その会議にすら出席できないことも多々ある。だからこそ,福祉実習は大変であろうが,資格はぜひ,取得してほしい。ただし,何のために資格を取るのか。誰のために取るのか。自分自身で,明確にしてほしい。そして,その資格を取得することが目標ではなく,あくまで資格を取ることは,目の前の目標の第一歩である。この考えがなければ,伸びないし,現場では,通用しない」。

それから,ぜひ,あなたなりの「自立とは何か」「自己実現とは…」「生きがい」「社会参加」等についての考えを,自問自答しながら,自分なりの考えをもつことは大切であると思う。ぜひ,福祉実習をする前に考えてほしい。

3　特別養護老人ホーム

■職場の紹介

私の職場は,重度の認知症介護の経験をもつ理事長夫妻が「自分達の入りたい施設」を目標に新ゴールドプランの先駆けとして開設した特別養護老人ホームである。四季折々の彩りが楽しめる山並みが一望でき,古くからの旧村地域とそれらを取り囲むように戦後開発された新興住宅街を地域背景にもつ。建物は4階建てで,4人部屋を中心とした総定員100床（短期入所生活介護10床を含む）の従来型（旧型）特養である。併設事業として,ケアプランセンター,デイサービス,ホームヘルプステーション,診療所,さらに市町村の委託事業として地域包括支援センター,訪問給食サービス事業を有している。

入所者の平均介護度は,他施設に比べて軽めの3.83である。ほとんどの利用者は介

図表2-3 利用者の概要

日常生活自立度		認知症の簡易判定					
		正常	I	II	III	IV	計
障害・寝たきり度の判定	自立						
	J						
	A1			1		1	2
	A2			4	6	3	13
	B1	1	5	13	6	1	26
	B2			13	13	5	31
	C1			3	1	1	5
	C2			2	4	7	13
	計	1	5	36	30	18	90

要介護度	1	2	3	4	5	計
人数	0	9	26	26	29	90

(注) 2008年1月1日現在。

護保険制度導入（2000年）以降に入所しているが，措置時代に入所した利用者がまだ20名ほど在籍している。

日常生活自立度でみると，障害・寝たきり度判定「B」以上の利用者が約8割で，認知症レベルは何らかの認知症状のある状態の「II」以上の方が9割強である。

「身体的な障害を持ち車椅子やベッドでの生活を余儀なくされ，かつ認知症状がある状態」である大多数の利用者と，徘徊症状が激しく在宅生活が困難になった利用者が入所している施設である（図表2-3参照）。

■仕事の内容

現在，生活相談員と施設の介護支援専門員を兼任している。この2つの職種は，施設で生活をする利用者の生活上の要望や困りごとなどを現場の介護士をはじめとする関係部門担当者と共に傾聴し，それに応えて行く作業である。具体的には，日々の健康や心身の状態，要望・困り事・相談事などを集約し，日常生活の日課にあたる施設介護計画(1)の中に立案し，その計画の実施状況の把握と実施にあたっての意向等について話を伺う業務である。その上で関連部署に本人や家族の想いとして伝え直して利用者の生活の満足度を高めていく業務と言える。このため日中は主に利用者のそばで仕事をすることが多く，介護職と同じように食事介助や入浴介助を行いながら聴き取りを行うことも多い。

利用者だけでなく，家族が来苑した際は施設介護計画の進捗と生活全般に関して報告を行い，家族としての意向を聞き情報交換を行っている。利用者の家族の声を聞くことは，間接的に利用者の声を聞くことと同じである。利用者自身が直接職員へ伝えにくい

こども家族へは話をしている場合が多く，家族との良好な関係を維持していく上でも大切な業務の一つである。

また，在宅での介護に限界を感じた家族からの入所の前提条件や入所後の生活内容についての電話相談や直接来苑された際の相談対応，施設見学なども重要な仕事となる。家族の相談はとかく「早く入れて欲しい」「家に戻っても介護できない」など介護者の都合ばかりを主張することが多い。相談を受ける際には，単に申し込み書類の受付をするのでなく，相談者の抱えている問題を一つひとつ確認・整理しながら，相談者自身が今後の方針を考えられるよう援助することが求められる。時として対象となっている利用者の気持ちを代弁し，在宅生活継続を支えてくれる人的資源や各種在宅サービスの組み合わせなどさまざまな社会資源を探す提案を行うこともある。その際得た情報は，毎月開催される入所順位選考の会議で，利用者情報の補足意見として反映されることになる。

図表2-4にあるようにデスクワークとして1日を終えることは少なく，日中は利用者だけでなく，電話相談や来苑者の入所相談・申し込み受け付け，家族来苑時の応対など椅子を暖めている時間がない現状である。

■仕事を進める上での基本姿勢（有資格者として）

利用者は，援助を受けながらも住み慣れた場所・地域で生活を続けてきた。施設への入所は，従来の近所付き合いや社会関係を一から作り直すことを意味する。新たな人間関係・地域関係の構築を希望しても自らが隣人へアプローチをかけること自体大きな負担となり，いわゆる閉じこもり傾向が強くなる場合が多い。この不安な思いを理解し，新たな関係づくりを支援し，周囲の援助を受けながらもその人らしい生活を続けて頂くために，あらゆる社会資源をコーディネートすることが大きな使命と言える。利用者にとって私たち生活相談員をはじめとする専門職は，「いつでもきちんと話を聴いてくれる安心できる人」であり，「施設に配置されていること自体が利用者の安心感につながる関係」を目指して対応することが求められている。

社会福祉士として高齢者とかかわることは，人生の大先輩たちの生き様・こだわり・人生観をその方の生命をかけて教わることと言える。利用者から教わり，学び，そして考える姿勢を私たちはつねに念頭において接していく必要がある。やがて遅かれ早かれ必ず私たちもその年代を迎えることとなる。心豊かに輝く未来のために，今一人ひとりができることを考えることを期待したい。

注
(1) 施設の介護支援専門員（ケアマネジャー）が利用者の心身の状態と生活に対する要望を集約し，日々のくらしに張りと潤いをもってもらうために「希望する将来像を明確にした上で，いつ・どこで・何を・誰から・どのように援助を受けながら生活を送るか」を記し

図表2-4　ある1日の流れ

時刻	項目	区分			業務内容
8：40	出勤			※	事務所にて　夜間帯の特変状況の確認。本日の予定の確認。
9：00	朝の引継ぎ	☆	◎	※	夜間帯の入居者の状態，診療所情報，栄養計算，事務連絡など。
9：30	ショートステイの方の送迎	☆		※	毎月定期的に利用されているAさん。迎え時に家庭での最近の様子を伺う。苑到着時に診療所・介護士へここ数日の状態像を申し送る。事務所へ預かり金の手続き。
10：00	ケース会議	☆	◎		3階入居者　3名。モニタリング結果および生活全般について各部から情報交換を行う。
				※	ケース担当職員へ状態観察のポイントを指導。
10：40	入所相談（電話）		◎		地域の在宅介護支援センターのSWから。介護度3の独居女性。認知症状が激しく近隣の方から苦情が絶えないとのこと。緊急時のショート受け入れ先を検討する。
11：00	介護保険　認定調査	☆	◎		2階のBさん。今回は家族の立会いがないため，ケース担当と共に同席する。苑での生活は安定しているが，認知症状が進んでいる旨，ケース記録をもとに生活状態を伝える。
11：45	リハビリ実施状況の確認	☆			2階のCさん。食堂まで歩行器を使用しての歩行訓練を確認し，本人へモニタリングを行う。
12：00	昼食　食事介助	☆		※	3階に新規入所されたDさんの摂食状況を確認しながら介助する。入れ歯の不具合を訴えられるので歯科受診の予定を入れる。
12：45	昼休み				※休憩12：45～13：30　特養・在宅各職員と雑談交じりの情報交換。
12：55	電話　応答		◎		ケアプランセンターよりショートステイの申し込み受付。
13：20	家族の来苑応対	☆	◎		2階のEさん。最近の様子を連絡し，リハビリ計画書の新規プランを説明し，確認の署名を頂く。
13：40	入浴介助		◎	※	本日は3階のリフト浴の方。全身状態の観察と立位状態の確認を行う。
				※	※この間　フロアーより業務連絡数回。
15：30	入所相談（来苑）		◎		介護度4の男性。長男夫婦が来苑。入所申し込みがはじめてとのことで，入所決定までの手順・必要書類・利用料・在宅サービスの検討など説明を行う。その後施設内を案内する。
16：00	管理栄養士と打ち合わせ	☆			栄養マネジメントのモニタリングについて情報交換を行う。
16：20	フロアーの巡回		◎	※	※87歳の女性Fさんが「兄ちゃん聞いて…」と夜勤職員の接遇姿勢について訴えがあり伺う。
	他のケアマネジャーと情報交換	☆			モニタリング予定の確認。処遇会議用の資料整理。
17：15	夕方の引継ぎ		◎	※	在宅部門との情報交換　夜勤帯への申し送り
17：45	夕食準備			※	
18：00	夕食　食事介助	☆	◎	※	
18：20	日誌類の記入	☆	◎	※	
18：45	業務終了				

（注）　☆：ケアマネジャー業務，◎：生活相談員業務，※：特養主任業務

た計画書。日課・週間・月間の各計画書がある。
(2) 特養の入所方法・入所順位については，介護保険制度以前は，市町村の措置入所により申し込み順で市町村が入所先を決めることとなっていた。現在は，申込者が希望する施設を選び直接申し込む形となっている。入所順位については「国や都道府県から示された選考指針をもとに，各施設で独自の選考基準を設けて，本人や家族の生活上の困り度や緊急性，必要性を総合的に勘案する入所順位選考の会議を経て入所順が決定される」のが一般的である。

参考：入所選考指針の概要について　大阪府健康福祉部高齢介護室
http://www.pref.osaka.jp/korei/sisetu/info/gaiyou.htm

4 障害者支援施設（生活介護事業・施設入所支援）

■職場の紹介

　私の勤める障害者支援施設（旧体系では身体障害者療護施設）は，常時介護を必要とする身体的にハンディのある利用者が生活する入所施設である。また，短期間当園を利用することにより，在宅生活の継続，家族のレスパイト，社会参加を目指すショートステイ事業等の在宅支援サービスも行っている。「療護」という言葉が示しているように，主に「介護」と「医療」を通して利用者の自立支援を行っている。入所者の定員は50名で，現在女性26名，男性24名が生活されている。一番若い利用者が23歳，最高齢者が81歳，平均年齢が56.2歳であり，平均在園期間は16.1年である。年齢層の幅が広く，近年高齢化が進んでいる。障害の原疾患であるが，脳性麻痺の方が44％，脳出血の方が10％，その他頚椎損傷，難病などが挙げられる。

　A市のニュータウンに立地し，比較的交通アクセスが良く，近隣の自治会，大学，高校等との交流が盛んである。

■仕事の内容

　図表2-5にある1日の流れを示した。職場では生活支援員として主に以下の役割を担っている。

① 利用者の相談支援

　利用者の方のさまざまな想い，悩みを受け止め，ニーズを明確にし，環境調整（利用者へのアプローチ，職員へのアプローチ，施設へのアプローチ等）や適切な社会資源への橋渡しを行う。また，それらがケアプランに反映していくよう，ケアワーカーとの連携をはかる。

② 職員支援

　身辺介護を主に担うのはケアワーカーであり，そのケアワーカーのかかわりが利用者支援の質を左右する。利用者をケアワーカーを通して支援する視点をもちつつ，利用者支援のあり方，アプローチ方法についてケアワーカーと共に考える。

図表2-5　ある1日の流れ

時　刻		業務内容
8：00	出勤，介護スタッフ室にて	各日誌，連絡票，ケア記録等の確認。1日のスケジュール確認と業務調整。
8：45	朝礼	各部署との打ち合わせ。夜勤者から利用者の健康状態等の引継ぎを受ける。
9：30	ミーティング	介護スタッフとの打ち合わせと利用者の健康状態等の情報共有を行う。
10：00	ショートステイ利用希望者の面接	ショートステイ利用希望で来園された方の面接。ニーズの確認と障害福祉サービスの申請支援を行う。
11：00	介護スタッフ室にて	面接記録の作成とショートステイ体験利用の日程調整を行う。
11：45	利用者食事介助	
12：45	昼休み	
14：00	Aさんの生活相談	地域生活での生活を希望。担当福祉事務所ケースワーカー，障害者地域生活支援センターとの相談日の設定ならびに，利用できる社会資源の情報提供を行う。
16：15	ミーティング	夜勤者，看護師との打ち合わせ，ならびに利用者の健康状態等の情報共有を行う。
17：15	ミーティング（在宅福祉課スタッフ室にて）	デイサービス活動のふりかえり，ならびに利用者，家族の情報共有を行う。
18：00	事務所にて	サービス調整，事務業務など。

③　家族，他機関との調整

　利用者の生活は施設職員だけではなく，家族，ボランティア，地域住民，福祉事務所，障害者地域生活支援センター等さまざまな社会資源によって支えられている。利用者の生活の幅が広がるよう，それらの社会資源の利用の促進，調整を行う。

④　地域住民への福祉相談

　地域住民からの相談にのり，利用できる福祉サービス等の情報を伝える。契約制度に移行し，直接施設との契約を行うことになり，近年相談件数は増えてきている。

⑤　施設のあるべき姿の検討

　障害者自立支援法が施行され，さまざまなチャレンジが必要とされている。当施設を利用している利用者がより良く生活できるには，また利用者にとっての生活の場である当施設が事業として安定するにはどのようにすればよいか，また地域への福祉サービスの展開をどのように行うか等の検討を行っている。

■仕事を進める上での基本姿勢

　つねに利用者とかかわる際は以下の事項を念頭に置くように心掛けている。

①　一人ひとりの尊重，利用者理解

　利用者の生育歴，生活歴はそれぞれ皆違い，そこから形成される価値観なども多様で

あり，唯一その人だけのものである。そのことをしっかり受け止め，一人の人間としてつねに対等であり，尊重されるべき存在であるということを忘れないよう心がけている。また，利用者を理解しようとする際には，さまざまな側面（たとえば，身体的，心理的，社会的側面等）から観察し，情報を得て，その方の背景理解に努めている。

② 可能性の限りない追求

さまざまなハンディにより，利用者の思い描く生活に近づくには，非常に時間がかかることが多い。ある時には数年，またある時には数十年単位での時間が必要になる時がある。支援者としてはときに諦めそうになるが，諦めた時点で支援は止まってしまい，その人の自己実現の可能性が低くなってしまう。当園でも24年目にしてはじめて地域での生活を実現させた利用者がいたが，その利用者の支援を通して諦めないこと，つねに可能性を追求することの大切さを学んだ。

③ 専門職としてのふりかえり

ときには，支援が上手くいかないことがある。その際，客観的にまずは自分自身の支援のあり方がどうであったか，ふりかえるようにしている。

④ 利用者の権利擁護，代弁

利用者の中には，意思表示が困難な人が多数いる。つねにその人の立場に立ち，想いや権利等の代弁をするよう心がけている。

■実習生へのメッセージ

利用者支援は試行錯誤を重ねて創造し，またつねに可能性を追求して実践していくことが大切だと考える。その支援のキーとなるのはソーシャルワーカーであり，その質が大きく左右することは間違いのないものと考える。よって，ソーシャルワーカー自身の成長は非常に大切であると思う。

社会の動きが目まぐるしく変動する昨今（障害者福祉の分野でも，措置制度から支援費制度，そして障害者自立支援法と変化している），ソーシャルワーカーには，支援を必要とする人に寄り添える豊かな人間性，人権感覚が必要とされ，また現実的な課題，問題をきっちり認識し，その解決を目指し継続して実践していくことが必要とされていると思う。そのためには，社会福祉の知識，理論だけではなく，社会の動向，政治，経済等関係する分野も学ぶ必要があり，またそのような認識をもって学び続ける力をもつことが大切であると考える。このことは，今後実習に入ろうとする学生のみならず，ソーシャルワーカーとして従事している現場職員にも当然ながらつねに意識する必要がある。

現場実習とは，利用者，そして社会福祉の課題などをある程度の距離感をもって直接自分の肌で感じ取れる絶好の機会であり，また学び続ける必要性を認識する機会でもあると思う。教育機関，施設，そして実習生とのかかわりを密にし，つねに良い刺激が相互に得られ，利用者支援の質の向上，社会福祉の向上に繋がることを願っている。

5 児童養護施設

■職場の紹介

　私が勤務するのは，定員40名の児童養護施設である。ここでは小規模施設の特色を生かし，家庭的な雰囲気づくりを心掛け，多様な年齢の子どもたちが仲良く安心して生活できるように取り組んでいる。

　児童養護施設の機能は「家庭の代替・補完・支援」であり，子どもたちが親と離れて日常生活を営む社会的養護の場として大切な役割を担っている。そのためここでは，子どもが将来家庭を築いたり，近所づきあい，親類の人々との交流ができたりするよう，日常の生活を通して子どもを育成するよう心掛けている。子どもにとってはこの施設こそが，24時間生活をする住まいであり，家庭と同じように「睡眠」「食事」「排泄」「通学」「入浴」「掃除」「学習」「余暇」等の日常的な生活を営んでいる場なのである。

■仕事の内容

　ここでの勤務は，日勤と夜勤の交代勤務である。仕事は，基本的には「日課」に基づいて「起床・睡眠の介助」「洗面・歯磨きの指導」「食事の世話」「排泄や入浴の介助」「健康管理」「掃除」「衣類の管理・洗濯・補修」「学習指導」「余暇活動の指導」等を内容としている。図表2-6はある1日の流れを示したものである。このような援助は家庭においては父親や母親が行っているものであり，地味で根気がいるが，子育てにとってもっとも重要で基本になる事柄である。

　生活型の児童福祉施設では，こういった日常生活の世話を通して子どもとのかかわりを深め，一人ひとりの子どもが抱える課題を解決しながら，家庭の再統合や社会的自立を支援することを目的としている。

　図表2-7は，生活型施設の援助活動の一例である。参考にしていただきたい。

■仕事を進める上での基本姿勢

　私たちの仕事は対人援助であり，チームワークを基本としている。前述にあった援助内容はすべて人（対象者）にかかわる仕事であることを忘れてはならない。

　日常生活面においては，子どもの特性をしっかりと把握することが大切である。たとえば，衣類や寝具において，季節やその日の気温や天気に合わせた服装を着るよう教えたり，寝具を準備したり，その子どもの好みの物はどんな物であるかを理解したり，肌が弱い子どもには生地に注意したり，古くなっていないか，サイズが小さくなってきていないか等を確認したりと，保育士や児童指導員はきめ細かい視点をもって援助を実践していく必要があるのだ。

　日々の子どもをみていると，家族と離れ施設で生活していても明るく元気に過ごしており，寂しさや辛さを感じさせないほどである。しかし，子どもたちの中で誰一人とし

図表2-6　ある1日の流れ

時　間	業　務　内　容	
9：00	出勤. 夜勤職員より引き継ぎ	子どもの様子・健康状態・外出や帰宅児・連絡事項・ケースの動向・整備状況・実習生や来客の確認を行う。
9：30	実習記録のコメント記入	実習生の記録のコメントを記入する。
9：50	実習生ミーティング	実習生に対して様子の聞き取りや質疑応答，指導を行う。
10：30	実習校教員の訪問応対	実習生の近況，様子を伝える。
11：30	保護者から連絡がある	子どものことで相談を受ける。
11：45	児童相談所へ連絡	保護者からの連絡内容の報告をする。
12：00	昼食介助	幼児と一緒に昼食を食べる。片付けをする。
13：00	洗濯物の取り入れ	洗濯物の取り入れ，タンスの整理。
13：30	間食の準備	子どもの間食を準備する。
13：50	幼稚園の迎え	幼稚園に通園している幼児を迎えに行く。
14：30	小学校を訪問	子どもの学校での様子を聞き取ると共に施設での様子を伝える。
15：00	夜勤職員へ引き継ぎ	引き継ぎ事項を夜勤職員へ伝える。
15：30	小学生学習指導・学習指導後のレクリエーション	学校から帰ってきた子どもから順に宿題を中心に学習指導を行う。連絡帳やプリント，持ち物のチェックをする。
16：50	事務所にて	各種記録の記入を行なう。
17：00	勤務終了	

図表2-7　児童養護施設等生活型施設の援助活動

子どもの養育・教育機能	基本的欲求（生理的欲求，安全欲求，所属・愛情欲求，自尊の欲求，自己実現の欲求）の充足 行事の企画・立案・実施 日常生活（衣食住の世話） 学習指導，保健衛生，自立支援（生活技術） 発達上の課題の理解・改善 問題行動・障害の理解と対応 職員間（チームワーク）・関係機関との連携
施設運営管理機能	「自立支援計画」の作成・実践・評価 職員会議，ケース会議，各種会議 設備・備品の管理 広報誌の発行
家族への援助	家族問題の発見・要因の理解 社会的要因（要養護問題の発生）の理解 家族への援助 社会資源との連携・活用
アフターケア	退所前後の進路選択・指導，自立の支援 職場・家庭における子どもの現状把握と助言・指導・援助 関係機関との連携と相談・援助
地域との関係	地域の問題・福祉ニーズの把握とその対応 施設の設備の開放・人的資源の提供，地域子育て支援 子育て短期支援事業 （ショートステイ・トワイライトステイ・休日預かり） 実習校との調整，実習生への指導 ボランティアについての理解と活用

（出所）『「子どもの権利ノート」ハンドブック』（堺市発行）2006年4月，13頁。

て喜んで家族と離れて生活している者はいない。みんなが保護者や兄弟姉妹を想い，1日でも早く家庭に戻れることを期待している。だからこそ施設の生活が子どもにとって少しでも安らげるように，そして1日でも早く家に帰れるように仕事に取り組んでいかなければならないのである。

　私たちの仕事はそれが原点であり，日々子どもとのかかわりをもち，彼らとしっかり向き合いながら，彼らを理解するよう努めていくことが要求されている。それぞれの子どもにはどのような課題があるのか，その課題を解決するにはどのような援助を行えばよいのか，その際にはどのような集団づくりを目指していくべきなのか等を考え，具体的に一つひとつ実践していくことが求められているのである。

　児童養護施設において社会福祉士がどのような業務を行うのか。そうしたことについて，いつでも誰に対しても通用するマニュアルなどはない。前述のような基本や原点を忘れずに，時と場所，子どもの特性に応じて，まさに臨機応変に仕事をしていかなくてはならない。

　また子どもたちに対して私たちが教えているかのように思いがちであるが，実は子どもたちから教えられることが多く，子どもたちの感性にはよく驚かされる。そうしたみずみずしい子どもたちの感性を受けとめられる能力を，私たち大人は失ってはならない。

　毎日の生活が繰り返しのように見えても，1日として同じ日はなく，子どもは日々成長，変化している。その時，その時の子どもとのかかわりを大切にしながら，丁寧に仕事をしていかなくてはならないのである。

6　病院

■職場の紹介

　私は大阪府内のある病院に勤務している。約30年前，地域に根づいた医療機関として開設され，私の部署は医療と生活を結ぶ身近な相談窓口の役割を果たしてきた。現在は，私を含め3人がソーシャルワーカーと介護支援専門員（以下，ケアマネジャー）の兼務，2名はケアマネジャー専任の計5名体制の部署となっている。

■仕事の内容

　図表2-8にある1日の流れを示した。私の仕事内容は，大きく分けて3つある。
　①　介護保険法に基づく居宅介護支援事業所におけるケアマネジャー業務
　病院併設型であるため，退院患者のケアプラン作成や医療依存度の高い利用者の介護支援ケースが多い。日々の仕事量としてはこのケアマネジャー業務が一番多く，私は現在，約35名の要支援・要介護者を担当している。
　②　病院の医療ソーシャルワーカー業務
　入院・外来の患者やその家族，あるいは地域の住民から持ち込まれる相談に応じる医

図表2-8　ある1日の流れ

時刻	業　務　内　容	
8：50	出社，事務所にて	記録，サービス調整，事務業務など。
9：30	精神科初診の患者Aさんとの面接（☆）	Aさんと面接し，聞き取り内容を簡潔にまとめて精神科医師に申し送り。自立支援医療費支給制度（注2）活用の案内，手続き援助。
10：30	Bさん・Cさん夫妻宅訪問（◎）	モニタリング（注3）のため訪問。最近の様子を聞く。レンタルしている電動ベッドの調子が悪いとのこと。福祉用具レンタル業者に連絡する。
11：15	Dさん宅訪問（◎）	独居のDさんから，老人医療証を紛失したとの連絡が入ったため訪問。明日，市役所へ行き再発行の手続きを代行することを約束。
11：45	事務所にて	記録，サービス調整，事務業務など。
12：00	昼休み	
13：00	Eさんの障害年金診断書作成の援助（☆）	障害年金診断書作成目的で来院したEさんと面接し，医師へ申し送り。Eさんに，市役所への提出方法の案内などを行う。
14：00	Fさんの介護保険相談（◎☆△）	病棟看護師より連絡。退院間近の患者Fさんが介護保険制度を利用したいとのこと。面接相談，要介護認定代行申請，制度利用の案内，連絡調整など。
15：00	Gさん宅訪問（◎）	Gさん宅へ，モニタリングと要介護認定調査のため訪問。
16：30	Hさんのカンファレンス（◎☆）	ケアマネジャーとして担当しているHさんが当院に入院中。病棟にてカンファレンス。参加者は本人，家族，主治医，看護師。退院後は介護老人保健施設に移る方向が決まり，受け入れ施設を探していくことになる。
17：00	事務所にて	記録，サービス調整，事務業務など。
17：35	終業	日報の記入。

(注)　1　◎：ケアマネジャーとしての業務，☆：医療ソーシャルワーカーとしての業務，△：在宅介護支援センターのソーシャルワーカーとしての業務
　　　2　2006年4月の障害者自立支援法施行に伴い，従来の「育成医療」「更生医療」「精神通院医療」の公費負担3制度が一元化された。この場合，「精神通院医療」の公費負担制度を指している。
　　　3　介護サービス計画を実施した結果が，利用者の生活の質を高めることにつながっているかどうかを評価すること。主に家庭訪問による面接で行われる。

療ソーシャルワーク業務である。相談内容は，療養中の心理的な問題，治療費や生活費などの経済的問題，身体障害者手帳や障害年金など社会保障の制度利用に関すること，精神保健に関する相談，退院後の生活に関することなどがあるが，はっきりと分類できない困りごとの相談も少なくない。相談者の話を聞き，必要に応じて関連機関に問い合わせて援助に必要な情報を集め，アセスメントを行う。そして社会保障制度や福祉サービス，院内の他部署や地域の相談・援助機関への紹介など，いわゆる社会資源の活用で問題解決を支援していく。

③　在宅介護支援センターのソーシャルワーカー業務

かつての在宅介護支援センターの実績を生かし，現在は市の地域包括支援センターのブランチ（窓口）活動を行っている。高齢者の総合的な相談や福祉サービス利用手続き

の支援，介護予防教室の実施（認知症などのテーマ別に講習を行う）などが主な活動内容である。関係機関からの相談や電話を受け，家庭訪問（アウトリーチ）をして状況把握を行うこともある。

■仕事を進める上での基本姿勢

　私の業務の大半はケアマネジャーの仕事が占めている。ケアマネジメントの主な機能は利用者の生活ニーズと社会資源を結び付けることであるが，私は，サービス利用に結び付けるだけで利用者の生活が良くなったと自己満足するケアマネジャーにはなりたくない。「利用者の生きる力を利用者自身が高めていく権利を奪っていないか」，「利用者を，ただサービスを利用するだけの受身の存在にしてしまっていないか」ということをつねに確認するようにしている。私はケアマネジャーとして利用者にかかわる時も，ソーシャルワーク実践の一つであるという認識のもとに行いたいと思っている。それは，利用者と信頼関係を作り，利用者の考えや価値観を共感的に受け止めながら，利用者の自己決定を支援するという社会福祉士の基本姿勢を貫くことを意味する。

　たとえば，あるケースにおいて加齢のため歩く能力が低下しているとアセスメントされた場合，手すりの取り付けなどの住宅改修を提案することがある。しかし「玄関を開けたら目の前に手すりがある家に住むのは，年寄りじみていて格好悪い」などと考える利用者は少なくない。このような場合，利用者が住宅改修に対して抱いている想いを受け止めながら，しばらく見守ることも多い。結果だけにとらわれることなく，利用者が物事を決めていくプロセスに価値を見出し向き合うことは，住宅改修の助言に限らず支援過程全体を通して原則となる視点である。

　見守るということは勇気がいる。先を予測して手を出すことによって，援助者としての自分を安心させたくなることもある。しかし利用者のストレングスを信じ，エンパワメントの視点を大切にしていると，「この人にはこんな一面があったのか」と驚くことがある。人間という存在の力強さ・奥深さについて考えさせられる時であり，この仕事のおもしろさを感じる場面の一つである。

　毎日，これでいいのだろうかと迷うことばかりであるが，日々の実践の中で身に付けた知識や技術だけでなく，利用者から教わった生活観や人間観をすべての支援に活かし，「その人らしい生活」を，利用者と共に考えて歩んでいきたい。

参考文献
　大野勇夫・上原千寿子編『医療ソーシャルワーカー奮戦記』ミネルヴァ書房，1995年。

7 精神科病院

■職場の紹介

　当院は，H市の駅歩5分に立地する，1928年に開設された病床数537の比較的大規模な精神科単科の民間病院である。1階には売店や理髪店などが並ぶホスピタルモールとデイケアセンターがあり，2階には外来・検査部門，3階には活動療法室，4階には給食棟，5階から13階には入院病棟がある。病棟は，質が高く効率的な医療を提供するため，精神科急性期治療病棟，老人性認知症治療病棟などを機能別に構成しており，それぞれの病棟では，家庭的な雰囲気で一貫したきめ細かいケアを行うべく，ユニットケアを実践している。また，当院は社会福祉法人立であり，無料定額診療事業をはじめ，地域生活支援センターを開設するなど福祉ケアにも力を入れ，医療と福祉を連携させ，一人ひとりの患者にとって最適なケアを行えるよう努めている。

■仕事の内容

　私の所属する医療社会事業課は，いわゆる医療福祉相談室（以下，相談室）である。相談室における精神保健福祉士（以下，PSW）の仕事は，主にケースワークが中心で，受診や入院に関する相談，療養中に生じる問題，退院促進や社会復帰，在宅生活の支援，各種医療・福祉サービスの紹介や利用調整等多岐にわたっている。もちろん，対面的な相談業務だけではなく，電話相談や家庭訪問も行い，施設見学に同伴することもある。院内や地域でのケースカンファレンスや会議に出席することも多い。地域のお祭りやバザーなどのイベントを通し，市民への啓発活動をすることもある。

　そのなかで私は，精神科急性期治療病棟の専任PSW，すなわち，精神疾患の急性症状を短期間で改善し，円滑に社会復帰することを目的とする病棟の医療チームの一員として働いている。患者と医療チーム，地域の関係機関などとの中間的存在として，患者とサービスとをつなぐことが主な役割である。毎朝，病棟のスタッフステーションで行われる看護部の朝の申し送りに参加し，看護師，作業療法士と共に，患者の病状や治療方針，入退院状況などの情報を得た上で，1日がはじまる。図表2-9はある1日の流れを示したものである。

　急性期治療病棟は，療養病棟に比べ，はじめて精神科に入院した患者が多く，根強く残る偏見のせいか，患者のみならず，家族の不安や緊張が高い場合が少なくない。または，病識に欠け，不本意な入院であると怒りながら訴える患者と，それとは相反し，入院にいたるまで，どれだけ大変な思いをしてきたかを感情的に訴える家族もいる。そのため，初回面接である入院時面接では，まず，その気持ちを真に受け止め，共感的に理解し，不安感や緊張感を和らげる必要がある。反対に，そうしないと，踏み込んだ生育歴や他人には言いにくいような心理・社会的問題などの治療上必要な情報が聞き取りにくく，ケースワークもスムーズに進まない。入院時面接以降は，患者それぞれの個別の

図表2-9　ある1日の流れ

時　刻		業　務　内　容
8：30	出勤, 相談室にて	相談室内の申し送りなど。
8：45	朝の申し送り	看護部の朝の申し送りに参加し, 本日の入退院状況や患者の病状, 治療方針を確認する。また, PSWからも情報を伝え, 連携をはかる。
10：00	カンファレンス	退院後のサービス調整をする。患者, 主治医, 看護師, PSW, 他機関（訪問看護ステーション, 保健センター）が出席し, 現状の確認と今後の役割分担をする。
11：30	金銭管理サービス	浪費傾向の患者へ, 社会福祉協議会と共に地域福祉権利擁護事業の金銭管理サービスを行う。
11：45	相談室にて	午前中の記録をする。
12：00	昼休み	
13：00	入院時面接	入院時面接：生育歴, 家族関係, 病歴, 経済状況, 心理的背景, 現在利用している社会資源などの情報を収集し, 整理する。
13：50	他科受診の依頼	入院中50歳女性に腸閉塞（イレウス）がみつかったため, 近隣の治療可能な医療機関の地域医療連携室と連絡調整し, 外来受診につなげる。
14：10	経済問題の調整	入院中62歳男性より, 発病により仕事を辞めざるを得ず, 蓄えもなく働くこともできない, との相談を受け, 傷病手当金, 生活保護の説明し, 受給への支援をする。
14：50	退院前訪問指導	病棟看護師と共に, 退院間近な患者の自宅へ出向き, 退院後の生活を想定し, 家事などの具体的な生活指導を行う。
16：00	住宅問題援助 退院援助 家族関係の調整	入院中25歳男性より, 父と喧嘩をするため実家を出て, 一人暮らしをしたいとの相談を受け, 家族関係の調整を図りながら, 現状を確認する。
17：00	終業	記録, 日報の記入, 申し送りなど。

ニーズに対応し, ケースワークを進めていくことになる。以下, 統合失調症のAさん, 38歳, 男性の例を挙げ, 仕事の内容を説明する。

　Aさんは, 阪神大震災を機に発病し, 急性期状態で当院に3度目の医療保護入院をしていた。幻覚・妄想状態で, 長く保護室（隔離室）で治療を受けていたが, 入院から1か月半経過した頃より病状が安定しはじめ, 任意入院に変更となり, 3か月を目処に退院することになった。しかし, 入院前に住んでいたアパートは, 家賃を長く滞納していたため, 強制退去となっており, 保護者である兄とは関係が悪く, 同居できない状況であった。

　そのなかで, PSWはAさんの一人暮らしをしたいという意向を尊重し, Aさんと医師をはじめとする医療チームとで, 退院後の生活を共に考える機会（ケースカンファレ

ンス）を設けた。その際，兄が退院することについて反対していること，薬を飲み忘れるとすぐに病状が悪化し，不本意な入院になること，一人暮らしを維持する経済力がないこと，お金を計画的に使えないことが明らかになったが，結果として，病状的にも生活能力的にも，何らかのサポートがあれば一人暮らしはできるであろうと判断された。そのため，Aさんは，自発的な服薬習慣を身に付けるために医師と薬剤師から服薬指導を受け，入院中から自分で薬を管理し，退院後は精神科の訪問看護を受けることになった。また，PSWと共に社会保険事務所に足を運び，障害年金の請求手続きを行い，退院後から生活保護を受けられるよう福祉事務所と調整をはかった（経済的問題の調整）。社会福祉協議会へも出向き，日常的な金銭管理をしてもらうことを目的に，日常生活自立支援事業の申し込みをした（金銭管理サービス）。

　その間，PSWより兄に，反対する理由を汲み取った上で，さまざまなサービスを組み合わせて活用することで，一人暮らしは十分可能であることを伝え，繰り返し説明した（家族関係の調整）。その後，退院を了解した兄を保証人として，病院の近くのアパートを契約し，入院から2か月半経過した頃，外泊を試みた。1度目の外泊の日は，PSWと看護師とでAさんのアパートを訪問し，Aさんの不安と期待が混じった想いを傾聴し，退院後の生活に沿った具体的なアドバイスをした（退院前訪問指導）。何度か外泊を繰り返した後，再度ケースカンファレンスを開き，入院から3か月経過した頃退院となった。

　その後もデイケアセンターに通所するかたわら，精神保健福祉手帳の更新手続きやデイケアセンターでの人間関係の悩みなどを，時々相談室までやってきてPSWに相談している。このようにPSWは，院内外問わず，さまざまな働きかけができる希有な専門職である。

■仕事を進める上での基本姿勢

　時に，医療の現場では，当事者である患者の主体性や自己決定よりも，疾病やその症状，問題行動ばかりに焦点があてられ，精神症状を軽減していくことを優先しがちである。このような医学モデルの中にいるPSWは，「権利擁護」「自己決定の尊重」を支援する基本的な視点との矛盾に直面し，葛藤することも少なくない。

　当院では，PSWは唯一の福祉職である。だから，たとえ，幻聴や妄想などの陽性症状があったとしても，彼ら自身の生活や周囲との関係にさほど影響がなければ，疾病や問題行動を過度に強調せず，実際に生活する地域の生活条件に合わせ，可能な限り患者の希望に沿って支援しなければならない。「医学モデル」だけではなく，患者を地域の生活者として捉える「生活モデル」の視点をもつことこそが，患者の真のニーズを把握し，そのニーズに基づいた自己決定を促す支援につながり，それがPSWの真骨頂である。

　しかしながら，それは難しい支援である。PSWの個人的な親切心や正義感で，良か

れと思い支援したことが，一方的な価値観の押し付けになってしまい，患者の主体性を奪ってしまう場合もあれば，専門性の枠を越えた個人的なかかわりをしてしまい，別のPSWが対応する際，あのPSWはしてくれたのに，なぜしてくれないのか？等，患者自身に不信感，不快感をもたらすことにもなりかねない。特に入院中の患者は，入院前は自分で考え行動していたことを，医師や看護師などの医療スタッフに任せきりになる傾向が高く，PSWも患者に言われるがまま支援し，患者の依存心を助長してしまう恐れがある。確かに，支援の個別性や柔軟性は大切であるが，このように行き過ぎては，反対に患者の権利を侵害していることになる。自己決定・自己選択は，自己責任を伴うが，それも患者にとって当然の権利であることも忘れてはならない。

　以上をふまえ，私がもっとも意識して取り組んでいることは，患者やその家族の話にしっかり耳を傾けることである。それは当然のことかもしれないが，私の場合，たくさん話を聴かなければ，つまり，一緒に過ごす時間を長くもたなければ，患者の生活者としての多様なニーズは汲み取れないであろうし，その希望を叶えるための課題を見出すことはできない。ましてや，今もっている力も分からない。だから，形式張った面接だけでなく，立ち話などもまじえながら，何度も話し合いの場を設け，共に考え，実践し，つまずいたら，さらに話し合う。そのためにも，相手から気軽に声をかけてもらえるよう，どんなに忙しくても，できる限り険しい顔などせず，親しみやすい雰囲気をかもし出せるよう心掛けている。このような私の基本姿勢は，ケースの進むスピードこそ遅いが，その分丁寧な支援となり，全く見通しの立たなかったケースでも，突破口になるような希望的ヒントが見つかることが多い。そんな時こそ，私は，患者さん個人の人生にかかわっていることを実感し，その責任の重さに，背筋が伸びる思いになる。

　ただし，1つの医療機関でできることも，一人のPSWができることにも限界はある。PSWは，医療チームとしての取り組みだけでなく，患者さんのニーズが複雑になればなるほど，関係機関と協力し，コミュニティ全体のニーズとして捉え，そのかかわりを実践していかなければならない。地域と医療機関は，連続した患者さんの生活の場であり，医療機関は地域ケアサービスの一つにしか過ぎないのである。

　このように，医療・保健・福祉にまたがる精神障害者でもある患者にとって，入院から退院，そして，地域生活への支援すべてにかかわることができる立場にある相談室のPSWの役割はとても大きい。しかしながら実際は，相談室のPSWが少ない上（当院においては537床あたり5人），次々と変革される新しい精神保健福祉制度に対応しながらの業務に追われ，患者の自己決定をどれだけ尊重できているのか，柔軟な姿勢で患者に寄り添い，支援できているのかを十分にふりかえるだけの時間がとれていないのが現状である。治療上，本人の意向に関係なく入院治療が実施されることが少なくない精神科病院のPSWにとって，「権利擁護」や「自己決定の尊重」は，いまだ大きな課題の一つとしてのし掛かっていることを最後に述べておきたい。

第3章

福祉実習の流れ

　この章では，福祉実習全体のイメージを理解してもらえるように福祉実習全体の仕組みと流れを説明する。そして，社会福祉士，精神保健福祉士実習それぞれの到達点を示す。事前学習，配属実習，事後学習といった流れ全体を把握することで，どの箇所を学習しているのかを意識しながら実習に取り組むことが可能となる。

第1節　福祉実習全体の仕組みと流れ

　本節では，まず2年間の福祉実習の構成を提示し，次に現場実習の流れをフローチャートに沿って段階的に示している。「事前学習Ⅰ」では，外部講師や実習指導教員による講義などから，施設・機関への理解を深めたり，施設見学を行ったりする。「事前学習Ⅱ」では，実習先の選定を行い，実習先を決定していく。「事前学習Ⅲ」では，実習計画書を作成しながら，実習でテーマとするべきことを考え，実習中にどこに焦点をあてて行動するべきなのかを整理する。「事後指導」では，実習全体のふりかえりを行っていく。

　本節のフローチャートを見ながら，自分が今何をすべきなのか，何を考えるべきなのかを把握し現場実習に臨んでもらいたい。

1　2年間の現場実習の構成

〔1年目〕
　(1) 事前学習Ⅰ（春学期）
　　・実習指導教員および現場の施設・機関の職員（外部講師）からの講義
　　・授業での施設見学（高齢者施設，児童福祉施設，障害者施設，保健施設，病院など）
　　・夏季休暇中の施設見学（実習先として希望する施設・機関への自主的な見学）
　(2) 事前学習Ⅱ（秋学期）
　　・個別指導
　　・現場の施設・機関の職員（外部講師）からの講義

〔2年目〕
　(3) 事前学習Ⅲ（春学期）
　　・個別指導
　　・実習直前指導
　(4) 現場実習（夏季休暇中）
　(5) 事後学習（秋学期）
　　・事後面談
　　・実習のふりかえり（報告会，事後学習会）
　　・「実習報告書」の作成

2　現場実習の流れ

実習前

〔事前学習Ⅰ（春学期）〕

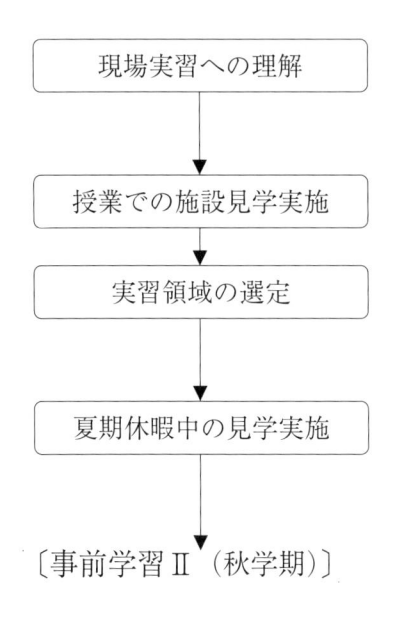

- 現場実習への理解
  - 実際の現場での様子について，外部講師や実習指導教員による講義などから，現場実習への理解を深めていく。
- 授業での施設見学実施
  - 施設の見学を行い，施設の目的や対象者などの現状について幅広く理解をする。
- 実習領域の選定
  - どのような領域で実習を行いたいのかについて考える。
  「配属実習希望調査書」
- 夏期休暇中の見学実施
  - 実習先として希望する施設・機関への自主的な見学を行い，施設の概要について理解する。

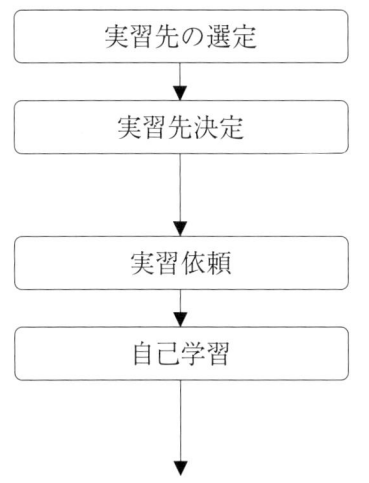

〔事前学習Ⅱ（秋学期）〕

- 実習先の選定
  - なぜその施設・機関を希望するのか，どのような支援を行いたいのかについて考える。
- 実習先決定
  - 事前学習Ⅰ（春学期）での授業の内容や個別での見学をふまえて，実習指導教員と面談を行い，実習依頼先を決定する。
- 実習依頼
  - 希望する実習先に実習依頼を行い，承諾を得る。
  「実習依頼申請書」「実習承諾書」
- 自己学習
  - 実習施設・機関に関する制度や利用者理解について自己学習を行う。
  - 実習の意義についてまとめる。

〔事前学習Ⅲ（春学期）〕

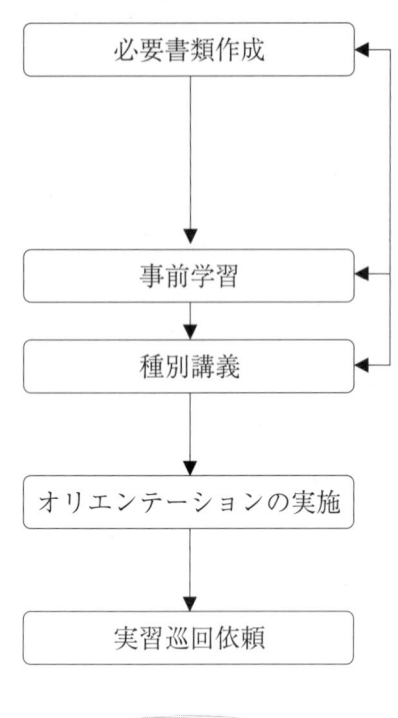

```
┌─────────────────┐
│  必要書類作成    │◄──
└────────┬────────┘
         ▼
┌─────────────────┐
│    事前学習      │◄──
└────────┬────────┘
         ▼
┌─────────────────┐
│    種別講義      │◄──
└────────┬────────┘
         ▼
┌─────────────────┐
│オリエンテーションの実施│
└────────┬────────┘
         ▼
┌─────────────────┐
│   実習巡回依頼   │
└─────────────────┘
```

- 実習生個人票や実習計画書など必要書類を実習指導教員と相談しながら作成する。
  「実習生個人票」「実習計画書」「誓約書」「実習日誌」「実習生出席簿」「配属実習評価票」「健康診断書」「細菌検査書」

- 実習施設・機関のパンフレットや機関誌などで実習先の理解を深め，実習に向けて気持ちを高めていく。

- それぞれ種別ごとに分かれて，実際の現場の様子や学ぶべき点，気を付ける点について実習指導教員の講義により再確認をする。

- 実習開始の約1か月前にオリエンテーション実施。
  「実習先におけるオリエンテーション」
  「実習先の概況」

- 巡回教員に巡回依頼をする。
  「実習巡回連絡票」

　　　　　実習中

〔現場実習：夏季休暇中〕

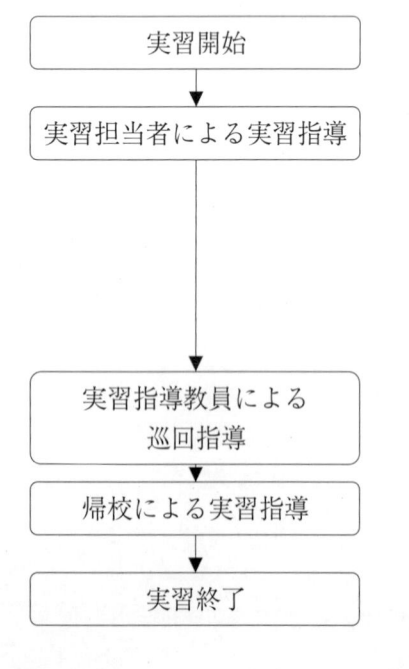

```
┌─────────────────┐
│    実習開始      │
└────────┬────────┘
         ▼
┌─────────────────┐
│実習担当者による実習指導│
└────────┬────────┘
         ▼
┌─────────────────┐
│  実習指導教員による │
│     巡回指導     │
└────────┬────────┘
         ▼
┌─────────────────┐
│ 帰校による実習指導 │
└────────┬────────┘
         ▼
┌─────────────────┐
│    実習終了      │
└─────────────────┘
```

- 実習施設・機関の業務内容を理解し，実習計画書に沿って実習をすすめていく。

- 気づき，学び，疑問，課題について実習担当者から指導を受けつつ整理する。

- 一日の様子，利用者とのかかわりの様子，学んだことなどを実習日誌に書き，実習担当者に提出する。

- これまでの実習内容をふりかえり，実習計画書の確認や見直しを行い今後の課題について整理をする。

- 実習中の経過報告を行うと共に，まとめに向けての課題を整理する。

- 気になることや困ったことなどの対応について実習指導教員に相談する。

- 現場での実習をふりかえり，実習で学んだことは何か，今後の課題は何かなど，実習担当者とまとめを

行う。

実習後

〔事後学習（秋学期）〕

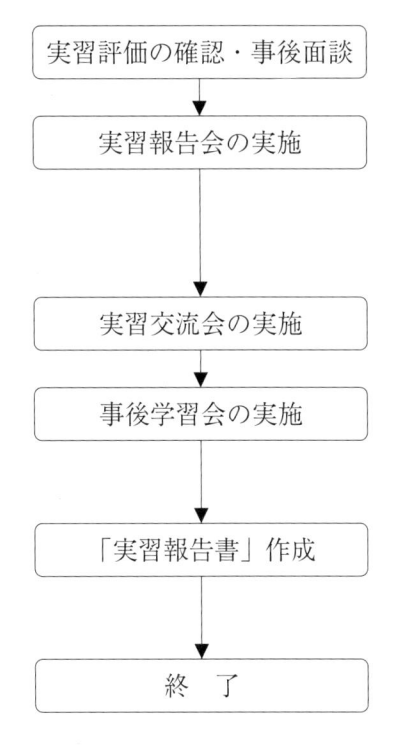

```
実習評価の確認・事後面談
       ↓
  実習報告会の実施
       ↓
  実習交流会の実施
       ↓
  事後学習会の実施
       ↓
  「実習報告書」作成
       ↓
      終　了
```

- 実習指導教員との面談を通して，実習全体のふりかえり（自己評価）を行う。
- 実習で学んだ内容や問題点について整理を行い，発表を行う。整理し，発表を行うことで実習の再確認を行うと共に，他の学生の話を聞くことで幅広く物事を捉えるようにする。
- 後輩に対して経験談を語ると共に，アドバイスを行う。
- 実習で学んだ支援の方法はソーシャルワーク理論とどう関連しているのか，各自で整理した内容を学生同士で意見交換し，実習内容の理解を深める。
- ①実習先の概要・特徴，②実習の目標と課題，③実習の内容，④実習の成果，⑤反省・感想について文書としてまとめ，実習についての理解を確認する。

第2節　社会福祉士・精神保健福祉士実習の達成課題と到達点

■実習の達成課題

　社会福祉士・精神保健福祉士は急速に変化する社会の動きを見据え，社会福祉制度や社会資源を活用して生活上のさまざまな問題を抱えている人に対して，その人に応じた支援をし，問題解決を行う福祉専門職である。そのために社会福祉士・精神保健福祉士の実習においては，180時間以上の現場の施設や機関で実習を行い，社会福祉の現場やそこで働く専門職の役割を理解すること，そして実際に利用者とかかわることで，利用者の生活や利用者とその家族の思いに直接触れ，どのような援助ができるのかを具体的に学ぶ大切な場となるのである。

　援助といっても自分ひとりでできるわけではなく，さまざまな職業の人たちとかかわり，連携を行い，また，人的，物的などの社会的に活用できる資源を利用して行われている。実習では，このように多くの人がかかわり，行われている援助のあり方を実際に体感することで，机上の表面的な捉え方を具体的なものへと結びつけることができるのである。

　それでは，実際に実習ではどのようなことを学習するのか，次の8つの達成課題について内容を十分把握し，実習を通してそれらの能力や技術が習得できるように努めることとする。

　①　利用者理解について

　実習先の施設・機関を利用している利用者は，どのような理由でその施設・機関を利用することになったのかを理解する。

　利用者はこれまでどのような生活をし，現状はどのようなものか，それは利用者にとって満足できるものであるのか，悩みや不安などはないか，家族や友人との関係は良好であるのか，また利用者はどのような思いをもっているのかなど利用者の真意やニーズを把握する能力を高めることに努める。

　②　実習先である施設・機関の理解について

　実習先の施設・機関はどのような社会福祉制度に基づいて成り立っているのか，そこを利用する人はどのような人であるのかについて理解を深める。

　実習先の施設・機関はさまざまな社会福祉の法制度に基づいて運営されており，そのなかには施設の規模や職員の職業に関する規定や配置人数について細かく定められている。それぞれの施設・機関が掲げている運営における基本方針などについても理解し，その施設・機関の機能やどのような役割を担っているのかについて理解を行う。

　また，実習先の施設・機関で行われている支援の内容（援助プログラム）や運営方針

に基づいて行われている独自のサービスにはどのようなものがあるのか具体的に学ぶ。独自のサービスを行うにあたって，その施設・機関での独自の資源にはどのようなものがあるか，また，関係している他の機関にはどのようなものがあり，どのような連携が行われているのか，理解を深めることとする。

　実習先の施設・機関が位置する地域にはさまざまな社会福祉施設や活用することのできる社会資源がある。そのなかでその施設・機関がどのような役割を担っているのか，その施設・機関が地域にどのように働きかけているのか具体的な学びを行う。

　③　職種の理解について

　実習先の施設・機関にはさまざまな業務を担う職員が働いている。その施設・機関の目的や規模に応じて職種の配置やその人数が規定されており，それぞれの役割を担っている。それぞれの業務内容について理解するとともに，どのような役割を担っているのか，利用者およびその家族などとのかかわりはどのようなものかを理解する。

　④　利用者の援助技術について

　実習先の施設・機関を利用している利用者やその家族などとの援助関係をつくる能力を高める。

　利用者だけでなく，その家族などの現状を理解し，その関係者のニーズを把握する能力を高めることに努める。そして，利用者とその家族などとどのようにかかわり，援助関係をどのように築いていくことができるのか，また，利用者およびその家族などへの援助のあり方について理解する。

　援助の形態についても，面接を通してや生活を通して，また個別か集団かなどをふまえた上で，生活上の問題は何か，心理的な問題はないか，社会資源をどのように活用していくのかなど，直接的に利用者およびその家族などとかかわり行うものや間接的に行うものなどについて，具体的な支援のあり方について理解を深める。

　⑤　スタッフの連携技術について

　利用者およびその家族などとそこで働く職員との人間関係の形成について努める。

　実習先の施設・機関では，さまざまな職種の人がそれぞれ役割分担をし，連携をし，協働している。それぞれの職種の立場からどのように利用者とかかわり連携をしているのか，職員同士のチームワークのとり方について学ぶ。また，施設・機関内だけでなく，他の施設・機関との連携についても学ぶこととする。

　⑥　職業倫理・自己覚知

　実際に利用者やその家族などと直接触れ，実習先の施設・機関で働く専門職の援助の実際を観察し，援助活動を体験することで，利用者の人権を尊重した言動や援助の方法，守秘義務と職業倫理や社会福祉固有の視点について学ぶ。

　また，実習先の施設・機関で利用者およびその家族などと出会い，かかわることで自分の長所や短所についてや学習不足について認識することになる。そこで，自分を見つめ直し，改めて他者を理解することができるようになる。

これらのことを通して，社会福祉専門職への適性を考えると共に今後自分が進むべき方向性について考える機会を得ることとする。

⑦　実習態度

実習生という立場であっても，実習中にかかわる利用者の立場からいえば，支援者としてみなされるのである。時間を厳守し，実習の内容に応じた服装で，言葉づかいには十分気を付け，社会人としてのマナーや規範についてはしっかり守り，節度ある態度で臨むようにする。

職員の動きや利用者の動きをよく観察した上で，自分でできることについては進んで行い，積極的に自分から声をだして動くように心掛ける。

⑧　実習担当者からの指導

実習を通して，物事の捉え方や視点，利用者やその家族などとのかかわりや援助方法について，自分の行動はどうであったのか，どのように理解できているのかなど，実習先の施設・機関の実習担当者から指導を受け，理解を深めていく。

自分が思っていることの理解不足の点や，専門性について専門職の立場から助言をうけ，さらなる実践能力を高める。

基本的には事前に設定した実習テーマや達成課題にそって学習を進めるが，段階的にそのテーマや達成課題についてふりかえり，実習先の施設・機関の実習担当者からの指導を通して，見直しを行いながら学習を深めていく。

これらのことの学びを深め，社会福祉専門職としての使命や責任感を培うとともに，さまざまな援助を必要としている人の問題を的確に把握することや，具体的な援助過程において，人権の尊重，権利擁護，自立支援などの視点に立った相談援助する能力を養うことが求められる。

そして，柔軟な考え方ができる学生のうちに物事を多面的に捉え，さまざまな業務を幅広く行なっている福祉現場の現状を認識するとともに，社会福祉サービスを必要としている人の視点からの現状の問題点や課題点などについて考えることが大切となる。未来の社会福祉実践者としてこれらのことをしっかりふまえ実習で多くの学習を深めていく。

第4章

配属実習へ向けての準備と事前学習

　この章では，配属実習に向けた事前学習について解説する。事前学習ではどのようなことを行うのか，実習先をどのように選定すればよいのかについて手順を示す。また，実習先が決定したらどのような実習を行うのかといった「実習計画書」を作成しなければならないが，実習計画書の意味を説明するとともに実習種別ごとの「実習計画書」のモデルを提示する。さらに，実習に向けての心構えについても触れる。

第1節　事前学習の内容と方法

■事前学習の必要性

　実習を終えた先輩学生が，実習後に後輩学生の前で語る言葉の一つに，「もっと事前学習をやっておけばよかった」というものがある。事前学習を十分に行って実習に臨めば，もっと実習成果があげられただろうに，というわけである。

　実際そう言う先輩学生も，おそらく実習に行く前には同様に先輩からそうした話は聞いていたはずである。しかし，何をどのようにポイントを押さえて学習すれば良いのかについての自覚がないまま，期待と不安はふくらむ一方で，本番の実習を迎えてしまうことが多いのではないだろうか。

　また実習後に話す学生の体験談では，最初の1週間は実習現場に慣れることで精一杯になる。次の週にはようやく日々の動きが分かるようになり，少し落ち着いて現場の様子を見ることができるようになる。3週目には実習生の名前を利用者の方にも覚えてもらい，実習生もはっきりと利用者の方の名前を覚えるようになる。では，そろそろ援助実践の方法を学ぼうと意気込みが出てきた頃には，実習は最終週を迎えているということである。

　さて事前学習には何を学んでおけばよいかについては，十分に情報は与えられているはずである。しかしその「事前学習の必要性」については，実習に向かう学生にとっては，いまだ実習を体験していないだけに，その必要性は切実なものとはなりにくい。つまり「事前学習の必要性」を自覚する必要があるのである。実習成果をあげたいと思う学生は，その思いの強さだけ十分に事前学習に取り組んでほしい。

　事前学習を十分に実行しないまま実習がスタートしてしまうと，現場の流れに追われるように毎日が過ぎていく。そうなると，せっかくさまざまな場面を体験しているにもかかわらず，その一つひとつについて深く考察する余裕は生まれにくい。実習生としては，この貴重な体験の場にあって，大変もったいないことなのである。そのような状況では，実習指導の職員が期待している質問の声は，実習生からなかなかあがりにくい。

　4週間という短期実習が，本当の意味での実習とならずに，4週間という長期の「見学体験」に終わってしまう恐れがある。

　十分な事前学習が，実習の成功の鍵を握っているのである。

■事前学習の方法

　配属実習へ向けての「事前学習」には5つのスタイルがある。

① 実習担当教員による講義で，社会福祉士，精神保健福祉士の意義や業務などについて学ぶ。

② 社会福祉施設や機関などの外部講師による講義で，社会福祉施設・機関，精神保

健福祉施設・機関などの実践の場について，基本的な知識を身に付け，具体的に理解する。
③　施設見学を通じて，社会福祉施設・機関，および精神保健福祉施設・機関の実際を学ぶ。
④　自己学習として，各自の興味や関心のある領域について文献等を通して学んだり，実習先選定のための個別の見学なども行う。
⑤　実習指導教員による個別指導を通して実習先を選定する。

■事前学習の内容

事前学習における「学習課題」については，次のようなものがある。
① 社会福祉施設や機関について
- それぞれの社会福祉施設や機関は，どのような法律に基づいているのか，設置目的は何か，またどのような機能や役割を果たしているのかなどについて学ぶ。
- また職員構成や組織，勤務体制などについてはどのようになっているのか，職員の業務内容はどのようなものであるのかなどについて学ぶ。

② 利用者について
- 社会福祉施設や機関を利用する利用者はどのような人であるのか，それぞれが抱える生活上の問題や困難は何かについて学ぶ。

③ 援助の内容
- それぞれの利用者に対して，どのような形態の援助が行われているのかについて学ぶ。
相談・面接が主であるのか，身体的なケアが主であるのか，あるいは作業指導などが主であるのか，さらには，日常生活を共にすることが主要な援助となっているのかについて学ぶ。また，個別の援助なのか，集団援助なのかなどについても学ぶ。

実習に行くまでに身に付けておくことは，次のようなものである。実習先が決まったら，以下のような点について学習し，自己研鑽を積んでおく。
①　実習の意義や目的を確認し，配属実習に対する意欲や動機を高めておく。
②　実習先の領域や分野について，詳しい知識を身に付け，具体的に理解しておく。
③　実習の目標や課題をあきらかにし，実習テーマを設定しておく。自分は一体何を中心に学びたいのかをはっきりさせる。
④　実習先で必要となる社会福祉援助の専門的知識や技術を習得し，社会福祉の価値や理念についても理解を深める。特に実習先で必要とされる実践技能について理解をしておく。
　たとえば，実習先が特別養護老人ホームなどのような場合には，基礎的な介護技

術を身に付けておくことが望ましい。
⑤　スーパービジョンの意義と実習指導体制について理解しておく。

その他の「事前学習」についても心にとどめておいてほしい。
①　「社会福祉援助技術演習」等の授業で事例研究については学ぶことがあろうが，自分の関心のある分野，あるいは実習を希望する分野については，可能な限り多くの実践事例を読み込んでおき，実習場面に役立てたい。
　　いざ実習では，その場で展開されることに目を奪われがちであるが，援助実践のさまざまな事例が頭に入っていると，実習場面での職員の言動に意味を感じたり，援助の意図を理解することができるかもしれない。
②　可能であれば実習先などで事前にボランティア活動をしておくことも，実習には大いに役立つであろう。
　　それは単にボランティア活動を体験しておくということだけではない。実習という慣れない環境の中では，職員の指示を待つ「指示待ち人間」になりがちである。そうならないためには，自ら積極的に利用者や職員とコミュニケーションをはかることができる資質を身に付けたい。
　　そうした資質を身に付けるためには，ボランティア活動が良い方法であろう。そうすることで実習先や利用者・職員に慣れておくこともでき，それは実習の成果をあげる思わぬ早道になるかもしれない。

第2節　実践の場を学習する意義

■ 社会福祉施設・機関などの外部講師による講義

　事前学習の一環で行われる，社会福祉施設や機関の職員の講義は重要である。日頃，学校の教員の講義を受けている学生にとっては，施設や機関の職員による講義は新鮮である。日々施設・機関で働く職員は，学生たちを前に職務の様子や実態を話すなかで，現場で働くことの「香り」を運んできてくれる。それは，学生が実習のための施設や機関を具体的に意識したり感じたりすることができる最初の場面であろう。

　普段の教室での講義では，学生は理念や制度などの知識を学んでいるわけだが，外部講師による講義は，その理念や制度が実際に運用される場面で利用者を具体的にどのように援助しているのか，またそれがどのように役に立っているのか，学生が援助場面をイメージしながら聞くことができる利点がある。各施設・機関の職員の講義は，当然のことながらその施設・機関の種別によって異なり，それぞれの特性を前面に出した講義を聞くことができ，学生にとっては大変興味深い。

　たとえば，児童養護施設の職員は，日々の児童との触れ合いや交流，喜びや楽しさと共に，教育や指導上の葛藤や悩みなどについても，赤裸々に語ってくれる。中学生・高校生の小遣いを幾らにするかについて職員会議を重ねるなどの話は，職員の具体的場面での援助の苦労を垣間みることができる。児童養護施設の職員が，施設に実習生を迎えた時の児童の「試し行動」（実習生を試すために，児童が実習生に向かってかける言葉など）について説明が及ぶときには，配属実習が他人事ではなく，具体的に自分に引き寄せて実習を考える契機とすることができるかもしれない。

　また特別養護老人ホームの職員の講義を受けることによって，介護の場面でどのように職員が利用者に対して心を通わせながら援助をすることができるのか，利用者は何を望んでいるのかなど，介護の難しさについて，さまざまな葛藤についても聞くことができるかもしれない。人に役に立つ，人を援助することの重要性と難しさについて学び，学生は，実習先選定の参考にすることができる。

　さらに福祉事務所の職員の講義では，生活保護業務の実態を聞くことができる。保護決定にかかる家庭訪問など，教科書では学べない現場の職務の困難さと，「自立支援」に向けた指導・援助がいかに難しいかなど，具体的事例を聞くことができる。

　こうした現場の施設・機関の職員（外部講師）からの講義は，学生が実習先を選定する時の参考とすることができる。また講義受講後に，講義で学んだことをふりかえりとして記述し，まとめることで，今後の事前学習に生かすことができる。

■ 施設見学

　事前学習の一つとしての施設見学は，実習先を選定するための大きな判断材料となる。

ただし，20人前後の学生を引率しての施設見学は，訪問先の数に限りがあるため，すべての種別を見学することはできない。

　施設見学の意義は，実践現場を見学し，施設長や指導員・その他の職員から直接話を聞くことができるところと，援助実践の実際を学習することができる点にある。特に今まで一度も施設を訪れたことのない学生にとっては，大変大きな経験となる。施設の立地からはじまり，そのたたずまい，規模，施設の雰囲気，明るさ，建物の内部の構造，部屋の配置など，訪問してはじめて分かることばかりである。

　たとえば，生活施設としての特別養護老人ホームなどは，あくまでも利用者の生活する居住施設として，見学時には利用者に配慮しなければならない。ただ施設によっては，一部利用者の了解をとり，部屋の内部を見学できる場合もある。さらに，状況によっては共用の談話室などで利用者との交流をはかることも可能である。こうしたチャンスに，利用者と一言でも言葉を交わすことができれば，現場の雰囲気を体験し，それを持ち帰ることができる。

　児童養護施設の見学の場合では，児童の登校中に見学が組まれることが多い。児童にとっての生活の場である施設に，20人程の大勢の学生が見学に訪れることは特別に配慮を要することである。案内をする職員に，一部了解をとってもらい，了解が得られれば，児童の部屋を見学することもできる。それは，児童の生活振りがうかがえる場面である。その際に，職員が日常の児童へのケアについて，場面，場面で説明を加えてくれることで，学生は，職員と児童との関係，援助の実際を学び，児童養護施設で生活する児童の置かれた現状を学ぶことができる。

　また障害者施設の訪問では，作業場を見学させてもらうことが多い。さまざまな障害をもつ人が，障害の程度に応じた作業にそれぞれが取り組んでいる。運が良ければ，それぞれの作業クラスに入って，作業に参加させてもらえることもある。障害をもちながら作業に熱心に取り組む場面に同席しながら，職員の援助実践についての説明を聞くことで，普段知り得ない障害者の人々の日常生活から学ぶことは多い。

　こうした施設見学の意義と効果は大きい。普段，あまり使わないで休んでいるかもしれない感覚器官が，施設見学の時には呼びさまされ，自分の実習先選定に向けて，情報を大いに収集することができる。

　施設見学後は，それをレポートにまとめ提出するという課題をこなすことで，見学で得たことが整理され，今後の実習先選定に役立つことになる。

第3節　実習先の選定

　実習とは座学での理論を体現化したり，実習現場の現状を知るといった意味だけではなく，将来の職業選択や社会福祉専門職者としての自己の職業適性，職業的興味を考える上でも重要な意味をもつ。実習先の選定はこれらのことを念頭に置き，慎重に選ぶ必要がある。実習先選定の時期になると，あわてて実習先を探しはじめる学生や，どのように実習先をみつけたらいいのかわからず，途方に暮れている学生をみかける。そのような事態にならないためにも，早い時期からボランティア活動に積極的に参加したり，施設・機関の見学をしておくなど，自主的に学習機会を増やし，福祉施設・福祉機関について理解を深めておくことが望ましい。また，実習は実習生と実習生を送り出す学校，それを受け入れる施設・機関の3者間の合意によって行われる。そのため，受け入れ先の事情などにより自分が希望した実習先に配属されないこともある。だからといって実習に対して消極的になったり，実習に対する意欲を失ってはならない。現場実習では，机上では学び得ない高度な技術と知識を身に付けることができる貴重な機会である。自分に与えられた環境の中で，問題意識や目的意識を失わず実習課題をもって，日々懸命に実習に取り組むことにより得られるものは，何ものにも代え難いものになるはずである。

　さて実習先選定に取りかかる前に，まずはどのような実習先があるのかを調べてみよう。実習が可能な施設・機関の専門機能と法的根拠などの基本的な事柄については最低限調べ，それらを理解した上ではじめて具体的な実習先の選定の作業へと移ることができる。

　次に，具体的な実習先の選定作業に取り掛かるが，実習先を選ぶためには必ず何らかの動機が必要である。ただ自宅から近いから，「なんとなく」といった漠然とした理由では，その後の実習が主体的に行われるとは考えにくい。実習先選定には，まず問題意識と目的意識を明確にし，それをもとに実習先の情報を集め，自分に合った実習先を検討していく作業が必要である。実習を有意義かつ充実したものにするためにも，まず以下の点について確認し，具体的な実習先の選定をしてみよう。

■問題意識・目的意識の明確化

　実習では実習生としての立場を自覚した上で，積極的に実習に取り組まなければならない。まずは先に述べたように，具体的な実習先を決める前に，実習先としてどのような種別の施設・機関があるのかを調べ，その専門機能や法的根拠などの基本的な事柄は理解しておかなければならない。それらをふまえた上で具体的に希望する実習先の種別を考え，自分がなぜその種別を選ぶのか，どのようなことを学び，知識を深め，経験したいのかといった実習課題についても考えていく。実習先の種別を決めかねている場合

はまず，頭の中を整理するためにも実習に対する問題意識と目的意識について明確にする必要がある。

問題意識・目的意識を明確にするために以下のことについて自分に問いかけてみよう。
① なぜ，実習のあるこの科目を履修しようと思ったのか？
② 福祉について学び，興味をもったことや新しく知ったことはどんなことか？
③ 将来，どのような仕事に就きたいと考えているか？
④ 自分の体力や健康状態について考慮に入れ，どのような実習形態，例えば宿泊か通勤のどちらがいいのか？　また，連続した実習か，それとも分散した実習がいいのか？
⑤ 実習を終えた自分を想像して，今の自分と比べてどのような変化が起こっていると思うか？　また，実習に行くことにより，自分にどのような変化を期待しているか？
⑥ 実習でどのようなことを学び，経験してみたいと思っているか？

これらのことについて自分自身に問いただし，明確にした上で実習先について考えてみよう。

■実習先の情報収集とマッチング

実習先の選定において特に大切なことは，実習生と実習先とのマッチングである。実習生の望む実習と実習先の望む実習生，お互いのニーズが一致することが理想的である。では，実習先は実習生にどのようなことを望むのであろうか。実習先が実習生を受け入れる意義から考えてみたい。福祉現場では日々の業務に追われ，多忙を極めているのが実情である。このような状況の中で，施設・機関が実習生を受け入れているのはなぜだろうか。

実習先が，実習生を受け入れる理由として，
① 次世代を担う後継者の育成のため。
② 実習指導を通し，自身の仕事を客観的にみることができたり，ふりかえりができる。
③ 実習生らしい新しい感性と視点を知ることで，マンネリ化しがちな日常業務に変化が生まれる。
④ 実習生という第三者の目が入ることにより，支援内容や施設運営が適正に行われているかを再確認することができ，仕事に対して適度な緊張感を保つことができる。

などが挙げられる。しかしながら，時間と労力を費やし，実習生の指導にあたることは，施設・機関にとって多大な負担となっている。実習先の選定の前にまず，施設・機関が日々の多忙な業務の時間をさいて，実習生の指導にあたっているということを理解しておこう。

それでは，具体的な実習先の選定作業にとりかかろう。実習先選定のための判断材料として，特に必要なことが情報の収集である。たとえば同じ児童養護施設でも，地域特性や施設の規模，大舎制か小舎制といった施設形態や運営理念など，施設それぞれに独自の特性があり，実習内容も施設により違いが出てくるのは当然のことである。自分の実習テーマに合った施設をみつけるためにもまず，自分の関心のある実習先の種別の施設・機関についての情報を集めることからはじめてみよう。
　情報を集める方法として，
　① 施設・機関のパンフレットを集める。
　② インターネットでホームページや関連サイトを調べる。
　③ その施設・機関に実習に行った先輩の話や実習指導教員の意見を聞く。
　④ 実習報告集などを調べ，過去の実習生の実習報告を熟読する。
　⑤ ボランティア活動を通し施設・機関の雰囲気をつかむ。
　⑥ 施設・機関を訪問し，沿革や運営目標，事業内容の概要や実習について話を聞く。
などがある。これらの方法を駆使し，施設・機関の概要，実習生受け入れの有無，実習時期・期間，実習形態や実習内容等について調べ，収集した情報をもとに，ある程度の実習のイメージを作りあげ，自分に合った実習先を検討してみよう。

第4節　実習先とのオリエンテーション

■オリエンテーションにあたって

　実習先とのオリエンテーションとは，実習開始のおよそ1か月前から1週間前に実習生が実習先に訪問し，実習担当者と顔合わせを行い，実習前における準備や実習にあたっての注意事項，実習内容の確認を行うことである。また，実際に実習現場に赴き，現場職員から説明を受けたり，実習先を見学し現場の雰囲気をつかんでおくことは，実習を目前にした学生にとって不安と緊張を和らげることにもなり，これからの実習を円滑かつ効果的なものにするためにも重要な意味をもつ。

　実習先とのオリエンテーションの日程調整は基本的に学生が直接，実習先に電話をかけて行うことが多いが，学生にとって実習先に電話を掛けるという行為は大変緊張するようである。実際，学生から「緊張のため事前に聞いておくことを聞き忘れた」，「正しい言葉づかいができず，まとまりのない会話になってしまった」といった失敗談をよく耳にする。そのようなことにならないためにも，事前に聞いておきたいことをメモ用紙に書き出しておいたり，言葉づかいに自信がない場合は電話をする前にシミュレーションをしておくなどの準備をしておくことが必要である。

　また，オリエンテーションを受けるにあたり，事前に実習先までの交通経路や所要時間，提出物（実習生個人票，実習計画書，健康診断書，細菌検査書，配属実習評価票，誓約書など）の確認や事前学習を十分に行っておくなど万全の備えでオリエンテーションに臨まなくてはならない。

　オリエンテーション時の具体的な留意点と確認事項を以下に示しておく。

■オリエンテーションで確認すること

　① 　施設・機関の概要

　施設・機関の沿革や運営目標，事業内容についての説明を受ける。パンフレットや実習生用の資料が配られる場合はよく目を通し，家に帰ってからも熟読しておこう。口頭での説明の場合はメモをとり，不明な点は積極的に質問すること。また，施設・機関の建物の構造や設備，立地条件等も実習前に知っておこう。

　② 　実習に際しての注意事項

　実習に際しての心構えや基本的姿勢，諸注意を受ける。また実習中の服装や容姿，必要な持ち物について確認する。施設の場合，食事は持参するのか，施設が提供する食事を利用するのか確認する。遅刻，欠席，台風などの災害時の対応方法や緊急時の連絡方法についても確認しておく。

　③ 　実習日程と実習時間

　実習期間と勤務時間の確認を行う。実習開始日，終了日の確認と勤務時間の確認をす

る。特に実習時間の合計が180時間以上になるか確認しておく。

④ 通勤・宿泊方法

通勤による実習の場合は，利用する交通機関の確認をする。実習先まで公共交通機関で行ける場合は可能な限りそれらを利用して通勤すること。車やバイク，自転車で通勤する場合は施設・機関の許可を取り，駐車，駐輪場所の確認をしておく。宿泊実習の場合は，宿泊先の設備や宿泊に際して必要な持ち物，宿泊に関しての注意事項や規則を確認しておく。

⑤ 食費，宿泊費などの費用

食費，宿泊費など実習生が自己負担する費用について確認しておく。

⑥ 実習プログラム

実習テーマや実習課題などの実習計画については，実習指導教員の指導のもとに作成していると思うが，実習では実習生が立ち会えない場面や実習生には任せることができない仕事もあり，実際には実習計画通り実習を行えるとは限らない。そのために，オリエンテーションでは実習担当者に，実習計画をみてもらい，実習中に具体的に学びたいことや経験したいことを直接伝え，実習先で実現可能な具体的な実習プログラムを組んでもらうようにする。

■オリエンテーションをおえて

オリエンテーションにおいて，実習担当者から実習における諸注意や留意点について説明を受けたり，実習内容が示された日程表などの資料を配布されることもある。したがって，実習生は，あまり時間を置かずに，説明された内容を整理し，「実習先におけるオリエンテーション」に記録しておくことや，資料を紛失しないように実習ノートに[1]にとじておくことが大切である。

注

(1) ここで「実習ノート」と「実習日誌」の違いについて説明する。

本書における「実習ノート」とは，実習生個人票，実習計画書，実習先におけるオリエンテーション，実習先の概況，実習日誌，実習全体のまとめをつづったファイル全体のことをいう。そして「実習日誌」は，日々の実習の目標，実習内容，実習所感を記載する記録用紙のことをいう。

参考文献

米本秀仁・牧野田恵美子・川延宗之・平塚良子編著『社会福祉援助技術現場実習』(社会福祉選書11) 建帛社, 2002年。

福山和女・米本秀仁編著『社会福祉援助技術現場実習指導・現場実習』(新・社会福祉士養成テキストブック⑤) ミネルヴァ書房, 2002年。

九州保健福祉大学実習センター編『ソーシャルワーク実習ハンドブック』中央法規出版,

2004年。
岡本榮一・小池将文・竹内一夫・宮崎昭夫・山本圭介編『三訂福祉実習ハンドブック』中央法規出版，2003年。
内山元夫・岡本幹彦・神戸賢次編『福祉施設実習ハンドブック』みらい，2003年。
宮田和明・加藤幸雄・野口定久・柿本誠・小椋喜一郎・丹羽典彦編『四訂社会福祉実習』中央法規出版，2005年。
小木曽宏・柏木美和子・宮本秀樹編著『よくわかる社会福祉現場実習』明石書店，2005年。
関西福祉科学大学『「現場実習」教育の現状と課題第6号』関西福祉科学大学福祉実習相談室，2005年。
関西福祉科学大学『「現場実習」教育の現状と課題第7号』関西福祉科学大学福祉実習相談室，2006年。

第5節　実習計画作成

1　実習計画作成の意義

■実習計画を立てる意味

　配属実習先が決定すると、実習先とオリエンテーション日時について具体的に打ち合わせを行っていくことになる。このころには、自分が配属実習先で行う実習内容に関する計画をしっかりと練っておく必要がある。実習は、180時間と時間の限られたものである。この限られた時間の中で充実した実習を送るためには、事前によく練られた「実習計画書」を作成することが非常に大切である。

　「実習計画書」では、今まで学んできた事前学習の成果をもとに、配属実習先で学ぶべきこと、学びたいことを具体的に明確にしていく。学ぶべきこと、学びたいことの中には福祉実習であれば、すべてに共通している目標や課題もあるだろう。だが共通するものばかりではなく、各配属実習先特有の、そこでしか学べないこともあるはずだ。これらを自分自身が今抱いている問題意識と絡めながら、実習計画として形にしていかなくてはならない。

　だからこそ配属実習先に関して、しっかりと事前学習ができていなければ実習計画書を作成するのも難しくなるであろう。いくら自分が実習で行いたいと思っていても、配属実習先のことをよく知らず、そこでは実現不可能な計画を立てても意味がない。今後自分自身が"ソーシャルワーカー"となるためには、配属実習先でどのようなことを学ぶべきか、学ぶことができるのか。このことを文章として形にすることで、今まで漠然としか頭になかった配属実習に対する心構えができ"自分らしい実習"を明瞭にデザインしていくことができるのである。しかし、実習計画を立てるということは実はかなりやっかいなことである。実習のテーマや自分にとっての実習の意義、具体的に達成していくべき課題を自覚し文章にしていくのは、大変な作業となるにちがいない。

　たとえば、計画書をいきなり書きはじめれば良いというものではなく、実習計画を立てる前に一度は実習先に見学に行き、実習先がどのような所であるのか自分の目でしっかり確かめることも必要になる。そうすれば、自分がここでどのような実習を行えば良いのか自覚できてくるはずである。文章も一度で書き終わるわけではなく、学校の実習指導教員から個別指導を受け何度も添削され、推敲を重ね、修正していかなくてはならない。その際には、実習オリエンテーションで「実習計画書」を持参した時に配属実習先の実習担当者に本当にやりたいことを理解してもらえるような文章になっていなくてはならない。このように実習生が主体的に動き考えてはじめて、実習計画は完成するのである。しっかりとした事前準備をして、明確な計画を立てておかないと、実習オリエンテーション後に大きな修正を迫られることにもなりかねない。

とは言うものの，完璧な「実習計画書」を作成しようと考え過ぎる必要はない。完璧な「実習計画書」にあまりにとらわれてしまうと，計画書自体を書けなくなってしまう。もちろん，良い計画書を作成するのにこしたことはないが，たとえ未熟なものであっても構わないのである。たとえ未熟な計画書であっても，実習に対する不安を漠然と抱きながら他の誰でもない自分自身が，実習において主体的に何をしようとしているのか，それを文章にし，実習できちんと相手に伝えコミュニケートできること，これがもっとも大切なことなのである。実習指導をしていると，「自分はまだ何も配属実習先のことを理解できていない。こんなことで実習計画ができるのだろうか」，「自分はこのような実習計画を立てて，本当に目標や課題が達成できるのだろうか」という声をよく聞くが，それほど心配しなくてよい。それよりもまず，思い切って自分を実習にぶつけてみようと考えてほしい。事前に実習計画をよく練って，これまで見えていなかった"自分らしい実習"の形を自覚しておくのは，そのためにこそ必要なのだ。

■「実習計画書」にどのようなことを書くのか

では具体的に実習計画書にはどのようなことを書いていけばよいのだろうか。

まず1つ目には，すべての配属実習先に共通している目標や課題がある。第7章には，各実習種別の福祉実習モデルが示されているが，そこには，"ソーシャルワーカー"になる上で学んでもらいたい項目が挙げられている。それは「利用者の理解」「施設・機関の理解」「職種の理解」「利用者援助技術」「スタッフ連携技術」「職業倫理・自己覚知」「実習態度」「（現場）実習担当者からの指導」の8項目であるが，これらはすべての配属先において共通した項目なのである。

2つ目は，実習生の関心や配属実習先の機能や特徴に合わせて考えられる目標や課題である。自分が今までに経験した体験やボランティア経験，関心をもった書物，学校の講義などを通じて，自分が配属実習で学びたいことがあるはずだ。また，配属実習先に事前見学へ行き，利用者とかかわったりスタッフと接することで芽生えた問題意識もあるのではないだろうか。さらには実習先のスタッフから助言を受けることで，より一層明瞭になった実習の目標があるかもしれない。それらを整理し，じっくりと考え向き合っていくことで，より現実的な課題を設定できるようになるだろう。

実習計画を行う際には，いったい自分は配属実習先で何を学びたいのか，何のために現場に足を踏み入れるのか，社会福祉士・精神保健福祉士の現場実習を行う際に達成したい課題は何なのか，これらのことをもう一度問い直し再確認する必要がある。

2 「実習計画書」の作成と記述方法

■実習計画を立てる上での留意点

実習計画書は，小手先のテクニックでは決して良いものにならない。先にも書いたが，実習計画を立てる際には，思い切って自分を実習にぶつけてみようとすることが大切な

のである。福祉に対してもっている想いを自覚し，形にしていくことが重要となるのだ。それは，他の誰のものとも違う，まさに"自分らしい実習"を模索するということに他ならない。そのためには，自分の言葉で実習計画を書く努力をしてほしい。たとえ整っていて流暢な文章であろうとも，もしそれがテキストなどに記載されている文章をそのままコピーし羅列したものならば，それは"あなたの"計画書ではない。

もちろん，配属実習先に関する事前の学習が不可欠であり，それをふまえてより具体的かつ現実的な課題を設定することをすすめる。それぞれの配属実習先でしか学べないことや，関連する施設・機関が抱えている問題点など整理し，ソーシャルワーカーの実習として自分がどのような課題や目標を設定するのかを充分に考えてもらいたい。

■「実習計画書」の記述方法

ここでは，「実習計画書」の様式に従って，各項目についてそれぞれの要点と留意点について述べる。

① 実習のテーマ

「実習のテーマ」は，自分自身が配属実習先で具体的に学びたいことや到達点などを的確な言葉でまとめたものである。この実習のテーマを読めば，実習で何がしたいのか一目瞭然になるものでなければならない。そのためには，できるだけ抽象的な表現は避け，自分が配属実習先でこれだけは学びたいという事柄を実現可能なものから選ぶことが大切である。

② 私にとっての実習の意義

自分にとって実習とは，どのような意味があるのか。なぜ社会福祉士や精神保健福祉士の受験資格には配属実習が義務づけられているのだろうか。なぜ資格を取得する際に，このような現場実習が必要とされているのだろうか。自分にとって実習のもつ意味をよく考えてみてほしい。

学生の中には，「ただ，資格を取るためには現場実習が必要だから」と答える人もいるが，それでは決して充実した実習を経験することはできない。実際に指導を行う配属実習先としても，このように問題意識が欠如した学生に実習に来てほしくはないだろう。配属実習先にはさまざまな学びがあり，人間的にも大きく成長することのできる場を現場は提供してくれている。将来，ソーシャルワーカーになるための貴重な体験の場で，自分が現場実習でしか学べないことは何なのかを今一度考えてみてもらいたいのである。

配属実習に行くまでに，さまざまなボランティアを経験した人もいるだろう。また福祉の現場に直接携わらずとも，日常生活で障害者や子ども，高齢者などさまざまな人に出会っている人も多いだろう。そのなかで，自分自身が何を見たのか，何を感じたのか，何を考えたのか。それらを整理しながら，自分にとって実習のもつ意味を考えてもらいたい。経験したことばかりではなく，学校の講義で学んだことや，書物を読んで心を動かされたこと，さらには卒業後の進路について考えたことでもよい。それらを実習の現

場と照らし合わせてみれば，多くのことが明瞭になるはずだ。実習する意味を掘り下げていくことは，実習に入るまでに必要不可欠な作業だと言えよう。

③ 実習の具体的達成課題

前述したように「私にとっての実習の意義」を明確にすることは，実習生が自分の気持ちを掘り下げて，はっきりと自覚していくという"情緒面での学び"を目指したものである。それに対して，「実習の具体的達成課題」を明確にすることは，"知性的な側面での学び"を目指したものだと言えよう。実習テーマを達成するためには，何を具体的な課題とするのか，その課題に対してどのように行動するべきなのか，そのためには個別的な場面で何を行えばよいのか，これらのことが明確に示されてなければならない。

学生の中には，具体的な達成課題の意味が分からず，「施設・機関の実態を知りたい」「施設の職員の言動から考えたい」「利用者のことを知りたい」「職員から援助技術を学びたい」など，抽象的で曖昧な表現で書いてくる人も多くいる。しかしこれでは，一体，何をいかにして具体的に実現しようとしているのかが見えてこない。そのため，実習指導教員から「これは具体的に何をイメージして書いたのか」と尋ねられ答えに詰まってしまうケースも多い。

また，実習の具体的達成課題を"具体的に"考えていないために，「私にとっての実習の意義」と内容を区別できず，ここに何を書けばよいのか困ってしまう人もある。さらに実習の具体的達成課題に，「心構え」や「決意」を書く人も多くみかけるが，「〜したい」「〜を頑張りたい」は具体的な達成課題とは異なるものであることに注意すべきだろう。

もちろん最初は抽象的で曖昧な表現であっても構わない。しかし実習先のことを深く調べたり，実習指導教員にアドバイスをもらったりしながら，少しずつでも具体的な課題を書けるようにしていくことが大切であろう。

④ 実習前学習の内容

実習前学習の内容は，まさに事前学習の成果を書くためのものである。したがって，これまでに学んだ実習関連科目の講義や援助技術演習の内容，研究演習（ゼミ）でまとめた内容，ディスカッションなどで友だちと考えたことなどを1つずつまとめていくとよいだろう。特に学校で学んだ講義科目の中には，関心があった科目以外にも，配属実習先に必要な科目が少なからずあったと思う。それらを思い出し，学んだことを選択しながら書き出してみてもらいたい。また援助技術演習においても，さまざまなケースを検討しながら事例研究を行ったと思うが，そうした事例研究を通じて学んだことを書き加えるのも良いだろう。

さらには配属実習に行くにあたり，できるだけ現場のイメージがふくらむよう，さまざまな種別の施設見学を行ったと思う。そのなかには学校が実施したものもあれば，個人的に行ったものもあるだろうが，見学施設で職員から講義を受けた内容や見学して感じたことなどもしっかりと整理してみてほしい。

最後に，参考文献を記載する際には本のタイトルを書き，どのような印象をもち，何を学んだのかを書くと良いだろう。

3 「実習計画書」の活用方法

実習計画書は，配属実習先のオリエンテーション時に必ず持参し，実習担当者に計画書の説明をすることが望ましい。実習計画書はあくまで学生が自分で考えた計画であるので，配属実習先によっては実施が難しいものや，課題によっては実習期間中にはできないものもある。そのため，実習担当者と十分にすり合わせをし，事前に立てた実習計画が施設の事情や状況などで実現困難な場合は，実習担当者の助言を受け修正しなくてはならない。

実習期間中は，種別ごとの「福祉実習モデル」と共につねに照らし合わせながら，実習がうまく計画通りに遂行できているか，一つひとつチェックしていかなければならない。これらの課題を実習期間中のどのような時期に実施していくか，適切に判断していく必要があるだろう。

実習計画書通りに課題が円滑に行われているかは，実習巡回指導時に学校の実習指導教員と実習施設・機関の実習担当者と実習生の三者で評価を行い，修正が必要なときには実習計画書の見直しを行う。実習計画の見直しをする場合も，ソーシャルワーク実習として配属実習先で実現可能な課題を選択することが非常に大切である。

参考文献

岡本榮一・小池将文・竹内一夫・宮崎昭夫・山本圭介編『三訂福祉実習ハンドブック』中央法規出版，2003年。

宮田和明・川田誉音・米澤國吉・加藤幸雄・野口定久編『改訂社会福祉実習』中央法規出版，1994年。

第6節　計画書のモデルの提示

1　福祉事務所

■事前学習がポイント
　ここでは実習のテーマと具体的達成課題に的を絞って説明するが、これらの項目は事前学習ができていなければ、書けないものである。学習不足を実感すれば、今からでも遅くない。直ちに必要な学習にとりかかることである。

■実習テーマの設定
　福祉事務所で実習を行うにあたって、何を目標として、何を得るために実習するのかについてよく考え、実習テーマを設定する。

　福祉事務所での実習にあたって、所内各課を短期間ごとに回る実習形態がよくみられる。学生も、福祉行政全般をみたいといった希望をもっている人が多い。しかし、「福祉行政を全般的に学びたい」というのでは、テーマとしては不足である。それでは、なんの問題意識もなく、実習の形式をそのまま述べているにすぎない。

　「生活保護行政」とか、「児童福祉」「高齢者福祉」「障害者福祉」などと、自分が特に学びたい分野を取り上げ、そこでは何が問題なのかに的を絞り、自分として実習で何を学びたいのかを、テーマとして挙げてほしい。ここでは現時点での生活保護行政の課題となっている「自立支援」を取り上げている。生活保護から自立するための支援のあり方はどのようなものかを、現場で具体的に学びたいというものである。

■実習の達成課題を具体的に
　実習テーマを達成するために具体的に何を実習内容としたいかを、項目として挙げていくのが具体的達成課題である。

　実習内容としては、あれこれ希望することが頭に浮かぶと思われるが、限りある実習時間に、あまりにも盛りだくさんで到底実行不可能なことを挙げても意味がない。ある程度必要な項目を絞ることになるが、基本として希望することはしっかり挙げておく。

　ここでは生活保護を実際に知るための手続きや、面接・家庭訪問などを経験し、それを土台に、自立支援のテーマに沿って事例を集中的に学ぶことを意図しており、そのために必要な項目を挙げている。

　この計画書では生活保護を中心に実習するプランを提示した。しかし、他の分野の業務を中心に、たとえば児童の分野で子育て支援について学ぶ人もあれば、高齢者福祉の権利擁護に関心をもって実習する人もあろう。そうした場合でも同様に、実習テーマと具体的達成課題を綿密に考え実習計画を立てることが必要である。

実 習 計 画 書

種　　　別	福祉事務所
設置主体名	○○市
施設・機関名	△△福祉事務所
実習期間	年　月　日　～　　年　月　日　　日間 　年　月　日　～　　年　月　日　　日間

関西福祉科学大学
社会福祉学部　社会福祉学科

年　　　　　番

ふりがな
氏名＿＿＿＿＿＿＿＿＿＿＿＿

男・女

担当教員名＿＿＿＿＿＿＿＿＿＿

① 実習のテーマ

自立支援のあり方

　生活保護を受けている人が保護を受けずに自立できるようになるためには，どのような支援が必要かをテーマにして実習を行う。

② 私にとっての実習の意義

　初めての実践の場であり，福祉の現場で職員が利用者とどのようにかかわるかを知ることができる。

　セーフティネットとしての生活保護が実際行われる状況を勉強して，教科書だけでは知り得ないその意義や課題を自分で考えたい。

　将来はできれば公務員になりたいと考えており，その職務の実際がどういうものかを見て志望を固める機会としたい。また，自分の福祉職への適性を確かめたい。

③ 実習の具体的達成課題

・生活保護の過程を実際に知る。

　受理相談，保護決定に必要な書類や手続き，保護決定後のケースワーカーのかかわり，保護費支給の方法，就労支援や自立のための支援方法などを知る。

・ケースワーカーの具体的な支援の方法，技術を学ぶため，ケースワーカーの職務を一緒に体験させてもらう。

　面接場面に同席する。家庭訪問に同行する。入所施設や入院先の訪問に同行する。ケースカンファレンスや地域の関係機関の会議に出席する。面接や訪問の記録を書き指導を受けるなど。

・自立支援について学ぶ。

　特定の事例について集中的に学習し，その事例に必要な自立支援の計画を自分で考えてまとめる。それを実習指導者に報告し，指導を受ける。

④ 実習前学習の内容

　大学では社会福祉の基本的な科目を履修した。公的扶助論は特に重要だと思い力を入れて学習した。

　福祉六法や社会福祉法，障害者自立支援法，介護保険法，精神保健福祉法などに目を通しその概要を理解した。

　実習先の地域特性について資料を取り寄せ，インターネットでも学習した。さらに実習までに，地域の社会福祉施設・機関など具体的な福祉資源をしらべておく。

　生活保護について書かれた単行本を2冊読了した。

2 児童相談所

■実習テーマの設定

　児童相談所での実習を希望する学生に，実習を通じて学びたいテーマは何かと尋ねると，半数以上の者が「虐待」と答える。昨今の社会的関心の反映なのだろう。計画書向けに表現すれば「虐待対応の現場でその実際を学ぶ」などということになろうか。

　しかし，児童相談所は児童福祉サービスネットワークの中核に位置づけられる機関であるだけに，その守備範囲は広い。社会的にクローズアップされた「虐待への対応」は確かに重要な仕事に違いないが，児童相談所の業務のうちの一分野である。児童相談所を実習先に選んだ学生なら，その位置づけや業務内容の全貌については，すでに学習済みのはずだ。その上で，自分は特にどの分野について学びたいのかを，世間の風潮に惑わされることなく，じっくり検討する必要がある。

　また分野を問わず，ソーシャルワーカーとしての児童福祉司の役割と働きの実際を現場で，つぶさに体験的に学ぶ視点も重要である。

■具体的な達成課題設定のポイント

　計画書の下書き段階では，「〜を見たい」「〜について知りたい」など，実習計画というより見学計画や学習計画になってしまっているのをみかけるが，実習とは，児童相談所の日常業務に主体的に参加することとの認識をはっきりさせておきたい。その体験を通じて何をつかみ取りたいのか，時間をかけて，実習指導教員と相談しながら具体化するプロセスが必要だろう。

　次頁に例示したものは，ある児童相談所で実習した学生の書いた計画書の実例である。まだまだ抽象的な記述が多く，もう少し具体的な計画書にしたいと本人も意気込んでいたのだが，この時点では，具体的な部署も分からないため，どのような所に配属されても対応できるよう，基本的な"心構え"のような内容になった。実際には，本人の希望どおり虐待対応課に配属され，指導者にも恵まれて，充実した実習になった。

　緊急事態に遭遇したり，予期せぬ成り行きからスケジュールがキャンセルされたりすることが多いので，臨機応変に対応するためには，実習生としてもこのような基本的な"心構え"をしっかり作っておくことが，大切である。

　また，実習を終えた学生たちの多くが反省点として「事前学習の不足」を挙げる。特に，苦手意識を抱いている児童福祉法をはじめ，虐待防止や障害児の自立支援にかかわる法制度などについて，もっと具体的な事前学習をしておけばよかった，そうすればもっと具体的な達成課題が設定できたのに，というわけだ。心構えはできていても法律や制度の専門知識が不足していたために，ケースカンファレンスへの同席やケース記録の閲覧などの機会が与えられても十分活用できず，具体的な質問もできなかったと悔やむ者が少なくないのである。

実習計画書

種　　　別	児童相談所
設置主体名	○○県
施設・機関名	△△児童相談所
実習期間	年　月　日～　年　月　日　　日間 　年　月　日～　年　月　日　　日間

関西福祉科学大学
社会福祉学部　社会福祉学科

年　　　　　番

ふりがな
氏名＿＿＿＿＿＿＿＿＿＿＿＿
　　　　　　　　　　男・女
担当教員名＿＿＿＿＿＿＿＿＿

① 実習のテーマ

　児童福祉のシステムの中での児童相談所の役割（他機関との連携，業務の流れ）を把握し，重要性を実感する。さらに業務の実際を通して，児童福祉司の仕事を体感する。

② 私にとっての実習の意義

　普段の生活の中では遭遇しないような事柄にも対応できる柔軟な思考や行動の基礎を養う機会が実習であると考える。将来の職業選択や自分の概念に何かしらの影響や変化を及ぼす体験にしたい。今後の自分を形成するにあたって，糧になるものを探れる場でもあると思う。自分を知り，向上させるための機会にしたい。

③ 実習の具体的達成課題

　どのような部署に配属されるか分からないが，どのような業務を課せられた時でも，つねに五感を働かせて，現場の空気を感じ，ちょっとした変化も敏感に察することができるよう，こころがける。また，その変化を感じ取った上で，自分はどうアクションすべきなのか判断できる能力を養いたい。さらに，家庭訪問などに同伴した際，保護者とのかかわり方，児童福祉司の対応の実際を見て感じて学ぶ。そこから現場と社会との実際的なかかわりを見出し，幅広い視野を得る。積極的に聞くことによって，貪欲に吸収したい。

④ 実習前学習の内容

　「児童福祉論」などの講義で，児童福祉法や少年法関連の制度や児童相談所の担う役割などについて学習した。昨年の春学期に児童養護施設を見学，夏季休暇中に児童相談所を見学し，具体的な業務内容や○○県内の子どもの問題の現状を学んだ。秋学期に実習の授業で児童福祉司を招いた講義を受けた。

　『児童相談所で出会った子どもたち』（児童相談所を考える会著，ミネルヴァ書房）を読んで児童相談所が対応している具体的な相談内容を把握した。『心の目で見る子ども虐待』（広岡智子著，草土文化）から，虐待する立場になった親の考えについて学んだ。

　日常生活では，メンタルフレンドに参加し不登校児童と実際に触れ合うなかでその子自身の葛藤と向き合い対応の難しさを実感した。このほか，ガイドヘルパーやイベントなどのボランティア活動を通じてさまざまな出会いを体験し，さまざまな考えに触れることによって，型にはまった思考にとらわれないよう努力している。

3 社会福祉協議会

■実習テーマの設定

　社会福祉協議会で実習を行うにあたり，自分は特に何を学びたいのか，何に関心があるのかを明確にしなければならない。往々にして陥りがちなのは，事前学習が不十分な場合，社会福祉協議会についての理解を深めるために，事業活動全般について知りたいと考えてしまうことである。もし，そうした意識で実習に臨み，実習を終えた場合，確かに事業活動全般については理解できたとしても，事業や活動の数の多さに圧倒され，感心するばかりで終わってしまう危険性がある。

　そのためには，事前学習が重要となる。社会福祉協議会の組織の成り立ちから，事業内容や地域住民との関係などを，可能な限り事前に勉強しておくことが必要である。その上で自分の関心領域を絞り，その特定の領域を重点的に実習することで，社会福祉協議会の役割や援助の方法について一歩踏み込んだ学習ができる可能性が出てくる。

　社会福祉協議会の実習は意外に難しいことをあらかじめ伝えておきたい。介護等の実習がないので楽なのでは，と考えている学生がいたら，安易に社会福祉協議会を実習先に選ばないでほしい。社会福祉協議会はさまざまな事業活動を展開しており，地域や地域住民との協働作業が多く，日々地域に出かけて行く。地域住民との交流やコミュニケーション能力が大いに求められる。しかし，地域の人々は，実習生に寛容であるにちがいない。どのような小さなことでもよいから，どんどん質問をぶつけてみてほしい。きっと，住民は喜んで答えてくれるであろう。その時，住民が地域に注ぐエネルギーを感じることができるにちがいない。

　モデルの提示では，住民主体をキーワードに，社会福祉協議会が地域や地域住民をどのように支援するのかをテーマにしている。

■実習の具体的達成課題を考えるには

　実習テーマが決まれば，それを中心として具体的な課題を挙げて，実習に取り組む意欲と姿勢を表すものとして，「実習の具体的達成課題」がある。示した課題がすべて上手く達成できるかどうかは未知数であるが，目標として掲げておくことは大事である。

　社会福祉協議会の事業活動は多岐にわたっていることから，具体的な項目を挙げることには困らないかもしれない。しかし，実習のテーマに沿って，重点項目を絞り，いくつかに整理することが必要である。

　まず組織としての基本的な事項について，学習しておくことが望ましいと思われるものについて，いくつか挙げておくことがよいであろう。その上で，実習テーマに関連した項目について，事業活動の内容や，社会福祉協議会の援助の方法や，地域・地域住民と社会福祉協議会との関係などを学習することが挙げられていれば良いであろう。

実 習 計 画 書

種　　　別	社会福祉協議会
設置主体名	社会福祉法人○○市社会福祉協議会
施設・機関名	△△社会福祉協議会
実習期間	年　月　日　～　　年　月　日　　日間 　年　月　日　～　　年　月　日　　日間

関西福祉科学大学
社会福祉学部　社会福祉学科

年　　　　番

ふりがな
氏名＿＿＿＿＿＿＿＿＿＿＿＿＿
　　　　　　　　　　　　男・女
担当教員名＿＿＿＿＿＿＿＿＿＿

① 実習のテーマ

　地域の人々が抱えているさまざまな福祉問題を，地域全体の問題としてどのように捉え，住民主体を原則として住民の組織化をはかりながら，どのように支援し，解決しているのかを，事業活動に参加しながら学ぶ。

② 私にとっての実習の意義

　地域福祉の推進者として，地域の福祉課題を明らかにし，その解決に向かって組織的，計画的に実践していく過程を具体的に把握することで，地域に暮らす一住民として，地域住民の福祉に関する意識を高め，福祉向上をはかるために，地元社会福祉協議会の活動とかかわりながら，自分に何ができるのかを考えたい。

③ 実習の具体的達成課題

- 組織，財政について学ぶ。
- 各種会議，調査，各種活動，資料作成に参加して福祉活動計画と策定過程を学ぶ。
- 地区社会福祉協議会への支援参加，ボランティア運営等を通して，住民参加と住民主体の関係について学ぶ。
- 保健，医療や行政機関，その他地域の専門家，社会福祉団体などとの福祉ネットワークづくりについて学ぶ。
- 直接援助実習を通して，住民ニーズの捉え方と援助の方法を学ぶ。
- 情報提供や収集について，広報誌の発行や講演会の案内に携わり，広報・啓発活動を学ぶ。

④ 実習前学習の内容

　『社協ワーカーへの途』（牧里毎治・高杉公人・加山弾著，関西学院大学出版会）を読み，社会福祉協議会実習の目的と意義」，「援助技術としてのコミュニティワーク」，「専門職としてのコミュニティワーカー」などについて学んだ。

　実習する地元地域の人口構造，産業構造，地理的特性，文化的特性，住民意識などの地域特性を理解した。また専門職，民生（児童）委員，ボランティア，当事者組織などの人的資源や，施設・機関，福祉サービスなどの物的資源についても学んだ。

　学校では，ボランティアサークルに所属していたので，実習先の社会福祉協議会が運営するボランティアセンターにも登録した。社協が運営する毎週1回の障害児とその親たちの交流の集いで，ボランティアを募集していたので，それに参加し，社協の事業活動を体験することができた。

4 特別養護老人ホーム

■実習計画書を作成する上で,社会福祉士の専門性について考える

　実習前に介護技術を学ぶ機会の少ない実習生の中には,実習で介護技術の向上のみに目を向けがちになる場合がある。そのため,実習計画書を見直しながら,日々の実践場面で社会福祉士として考えるべきポイントは何かをふりかえることは大切である。したがって,実習計画書を作成する前に,社会福祉士として保持するべき知識や技術,理念,視点について考え,それを反映させながら実習計画書の作成に努めることは重要である。

■実習先の方針を確認した上で達成課題を検討する

　実習の具体的達成課題を検討する際に,実習先から提供される実習内容について把握しておく必要がある。たとえば,特別養護老人ホーム内での実習内容のみであるのか,併設されている事業所（デイサービスやホームヘルプサービス,居宅介護支援事業所など）も含めての実習内容であるのか,実習生が作成した実習計画書に沿って実習内容が決定されるのか,等がある。他にも,介護業務は見学のみなのか,実践も含まれているのか,等は各実習先によってその方針が異なるため,実習依頼時に実習担当者に直接質問したり,実習担当教員から情報を得るようにするとよい。

■具体的な達成課題を設定する際に,体系的な実習の流れを考慮する

　たとえば,右頁の「利用者の生活歴,特性や症状,ニーズについて理解を深める」だけでなく,それをふまえた上で,「それぞれの状態に応じた適切なコミュニケーションのはかり方や介護のあり方を学習する」ことを通して,テーマにも書いているような「利用者の自己実現や尊厳の重要性を考察する」ことにもつながるといえる。

　このように,一つひとつの課題は独立しているのではなく,ある課題を達成することで,次の課題に進むことが効果的である場合が多い。したがって,体系的な実習の流れをつねに意識しながら,達成課題を具体的に設定することが重要である。そうすることによって,日々の実習目標も設定しやすくなるといえる。

■事前学習では幅広い視野をもって学習に臨むようにする

　特別養護老人ホームでの実習では,施設内実習に着目しやすく,施設外の実状に目が行き届きにくいことがある。しかし,本来,地域における専門的な福祉施設という立場からいえば,地域住民や社会資源との連携や交流は大切な活動であり,その意義について考えることは,人と人,人と社会資源の調整的な役割を担う社会福祉士にとっては,不可欠なことであるといえる。したがって,事前学習では,施設内実習に効果的な内容ばかりではなく,施設外として,在宅介護や社会資源,住民活動などといったキーワードに関連する内容についてもしっかりと学習しておくことが大切である。

実　習　計　画　書

種　　　別	特別養護老人ホーム
設置主体名	社会福祉法人○○会
施設・機関名	△△
実習期間	年　月　日　～　　年　月　日　　日間 　年　月　日　～　　年　月　日　　日間

関西福祉科学大学
社会福祉学部　社会福祉学科

年　　　　　番

ふりがな
氏名＿＿＿＿＿＿＿＿＿＿＿＿

男・女

担当教員名＿＿＿＿＿＿＿＿＿＿

① 実習のテーマ

　利用者理解を深めると共に，利用者への援助のあり方について学習した上で，利用者の自己実現や尊厳の重要性について自らも考察する。

② 私にとっての実習の意義

　超高齢社会を迎えつつある現在，介護問題も深刻化してきており，高齢者虐待や無理心中などの事件も表面化してきている。これは，利用者本人と家族だけで支え合う関係が限界にきていることを示している。したがって，利用者が自己実現や尊厳を保持できる生活とは何か，その生活を支える家族や地域からの援助とは何か，そして，福祉専門職として求められる資質とは何かについて，実習を通して見聞した内容をふまえて，自らも考察する機会にしたい。

③ 実習の具体的達成課題

- 利用者の生活歴，特性や症状，ニーズについて理解を深めた上で，それぞれの状態に応じた適切なコミュニケーションのはかり方や介護のあり方を学習する。
- 各専門職の業務内容について学習した上で，専門職間の連携のはかり方とその重要性について理解を深める。
- 生活相談員の業務内容について理解を深めた上で，入所・退所相談や調整業務，施設運営や管理の実践，地域との連携について学習する。
- デイサービスで，利用者の生活歴や家族関係，利用目的について理解を深めた上で，利用者とその家族への援助のあり方，各事業所との連携の重要性を学習する。

④ 実習前学習の内容

　大学では，「老人福祉論」，「介護概論」を通して，高齢者の保健福祉に関する法制度や，高齢者福祉関連施設の概要，高齢者の身体的特性，被介護者や介護家族それぞれの想い，介護業務時の留意点について学習した。

　実習先がある所在地の市役所や社会福祉協議会のホームページから，市独自で行っている各種保健福祉サービスや地域の社会資源，住民活動に関する情報を取り寄せ，学習した。

　ホームヘルパー養成講座2級課程や福祉住環境コーディネーター2級の取得により，高齢者の疾病や障害，介護知識や技術，適切な住環境のあり方について学習した。

　実習先でのボランティアを通して，利用者の生活の様子やコミュニケーションのはかり方における自らの課題について理解する機会になった。

5　障害者施設

■障害者施設における実習のポイント

　障害者施設の実習では，ノーマライゼーション理念や利用者の自立生活支援をどう実践しているかを学習することが中心となる。その意味で，地域移行や地域と施設との関係や施設の果たす役割についての学びを深めることも重要である。

　また，利用者を1人の人として尊重し，自己選択・自己決定を促す利用者主体の支援とはいかなるものかを実践的に学ぶこととなる。そのために，利用者とのかかわりを通して利用者理解に務め，支援の方向性を模索してほしい。

　さらに，障害福祉関係の制度改革の中で，今後実習先がどのような役割や機能を担っていこうとしているのか整理することも欠かせないテーマである。

■実習テーマの設定

　障害者施設での実習は，それぞれの種別に応じて，どのようなことを学びたいのかを実習先をイメージしながらテーマ設定を行うとよい。各実習先の果たす役割や機能をふまえた上で，利用者の理解を深め，利用者支援の到達点や方法に関する内容を盛り込むこととなろう。特に利用者主体や権利擁護といったことも重要なテーマになる。また，実習先と地域との連携や制度改革の最中にある障害者施設の今後の方向性についてもしっかりと学んで欲しい。

■実習の達成課題

　日々の実習は単に日課を消化すればよい，といったものではなく，テーマを達成するために日々の目標を設定するのである。よって，テーマ達成に向け，極力具体的な項目を挙げていくことが望ましい。たとえば，「利用者支援の方法を模索する」といってテーマを設定したとする。利用者支援の方法を模索するために，どのような実習を行えばよいのかがこの達成課題である。自ら利用者とかかわり，関係を深め，コミュニケーションを取り，利用者の状況や思いを理解することも重要であろうし，職員の利用者のかかわりを見聞し，整理することも重要であろう。利用者とコミュニケーションを取ることが目的ではなく，コミュニケーションは利用者の思いや支援の方法を模索するための手段であることを認識しておくべきである。

■事前学習

　実習先の施設に関する法的根拠や役割について書物などに目を通しておく。また，利用者の障害特性について，医学的，心理学的観点からの学びを深め，また，かかわり方についても書物などを通して理解しておくとよい。さらに，障害者自立支援法に基づくサービス体系についてもしっかりと整理しておくべきであろう。

実 習 計 画 書

種　　　　別	障害者支援施設
設 置 主 体 名	社会福祉法人○○会
施設・機関名	△△
実 習 期 間	年　月　日～　　年　月　日　　日間 　年　月　日～　　年　月　日　　日間

関西福祉科学大学
社会福祉学部　社会福祉学科

年　　　　　番

ふりがな
氏名＿＿＿＿＿＿＿＿＿＿
　　　　　　　　　　　男・女
担当教員名＿＿＿＿＿＿＿＿

① 実習のテーマ

　利用者の理解を深めるとともに一人ひとりに応じた支援のあり方を模索し，利用者の自立とは何かを模索する。関係機関や専門職との連携を整理する。施設が地域でどのような役割を担っているのかを考察する。「障害者自立支援法」に基づく福祉サービスの現状と課題を整理する。

② 私にとっての実習の意義

　大学では学べない現場の実践を学ぶ。同時に，大学での学びと現場での実際の相違点や理論と実践の関係性を学ぶ機会となる。将来の福祉職へ向けての心構えや必要なことは何かを考える。
　実習を通して，福祉職としての私自身の適性を見極める。

③ 実習の具体的達成課題

- 積極的に利用者とかかわるよう努め，一人ひとりに応じた利用者とのコミュニケーションを模索する。
- 自閉症や強度行動障害など障害特性に応じた接し方を学び，少しでも利用者の想いを理解するよう努める。
- 職員の利用者へのかかわり方を学ぶ。職員の利用者のかかわり方から利用者の意思を尊重した支援とはどのようなものかを考える。各職員がワーカーとしてどのような動きをしているのかを見て学び，また，直接話を伺いながら，ソーシャルワーカーとしての働きを理解する。
- 関係機関との会合に参加したり，地域住民との交流会に参加し，連携のあり方について学ぶ。
- 特定の1人の利用者を選定し，アセスメントおよび個別支援計画を作成する。
- 「障害者自立支援法」の施行によって施設がどのような状況にあるのか，またどのような課題を抱えているのかを直接職員・利用者・家族から話を聞くとともに自分なりに整理する。

④ 実習前学習の内容

　「障害者福祉論」などの授業を受け，障害者福祉の基本理念や法制度の枠組み，相談支援の実際について学んだ。
　自閉症，脳性マヒ，脳血管障害など利用者の障害特性について理解を深めるための書物を数冊熟読した。
　障害者福祉関係の法律や実習先の根拠法について学習した。とくに障害者自立支援法について学習を深め，障害児者福祉サービス体系に関して知識を深めた。
　実習先の概要や理念などをホームページや実習先が発行している機関紙から学んだ。

6　入所型児童福祉施設

（例：児童養護施設・情緒障害児短期治療施設・児童自立支援施設）

■施設の特性によってテーマを設定する

　入所型児童福祉施設にはその種類が多数あり，そのため施設の特性によってテーマを設定することが大切である。ここでは主に児童養護施設の内容を中心に述べる。

　児童養護施設での実習テーマを設定する場合，やはり子どもを理解することを目指したテーマ選びをするべきであろう。子どもとコミュニケーションが上手くはかれないという学生の悩みをよく聞くが，子どもを理解するためには，実習生の方から積極的に子どもの輪の中に入り，話しかけていかなければならない。

　また子どものことを理解するだけでなく，児童養護施設が社会に果たしている役割，福祉専門職である児童指導員やファミリーソーシャルワーカー，保育士，臨床心理士など各職種の実践内容を深く理解することも重要である。こうしたことを実際の現場で知ることができる機会は滅多にない。ぜひしっかりと学んでもらいたい。

■具体的な達成課題を考える際の視点

　具体的な達成課題の欄に，「子どもと積極的にかかわり，信頼関係を築く」という内容を書く学生をよくみかける。一見とてもよく考えられているようだが，具体的な達成課題として抽象的すぎるであろう。ここには，どのようにアプローチして子どもと積極的にかかわるのか，どのような場面で，どのような方法で信頼関係を築くのかといったことが書かれていない。実習テーマで「子どもを理解する」ことを挙げたのであれば，具体的達成課題としては，それを実現させるための方策について書かなければならない。

　たとえば児童養護施設で，子どものために実際にしなければならないことは何か。これについてはさまざまなことを考えることができるだろう。しかし何よりもまず，子どものためにしていかなくてはならないのは，洗濯，掃除，食事，学習指導，遊びといった日常的な生活援助ではないだろうか。親が精神的・経済的に不安定なこともあり，児童養護施設に入所する前の子どもの生活は非常に荒れている場合がある。食事が毎日とれていなかったり，汚れた洋服を何日も着続けていたりと，日常生活にさまざまな困難をかかえていたりする。

　そのため，日常的な生活援助は子どもにとって本当に大切なものとなる。子どもとコミュニケーションをはかりながら日常的な生活援助をすることで，あたりまえの日常生活をあたりまえに送ることのできる安心感を子どもに与え，しっかりとした信頼関係を築くことができる。ではその援助は，どのような方策で展開していくべきなのか。このことを考えるだけでも，達成課題は具体的なものとなるだろう。

実 習 計 画 書

種　　　別	児童養護施設
設置主体名	社会福祉法人○○会
施設・機関名	△△
実習期間	年　月　日 ～　年　月　日　　日間 年　月　日 ～　年　月　日　　日間

関西福祉科学大学
社会福祉学部　社会福祉学科

　　年　　　　番

^{ふりがな}
氏名＿＿＿＿＿＿＿＿＿＿＿＿

男・女

担当教員名＿＿＿＿＿＿＿＿＿＿

① 実習のテーマ
- 子どもと積極的にかかわりながら，ソーシャルワーカーとして子どもの日常生活援助や自立支援について考える。
- 子どもとコミュニケーションをはかり，信頼関係を築くとはどういうことか考える。

② 私にとっての実習の意義
- これまで私はいくつかの児童養護施設を見学したり，児童福祉に関する法制度も「児童福祉論」や「児童養護論」などで理論を表面的に学んできた。配属実習では，これまで学んだ知識を生かしながら，体験的に学びたいと考えている。
- 子どもとのかかわりや，職員とのかかわりを通じて，自分が目指す福祉専門職の姿を明確にし，自分が将来進んでいく進路についても模索する。

③ 実習の具体的達成課題
- 施設で行われるさまざまな行事などを通じて，子どもと信頼関係を築いていく。
- 児童指導員や保育士等スタッフの方々と一緒に同じ業務に携わりながら，それぞれの場面で必要とされる子どもへの援助を具体的に学び，自分が考えた子どもへの対応方法と職員の対応方法がどのように違っているのか考え，それによって子どもへの援助について学び実践してみる。
- 地域と児童養護施設はどのようにつながっているのか，ボランティアの方から話を聞いたり，児童養護施設が地域に果たしている役割についても理解する。

④ 実習前学習の内容
- 『養護施設と子どもたち』（児童養護研究会編，朱鷺書房）を読み，児童養護施設にどのような子どもが入所しているのかや施設の概要を知った。また，たくさんの子どもの事例から子どもたちがおかれている状況や気持ちについて考えた。
- 大学で学んだ講義「児童福祉論」や「児童養護論」から子どもに関する法律，たとえば児童福祉法や児童虐待防止法をあらためて学習し，基本的な知識の習得を心掛けた。また「社会福祉援助技術演習」では子どもとかかわるための対人援助技術や信頼関係を築くためのコミュニケーション技法などを学んだ。またケース研究も行い，児童養護施設に入所している子どもや虐待を受けた子どもやその家族の援助についてディスカッションを行い，支援の方法について模索した。
- 児童養護施設での学習ボランティアや，子育て支援プログラムの一時保育の手伝いを通して，子どもとのコミュニケーションのはかり方について学ぶ機会を得た。

7　障害児施設

■実習について

① 実習のテーマ

実習のテーマについては，実習を行う施設がどのような役割を担っているのかをまず捉えること，そしてなぜその施設で実習を行いたいのかについて考え，設定をしていく。

障害児施設には，知的障害児施設，肢体不自由児施設，重症心身障害児施設などの障害の症状による分類があるとともに，それぞれにおいて入所施設や通園施設がある。

これらのことをふまえ，特に学びたいと考える内容はどこにあるのか整理を行なう。たとえば，子どもの特性について，生活状況について，家族の支援について，施設運営について，法制度の実際についてなどの整理を行い，テーマの設定を行う。

② 実習の意義

実習の意義については，大学で学んだ知識が現場の施設でどのように活用されているのか，また必要な技術や知識は何か，体験を通して学ぶことである。設定したテーマの学びから何を学び，学ぶためにはどのように取り組むことが必要か，またそれらを学ぶことは今後どのような理解へとつながるのかということも含め考えていく。

特に障害児の特性について理解することは，子どもとのかかわりだけではなく，障害の症状の把握や服用している薬について理解することが必要となる。医療機関との連携についてや他機関との連携についての現状を理解し，障害児の特性について考える。また，療育プログラムにおいては，家族や家庭での支援が重要となる。施設だけでなく，子どもを取り巻く状況を把握し，さまざまな職種の連携についてや家族への支援など，幅広く物事を捉え実習を行うようにする。

③ 実習前学習

実習前学習では，さまざまな障害の症状における知識の習得について行い，施設の役割や機能についての学習を最低限行っておくようにする。また，学校での講義を復習し，特に必要と考える内容については，文献などからさらに学習を行っておく。

■達成課題について

達成課題については，上記の実習のテーマや意義を学ぶために具体的にどのように内容の理解を深めていくのかということになる。

① 子どもの遊びを通して子どもへの向き合い方を理解し，障害の症状，発達に応じた療育内容などについて理解をする。
② 子どもの生活環境について理解し，家族の援助プログラムについて学習する。
③ 保護者が抱えている問題を理解し，保護者への支援の方法について学習する。
④ 施設の機能・役割，職員の業務内容について理解する。
⑤ 関係する職員同士の連携やチームワーク，他機関との連携についても学ぶ。

実　習　計　画　書

種　　　別	知的障害児・肢体不自由児通園施設
設置主体名	社会福祉法人○○会
施設・機関名	発達療育施設△△園
実習期間	年　月　日～　年　月　日　　日間 　年　月　日～　年　月　日　　日間

関西福祉科学大学
社会福祉学部　社会福祉学科

年　　　　　　番

ふりがな
氏名＿＿＿＿＿＿＿＿＿＿＿＿＿＿
　　　　　　　　　　　　　男・女
担当教員名＿＿＿＿＿＿＿＿＿＿＿

① 実習のテーマ
- 障害児施設の機能や役割を理解し，障害児の特性や障害の症状について理解する。
- 障害児施設での専門職の位置づけや役割，他職種との連携について理解する。

② 私にとっての実習の意義
- 「発達臨床心理学」，「障害者心理学」などの授業を通して，さまざまな障害児の障害の特性や発達過程について学習した知識と技術が実践の場でどのようにいかされているのかについて検証する機会とする。
- 療育プログラムを通して，作業療法士や理学療法士，医療機関を含め，さまざまな職種の役割や連携の重要性について理解する。
- 施設での援助実践をふりかえり，専門職としての私自身の適性について考えるものとする。

③ 実習の具体的達成課題
- 施設の日課を把握し，職員の業務内容を理解することで，それぞれの職種の理解と連携や役割分担について学ぶ。
- 子どもの遊びを観察し，どのようなことができ，興味があるのかを理解し，必要な援助プログラムについて学ぶ。
- 療育活動を観察したり，療育プログラムの企画を行い実施することで，療育プログラムの重要性について理解し必要な要素について見出す。
- 保護者が抱えている問題点の把握，支援方法とその内容について保護者とかかわることや職員との会話などにより理解をする。
- ケース会議や療育会議などの出席を通して，実習施設と関係機関との連携についてや地域でのかかわりについて学び，実習施設の役割や専門職の役割について理解を深める。

④ 実習前学習の内容
- 『発達の扉（上）』『発達の扉（下）』（白石正久著，かもがわ出版）の文献を読んで，発達過程についての理解と発達段階での子どもの成長の様子について，また，障害児が保育から学童，青年期と成長する過程で，どのようなかかわりや支援を必要としているのか理解を深めた。
- 「障害者福祉論」の授業を通して，障害者自立支援法の法制度の目的や内容について学習を行った。
- 「社会福祉援助技術演習」の授業を通して，人とかかわる上で必要な信頼関係の樹立やコミュニケーションのあり方，また，事例検討から対人援助技術について習得した。

8　精神科病院

■実習計画書作成の必要性

　実習とは単に実践が行われている現場を見る，体験するということだけではなく，将来精神保健福祉の専門職としての実践を体験する機会であり，学校などで学んだ理論や視点などが現場でいかに具体化されているのか知る機会でもある。

　精神保健福祉に関する学校での講義や自己学習を通して，精神保健福祉士とはどのような視点をもってどのような援助をしている職種であるかを理解し，なぜ精神保健福祉士の実習をしようと思うのかなど自分自身の動機づけを確認し，どんな実習をしたいのか，実習の目的や達成課題を明確にすることが必要である。すなわち実習計画書は各自の実習目的や達成課題を具体的に表現するものであり，事前のオリエンテーションなどで配属先の実習担当者と実習計画書の内容について話し合うことにより，実習生の望む，配属先の実態に沿った実施可能な実習内容の確認が行われる。そしてそれに基づき実習プログラムが作成されることになる。

■事前学習の重要性

　実習計画書の作成は実習に向けての自己の課題や姿勢を確認する重要な作業であり，実習で何を学ぶかを明確にした実習計画書を作成するには，精神保健福祉に関する事前の学習が十分であることが求められる。精神保健福祉士実習にはその基盤となる社会福祉の固有の視点，知識，技能の学習はいうまでもないが，その対象である精神障害者の理解が必要である。精神障害者は疾病と障害を併せ持つ障害であり，疾病，その状態像の理解とともに社会生活上の困難など障害の理解が不可欠である。また精神障害者は歴史的に疾病の状態とは関係なく長年閉鎖処遇や社会的偏見や差別を受けている人々であり，その人権の擁護は精神保健福祉士の大きな役割である。倫理綱領等での精神障害者の人権の尊重，プライバシーの保護，守秘義務など精神保健福祉士としての価値と倫理の学習や精神医療の歴史，精神障害者福祉関連の法律や施策の現状についての学習も必要である。また支援のあり方を理解するためには援助技術の理論や事例研究での実践方法の理解も必要であり，精神保健福祉士としての援助技術の習熟には自己覚知を深めておくことも大切である。特に関連の深い法律や制度，施策などについての理解は重要であり，配属先の概要（沿革，施設，業務，利用者の状況，職員構成など）を知っておくことは不可欠である。

参考文献
　　精神保健福祉士養成講座編集委員会編『精神保健福祉援助実習』（精神保健福祉士養成講座8）中央法規出版，2004年，48～56頁。

実 習 計 画 書

種　　　別	精神科病院
設置主体名	医療法人○○会
施設・機関名	△△病院
実習期間	年　月　日～　年　月　日　　日間 　年　月　日～　年　月　日　　日間

関西福祉科学大学
社会福祉学部　社会福祉学科

　年　　　　番

ふりがな
氏名＿＿＿＿＿＿＿＿＿＿＿＿

　　　　　　　　　男・女
担当教員名＿＿＿＿＿＿＿＿＿

① 実習のテーマ

　精神医療の利用者の現状，課題を知るとともに，生活者として利用者を支援している精神保健福祉士の役割を知る。

② 私にとっての実習の意義

　精神医療の実践現場において，精神保健福祉士が利用者とのかかわりを通じて精神障害者の病気や障害の辛さ，そのニーズをどのように理解し支援をしているかを具体的に知ることにより，専門職としての視点や職業倫理，価値を学びたいと思う。また利用者とのかかわりから自己の価値観や障害者観など再確認をすることにより，自己覚知を深め，専門職を目指すものとしての今後の課題に気づくことである。

③ 実習の具体的達成課題

- 利用者とかかわり，利用者の抱えている病気や障害の辛さや生活上の問題を知る。
- 医療機関の役割を知り，精神保健福祉士の視点や業務を学ぶ。
- 利用者を支援するチーム医療について学ぶ。
- 他の職種（医師，看護師，作業療法士など）の専門性を理解する。
- デイケア，SSTなどのプログラムに参加し，社会復帰活動への支援の実際を知る。
- 退院に向けての支援と地域関係機関との連携について学ぶ。
- 地域の社会資源を知り，地域関係機関との連携を学ぶ。
- 利用者と家族との関係調整および家族支援を学ぶ。

④ 実習前学習の内容

　「精神医学」，「精神保健学」，「精神保健福祉論」，「精神保健福祉援助技術論」，「精神科リハビリテーション学」などの講義を通じて，精神障害に対する理解や精神保健福祉の歴史や精神保健福祉に関する法制度について学び，入院形態や人権擁護など精神障害者の置かれている状況や抱えている問題についての理解を深め，「精神保健福祉援助演習」では対人援助原則に則った技法や自己覚知について学んだ。また，倫理綱領により精神保健福祉士の職業倫理について学んだ。グループ学習や自己学習では障害者自立支援法，退院促進支援事業など精神保健福祉の最近の動向について学んだ。

　△△病院の資料やホームページにより，△△病院の概要や沿革，方針，活動内容などについて確認するとともに，市の福祉のしおりにより，地域の社会資源について調べた。

第7節　実習に向けての心構え

■体調管理

　実習期間は180時間以上，約1か月の長丁場である。約1か月の実習を乗り切るために，実習に際しての体調管理は非常に重要である。もちろん，実習中にも十分に体調管理に留意することは言うまでもない。

　実習をする上において体調が不十分であれば，実習を意欲的に行えなかったり，仕方なく欠席，遅刻，早退などをしなければならないこともある。

　さらに，気を付けないといけないのは利用者に対してである。たとえば実習生が風邪をひいているのに無理をして実習先に行くと，利用者に感染させてしまう可能性がある。一旦，感染をすると重症に移行してしまう危険もあるため，特に感染症には注意を払わなければならない。

　感染しているのに自覚症状のない場合もあるが，その場合でも利用者に日和見感染をさせる可能性があることを示唆しておきたい。したがって，健康診断や細菌検査などを実習前に行い，感染の有無を確認しておくことが望ましい。

　かといって，実習前にあまり神経質になると，緊張や不安感から体調不安になることもあるので，ある程度気持ちにゆとりをもって実習に臨むことも大切である。

　また，実習生自身の持病や日頃の健康状態で不安に思っていることがあれば，まず実習指導教員に相談しておこう。その内容について検討し，実習を遂行する上で実習先に理解をしておいてもらった方が良いのであれば，実習指導教員から実習先にその旨を口頭または書面で告げ，相互理解をはかる。実習生からも施設にその旨を告げることで，体調不良からの実習中断や実習中の思わぬ事故など，さまざまなアクシデントを未然に防ぐことができるであろう。

　実習中に腰痛を引き起こすこともあるので，腰痛に対する予防や対処方法も実習前に確認しておこう。

　最後に，具体的にどのようにすれば体調管理ができるのであろう。それは，なんといっても規則正しい生活をすることである。実習に際してだけではなく，日頃から規則正しい生活習慣を身に付け，心と体の健康に留意しておくことが必要である。特に実習中は，実習や実習日誌の記録で1日の中のかなりの時間が費やされるので，生活のリズムを乱すような行動は慎むべきである。

■必要書類をととのえる

　実習は，学校内での講義などとは異なり学校内で完結するのではなく，実習先である外部の施設や機関とのかかわり，施設や機関で実際の支援などを実習という形式で実践する貴重な学習の場である。

また，社会福祉士・精神保健福祉士国家試験を受験するために，受験要件を満たす内容の実習を行わなければならないという側面もある。
　これらのことから，実習前から実習終了にいたるまで正確な記録が求められ，実習指導教員と実習生と実習先をつなぐ情報源としても記録が重要な役割を果たす。
　実習前に実習全体の目標や課題を設定し，実習中には実習内容を記録・考察し，実習先からの評価を受け，実習後は実習の内容をふりかえるという実習の一連の流れをそれぞれの当該時期に決まった形式でまとめたり，文章化するために揃えなければならない書類がある。
　一般的には，様式が定められた一連の書類が実習前から終了にいたるまでファイル形式になっているものを，福祉実習相談室から実習生に渡される場合が多い。各書類の提出期限を厳守し，記載漏れや記載ミスのないように，何度も確認し，清書書きするように心掛けよう。各提出書類の提出から配属実習ははじまっているのである。

■実習指導教員や福祉実習相談室との連携のあり方

　実習生は，実習に対して漠然とした不安から細かい不安まで，さまざまな不安を抱くものである。実習先では，学生ではあるが社会人としての行動を求められる。実習施設への泊り込み，利用者に対する対人援助，職員とのかかわりなど不安であり，負担となりうることもある。
　その場合は，実習指導教員や福祉実習相談室に面談や相談をしてみよう。適切な対応により不安が解消され，実習に対する意欲を高めることができる。
　また，実習指導教員や福祉実習相談室から掲示や学校のウェブで呼び出しがあった場合は，実習先からの重要な連絡があるなど緊急な対応を求められる場合もあるので，すぐに対応する必要がある。
　このように実習指導教員と福祉実習相談室が連携し，学生の実習を指導する学校が多い。実習指導教員と福祉実習相談室で実習の講義や実習の助言・指導も行っている。

■各施設や機関の専門知識や技術の習得

　実習先である各施設や機関に関する専門知識や技術について，事前に学んでおく姿勢が実習をスムーズにまた有意義にすすめる。
　①　種別に関連する法制度の沿革や最新の改正内容を新聞などからの情報をもとに確認し，理解すること。
　②　実習先の地域での役割や地域資源を調べておくこと。
　③　利用者の求める援助内容。
　④　介護や介助に必要なヘルパーなどの資格取得。

■その他の心構え

　社会人としての常識や基本的なマナーを身に付けなければ，職員や利用者とのコミュニケーションもはかれない。

　①　挨拶

　筆者の経験上，挨拶が実習の実践において非常に重要な部分を占めていると声を大にして言いたい。実習先は実習生に対して，挨拶がきちんとできることを望んでいる。挨拶はコミュニケーションの基本であり，コミュニケーションは挨拶からはじまるといっても過言ではない。利用者にも職員にも訪問者にも実習先で出会う人に挨拶を励行することが実習の手始めである。

　具体的には，小さい声や横や下を向いての挨拶はしていないのと同じである。目と顔を見て，丁寧に挨拶をするように心掛けよう。

　②　身だしなみ

　原則としてアクセサリー類は外す。危険のないように爪は短く切る。頭髪は，長い場合は結ぶなどして実習の邪魔にならないようにする。香水など香りのきつい化粧品は避ける。清潔を心掛ける。その他，実習先の指示に従うこと。

　③　出勤，欠勤，遅刻，早退

　出勤時間を厳守すること，しかし，出勤時間ぎりぎりに滑り込むようでは，すぐに実習はできない。出勤時間というのは，その時間からすぐに仕事ができる状態にしておくことである。社会人と同じく，実習生も余裕をもって実習先に行くようにしなければならない。

　欠勤，遅刻，早退する場合は，速やかに実習先と実習指導教員および福祉実習相談室に連絡をすること。その他，通常通りに実習が行えない状況であればその旨を必ず報告する。

　④　言葉づかい

　謙譲語や尊敬語などは臨機応変に使い分けることで，社会人としてのコミュニケーションツールになりうる。不愛想な話し方や断定，命令は避け，分かったふりをせず，正しい情報を伝えることが重要である。

　正しい言葉づかいができるように，事前学習でロールプレイをすることで謙譲語や尊敬語の使い方を習得しよう。

■意欲の向上，職業倫理を高める

　実習開始日が近づくにつれ，実習に向けての気持ちを高めていかなければならない。特に，「実習計画書」の「私にとっての実習の意義」に記載した内容をもう一度見直し，実習への動機づけを高めていく。これまで行ってきた事前学習を整理し，本番に向けての準備を行う。ただ，実習に対してさまざまな不安を抱いたり，緊張が高まりすぎたり，今の自分自身の状況と求められていることの差に葛藤を抱いたり，あるいは心構えで

きず，一向に意識の高揚が起こらず，気持ちが高まっていかなかったりする場合もあるだろう。

　実習は，これまで行ってきた事前学習の成果を発揮する本番である。学校を離れ，現場が学習の場となる。受け身ではなく，主体的な学習が求められる。これまでの努力を信じてやり残したことはないかを整理し，気持ちを高めていくことが大切となる。

　一方，実習先では，直接利用者と接する機会が多くなる。利用者を一人の人として，尊重し，敬意をもって接することがすべての基本となる。このことを十分理解しておかなければならない。実習になれてきた頃に，親しみを込めて，あるいはより仲良くなりたい，という想いから，利用者に馴れ馴れしく接することのないように十分意識することが求められる。また，ワーカーと利用者は，対等な関係でありパートナーであるともいわれている。したがって，利用者を子ども扱いしたり，「○○ができない人」と見下したりすることないように，人権意識を高めることが不可欠である。

　ソーシャルワーカーの倫理綱領を事前に熟読し，内容を理解すると共に，具体的に実習場面では，どうあるべきかを考えなら実習に臨むと良い。守秘義務を例に考えてみると，家族や友人などとの会話の中で，実習先の利用者について見たり聞いたりしたことを話すのは明らかに守秘義務違反になる。特に自宅近くの実習先の場合，近隣の住民が利用者である場合，その話を聞いた家族が知っている人かもしれない。そのことに端を発し，まわりまわって近隣住民やひいては利用者本人や家族にまで伝わってしまうこともある。このように，ソーシャルワーカーの倫理綱領を実践的に理解することが大切となる。

　実習生といえども，社会福祉士や精神保健福祉士を目指している以上，有資格者と同じ気持ちで実習に臨むべきである。そうしないと，何よりも利用者自身に多大な迷惑，不利益をもたらすことになりかねない。それほど実習というのは重要な意味をもっていることを自覚すべきである。

　だからといって，緊張が高まりすぎて身動き取れないようでは意味がない。人と接する基本をしっかり押さえておけば，多少の失敗も許されるのが実習生である。一人の人と接するとはどういうことか，人を尊重するとはどういうことかを再度認識してみると良い。

第5章

配属実習中の学習

　この章では，配属実習中の態度や留意点，利用者や職員とのコミュニケーションのとり方，実習テーマや達成課題へ向けての取り組み，教員による巡回指導，スーパービジョンの意味，実習日誌の作成など実習中に行うべきことについて解説する。配属実習中は，学生が現場の中で自ら考え主体的に行動しなければならないが，その際の判断基準として本章を活用してほしい。

第1節　実習中の態度，留意点

　実習配属先は相談機関や入所・通所施設，病院など多岐にわたるが，入所施設や病院の場合は，特に利用者の日々の生活の場であることへの配慮が必要である。利用者のプライバシーや尊厳を傷つけないように実習するということが求められる。

　実践の現場で実習するにはどのような態度や配慮が必要であろうか。実習生は職員ではないが，利用者からみれば，職員同様の位置づけにある。したがって挨拶・服装・言葉づかい・時間厳守など社会人としてのマナーが求められるのは当然であるが，利用者の人権尊重，プライバシー保護，守秘義務など福祉専門職としての職業倫理に留意しなければならない。

　また，実習施設・機関は利用者のためのものであり，実習指導者は業務繁多にもかかわらず，専門職養成，後継者養成のためにと理解を示して実習指導するのであるから，実習生は利用者や職員に対し実習させて頂いているという謙虚さが必要である。

　配属実習は，実践をみて，体験することにより利用者の置かれている現状を知り，利用者への理解を深め，抱えている問題を考えると共に社会福祉専門職の視点・援助方法・援助技術等専門性を理解する機会である。また利用者とのかかわりにより自分自身を見直す機会でもある。すなわち自らの対人関係のとり方や価値観などを再確認し，自己覚知を深め，専門職としての適性や課題を確認する機会である。そしてしっかりとした実習に対する動機づけが，実習を質の高いものにする。

■実習全体を通しての態度や留意点

　通常の生活とは異なる環境の中で生活しているため，体調を崩しやすくなるので，体調管理をしっかり行うことを決して忘れてはならない。実習中は，実習に専念すべきで，特別な事情がある場合を除いて，アルバイトなど他の用事を入れないようにすべきである。実習の休日も翌日以降の実習に備え，体調を整えるための休養であり，不摂生な行動は慎むべきである。

　実習生として謙虚な態度で，なおかつ実習に対しては貪欲に積極的に臨むことである。学校では学べない現場の実情を体験できるよい機会である。実習させて頂いているという謙虚な姿勢をつねに持ち続けると同時に，学習し，多くのものを吸収するという貪欲で積極的な姿勢も不可欠である。

　一方で，自分勝手な判断はすべきではない。「これでいいだろう」といった思い込みも勝手な判断につながる。実習先には一つひとつのことに意味がある。よって，とくに実習初期においては，実習先の職員に確認しながら行うべきである。それは単なる指示待ちではなく，「○○したいのですが，よろしいでしょうか」といった形で確認を取りながら意思表明することも1つの方法として効果的である。

実習先の職員との関係を大切にする。実習を円滑に行うには，職員との関係はきわめて重要である。相手と自分の距離はどのようなものがよいのかを考えながら一人ひとりの職員との関係を構築しながら実習を行っていく。職員との関係が円滑であれば，精神的にも安定し，コミュニケーションがさらに活発となり，実習に関する多くの情報を得ることができたり，プログラムも充実したものとなったりする。なかには，特定の職員との関係で悩む実習生もいる。その原因はどこにあるのかをまず考えてみよう。Q&Aを参考にし，実習生としてできることはないだろうかを考えて行動してみよう。

　利用者を一人の人として尊重したかかわりをする。利用者とのかかわりが少し慣れてきた頃に，親しみを込める意味で馴れ馴れしく接してしまうことがある。しかし，これは本来の専門的な関係ではない。ソーシャルワークの実習として利用者とかかわっている以上，信頼関係と馴れ馴れしい関係とを区別すべきであり，専門的な視点をもちながら実習に臨むことを怠ってはならない。

　実習中に，困ったことや悩みごとがあったら一人で抱え込まないで必ず相談すること。利用者との関係，職員との関係，実習プログラムに関すること，利用者支援に関すること，体調に関すること，その他些細なことでも一人で抱え込んでいると，消化不良に陥ったり積極的に動けなくなったりする。実習に対する意欲が減退することもある。このようなことのないように，実習担当者，職員，実習指導教員などもっとも相談しやすい人に遠慮なく相談をもちかけよう。

　実習での学びをさらに深めていく。質問の解答をもらってそこで納得して終わってしまうのではなく，さらにそのことについて考え続け，理解を深めて自分のものにしていくことができると，より深い学びができる。情報として表面的に知識を得るにとどまらず，「なぜだろう」「そこにはどのような意味があるのだろう」と考えることが重要であり，自分自身で説明でき，行動に移せることができるようになると本当に学習したといえるようになる。

　自分自身の価値観やものさしだけで現象を捉えるのではなく，多様なものの見方やものさしがあることを理解する。一人の視野は狭く，ものごとを理解するのにいろいろな見方や考え方がある。多くの人の意見を聴き，視野を広めて欲しい。

　最後に，実習中は，明るく元気で取り組もう。実習生のこのような態度が，職員・利用者から好印象を抱いてもらうための原動力である。また，明るく元気に振舞うことで実習生自身の気持ちも高揚してくるであろう。

■実習初期

　実習初日のオリエンテーションでは，実習を円滑に行うため実習生としての心構えや留意事項の再確認，具体的な業務の流れ，実習プログラムの説明等が行われる。慣れない場所での実習は緊張し，不安なものであるが，事前に配属先の状況（施設・機関の概要，職員および業務内容の把握など）を周知し，見学やボランティア体験などでの職員や

利用者との関係づくりにより軽減されるであろう。

　実習初期は実習への導入であり，職員や利用者との関係づくりが重要である。それには，まず明るく，笑顔で，大きな声で挨拶をすることからはじまり，遅刻や欠席をしない，服装や身だしなみを整える，時間を厳守する，言葉づかいや人に接するときの態度に気を付けるなど社会人としてのマナーを守ることが基本となる。

　実習初期は，実習先の動きを把握することや自分自身の動きを見つけ出すことで精一杯である。なかなか周囲に配慮することができないかもしれないが，徐々に実習先の動きや自分自身の動きを見出していけばよい。そのためには，1日が終わったあと，ふりかえりを行い，実習先がどのような動きになっていたのか，自分自身がどう動いたのか，そのことに対してどう思うのか，明日はどのような動きをしようと思うかを整理するとよい。また，実習先の職員や利用者の名前をできるだけ早く覚えるように心がけて欲しい。

　実習先の利用者との関係づくりに苦慮する実習生も多い。利用者との関係において実習生の立場は曖昧であり，利用者との関係は実習期間という短期間の継続性のない関係である。実習期間中にすべての利用者と援助関係を構築することは不可能であり，表面的な関係にとどまってしまう。ここでは，援助関係，といった深い関係ではなく，人間同士の関係という意味で理解して欲しい。

　実習生は利用者にかかわろうと利用者を観察しているが，利用者も実習生を観察している。好意をもたれることもあるが，若さや学生という身分に対する羨望やコンプレックスから攻撃の対象になることもある。利用者，それぞれ人との関係の保ち方がある。また，相手によっても関係の保ち方が異なってくる。利用者はどのような関係をもつ人か，自分自身はどう思われているのかを冷静にみつめなければならない。その上で，利用者とどう関係を作っていくかを考えていくことになる。まずは，積極的にかかわっていくことが重要であり，そこから利用者の様子を観察しつつ，利用者はどのような関係を求めているのかを見極めていくことになろう。利用者とのかかわりを通して利用者の特性を知ることが求められる。利用者とかかわることにより，利用者の生活状況，趣味，何が利用者間で流行っているのか，好まれているかなどを知り理解が深まる。

　実習生によっては，利用者とのかかわりが上手くもてないこともある。次の事例を通して考えてみよう。

> 事例
> 障害者福祉施設で実習をしていたAさんは過去に障害者の友人に相談されたこともあり，障害者に偏見はなくかかわることも問題なくできると思っていた。しかし実習がはじまって2～3日後のある日，実習担当者から雑談をしている利用者のところに参加するように言われたが，どのようにかかわればよいかわからず，そばでジーっと様子を見ていた。しばらくして部屋の隅にとても汚れた扇風機があるのに気づき，利用者のところから離れ，黙って掃除しはじめた。

　事例のAさんはその日のふりかえりの時間にその行動について実習指導者に尋ねられ，その問題点について指導された。Aさんは扇風機が汚れていたのに気づいたのであればそれをきっかけに利用者と話し，どうすればよいか検討することができなかったのかと指摘された。不安や疑問をそのままにし，勝手に対応することは学習とはならない。疑問に感じたことは実習担当者に聞くことが大切である。

　ただし，実習担当者は日常業務に忙しくしていることが多いので，聞くタイミングを考えることが必要である。すぐ聞けないことも多いので，メモをしておき，その日のふりかえりのときなどに聞くようにしたり，実習担当者に時間に余裕のあるときに質問を受け付けて欲しい旨をあらかじめ伝えておくことが適当であろう。ぜひ，実習担当者からのスーパービジョンを活用して欲しい。

■実習中期

　実習中期は，見直しの時期と言えよう。実習の中期になると，実習にも慣れてくる。肯定的に捉えるならば余裕が出てくる，ということになる。一方で，慣れてきてからの課題も生じてくる。本来の実習計画を忘れ，日々，ルーティンワークを消化して1日を終了してしまうこともある。実習日誌が単調なものになっていないだろうか。あるいは，何を書けば良いか悩んでいないだろうか。

　利用者とのかかわりも馴れ馴れしくなり，実習生としての謙虚さが失われてくるかもしれない。利用者を一人の人として尊重したかかわりを意識すべきである。この時期には利用者との関係を再度見直して欲しい。

　また，実習指導教員や実習担当者とのスーパービジョンを通して，中間評価を行う。ここまでの達成度を評価し，後半に向けてどのような取り組みを行うのかといった軌道修正を含めた方向性の確認を行う。何も考えずに，後半に移っていくのではなく，再度実習計画書を見直して欲しい。

　利用者とのかかわりにおいても特定の利用者とはかかわることができても，コミュニケーションの困難な利用者や相性の合わない利用者とのかかわりを避けてしまっているかもしれない。あるいは，表面的な会話はできてもより深い会話にいたっていないかも

しれない。利用者との関係をより深く，幅の広いものとするためにはどうすればよいのかを考え，利用者との関係の保ち方を再考して欲しい。

■実習後期

　実習後期は，実習のまとめの時期である。実習中期で見直した実習計画を達成するために，日々の取り組みだけでなく，まとめに向けた取り組みの視点が求められてくる。まだ未達成の内容については，実習担当者と相談しながら，実習プログラムの中に取り入れていく。

　実習の最後には，実習全体を通してのふりかえりと反省を行う。まず，実習生自ら，この実習を通してどのような実習内容であったのか，どこまで達成できたのか，何が達成できなかったのか，学びの成果はどのようなことか，残された課題はどのようなことかをふりかえり，整理する。そのうえで，自分自身の成長や福祉専門職の適性の見極めや専門職に必要なことを準備する。そして，実習担当者からの評価を受ける。実習担当者とのやり取りを通して，双方の意図を伝え合い，共通の理解を深める。実習担当者からの評価は，謙虚に受けとめ，今後の自分に生かせるようにまとめを行う。

参考文献

遠塚谷冨美子他「社会福祉実習教育モデルについて」『関西福祉科学大学紀要』第9号，2006年，293～314頁。

第2節　利用者・職員との コミュニケーション

■コミュニケーションとは

　コミュニケーションは，communicare（コミュニカーレ）「伝える」「分かち合う」「共有する」というラテン語に由来する言葉である。人間は，言語コミュニケーション（バーバルコミュニケーション）と非言語コミュニケーション（ノンバーバルコミュニケーション）を通してメッセージ（情報，思考，感情）を伝達しており，メッセージを共有するためには，送り手が分かりやすい言葉で具体的にメッセージを伝えるとともに，相手がメッセージをどのように受け止めたかを確認するような双方向のやり取りが欠かせない。

　このようなコミュニケーションは，社会福祉援助を行う上でも大変重要な意味をもつ。ソーシャルワーカーは，生活上にさまざまな問題を抱えている，またはそのおそれがある個人や家族を対象に援助を行う。利用者のニーズに合った援助を行うためには，利用者を十分知り，理解する必要がある。そのため，利用者や家族とのコミュニケーションが，その方の日常生活や心身の状況を把握し，時には援助者が感じたことや理解したことを伝えながら，援助を展開する上で必要な情報をつかむための重要な手段となる。援助におけるコミュニケーションは単なる会話ではなく，利用者の援助を目的に展開されるものであり，対人援助の基盤となる利用者や家族との信頼関係の確立にも深くかかわっている。また，ソーシャルワーカーは，生活困窮をはじめとして，複雑多岐にわたる問題を解決するために，社会資源を活用して支援を行う。そこでは，専門職種間の連携や他の関連施設・機関，NPO，地域住民やボランティアなどとの関係づくりや連絡調整が不可欠であり，その中心的な役割を担うソーシャルワーカーには，関係者と円滑にコミュニケーションをはかる力が求められる。

■利用者とのコミュニケーション

　実習では，専門的な社会福祉援助を学ぶにあたって，利用者とのコミュニケーションが第一歩となる。一般に，社会福祉に関する施設・機関におけるソーシャルワーカーの主たる業務は相談援助を基本として利用者の問題解決を行うことであるため，利用者または家族との面接室でのやり取りをコミュニケーション場面としてイメージしやすい。たとえば，社会福祉援助のための面接を行う機関として，福祉事務所や児童相談所，医療機関の相談室，入所施設などがある。しかし実際，対人援助の場面はさまざまであり，福祉事務所のケースワーカーは家庭訪問で，医療ソーシャルワーカーはベッドサイドで，施設の生活相談員は廊下や玄関ホール，食堂，居室などでの生活の場を通してコミュニケーションをはかりながら，利用者の状況を把握し，個別のニーズを把握している。何

らかの介護を必要とする場合には，食事や排泄，入浴，着脱介助でのかかわりもまた生活場面の一つであり，簡単な会話や声掛けが，介護技術の提供や利用者の心身状態の把握，さらには信頼関係の形成にかかわってくる。その他，レクリエーション活動などで，利用者とゲームをしたり，歌をうたったりして共に時間を過ごすこともまた，利用者との貴重なコミュニケーションの機会である。近年では，ICF（国際生活機能分類）の導入により，障害や疾病などをマイナスの要素として捉えるのではなく，その人自身が今，もてる力をプラスの要素として捉え，それらを生かしながら個人や環境に働きかけることで，身体機能や日常生活における活動，参加の度合いを相互に高めていくような援助が求められている。そのため，現場では，日常生活場面におけるコミュニケーションを通して，援助者自身の眼で利用者をよく観察し，その方の想いにしっかりと耳を傾けながら，個別理解を深めることがより重要になっている。

　では，利用者とのコミュニケーションは，どんな態度で，どのような方法で，どういった点に留意しながら展開すればよいだろうか。まず，対人援助においては，利用者または家族に対して，相手を尊重する気持ち・態度でかかわり（人間尊重），利用者の個別性をしっかりと理解する視点（個別化）が求められる。そのうえで，援助者は利用者から相談できる関係であるという信頼を得なければならない。そのためには，利用者の言葉にしっかりと耳を傾けて，積極的かつ謙虚な態度で話を聴き（傾聴），利用者の喜び，寂しさ，悲しさ，辛さなどの感情を共に感じること（共感）が重要である。そして，利用者の気持ちや状況を肯定的に受け止めながら（受容），利用者が「この人にだったら相談できる」と思えるような信頼関係（ラポール）を作ることが重要である。[4]

　一般に，利用者が話しやすくなるよう，また，援助者自身も無理なくかかわれるように，利用者と真正面に向き合う（SQUARELY），開放的な姿勢をとる（OPEN），利用者に向かってときどき上体をのりだして，話を聴いていることを示す（LEANING），じっと見つめないで，ときどき相手の目を見る（EYE），適度にリラックスする（RELAXED）といったSOLERが援助者として利用者に向かう基本的姿勢・態度とされている。これを原則として，実際の場面では，利用者の状況に応じて柔軟に対応し，お互いに話しやすいスタイルを作るよう心掛けてほしい。[5]

　次に，コミュニケーションをはかる方法として，言語コミュニケーションでは，利用者の言葉に耳を傾けつつ，援助者の理解したことと利用者の伝えたいことにずれがないかを確認しながら，利用者にとって分かりやすく丁寧な言葉づかいを用いることが大切である。また，相手を尊重する態度を表す言葉として敬語があり，特に，利用者に対しては敬語を使って対応するのが常識である。日頃からさまざまな場面に応じた表現を身に付けておきたい。

　実習では，コミュニケーションをとる際に，何を話してよいか分からないといった声も多い。そのような場面では，誕生日や出身地，趣味，好きな食べ物，好きな歌などをきっかけに話題を広げながら，利用者理解を深めていくと良い。たとえば，高齢者の場

合は，一緒に手芸や昔の遊びをしたり，小学校唱歌や演歌を歌ったり，子どもの場合であれば，キャッチボールをしたり，一緒にゲームをしたり，今流行の歌手の話をするなどして会話が展開する場合が多い。ケース記録や職員から得る利用者に関する情報がコミュニケーションをはかる良いきっかけになることもある。また，利用者の身体状況に配慮しながらコミュニケーションをはかることも大切であり，利用者の障害や疾病などに関する情報収集と共に，専門的知識をしっかりと身に付けておきたい。

　他方，言葉によらない非言語コミュニケーションとして，利用者の語調や音調，話し方の速さなど音声にかかわるもの，表情や視線，身振り，姿勢，動作など身体的行動，人との距離など空間的行動から何らかのメッセージを受け取ったり，服装，髪型，化粧といった外見や時間の観念などから相手の状況を推測したりすることができ，それらの要素がコミュニケーションに大きく影響していることをよく理解しておく必要がある。利用者の中には，何らかの障害によりコミュニケーションをとることが難しく，自分の感情や思い，考えを言葉で適切に伝えることができない人もある。そうした場合には，障害や疾病に関する専門的知識と合わせて，障害に応じたコミュニケーションの方法（筆談，身振り，手話，文字盤や福祉機器の利用など）を用いながら，利用者の思いや感情を的確につかむ力が必要である。

　援助者は利用者からの言語，非言語によるメッセージから，その利用者が今，どのような状況であるかをよく見極めることが重要である。利用者は何を求めているのか，利用者のニーズは何か，どんな援助が必要であるか，提供されている援助が適切であるかなどの答えは，すべて利用者の中にある。実習では，いろいろな場面で利用者とコミュニケーションをはかり，利用者の発言や行動の意味を考えながら，個別の状況について理解を深め，どんな援助が必要であるかを考えてほしい。同時に，利用者とコミュニケーションをとる際には，利用者に混乱を与えるような言語と非言語の不一致がないよう十分に心掛けるとともに，自らの言動をしっかりとふりかえることにも努めてほしい。職員の利用者への接し方をみて，その方や状況にあったコミュニケーションの図り方を学ぶこともできるだろう[6]。

■職員とのコミュニケーション

　実習では，利用者とコミュニケーションをはかると同時に，施設や機関の職員とコミュニケーションをはかることもまた重要である。まずは，実習生として，大きな声で笑顔で元気よく挨拶をする。そして，わからないこと，疑問に思ったことがあれば，遠慮なく質問することを心掛けたい。このような実習生の態度によって，実習に真摯な姿勢で，意欲的に取り組んでいることを実習先の利用者や職員に伝えることができる。現場では，毎日の業務に追われがちななかで，実習生が一生懸命に取り組む姿を見て初心に返ることができ，良い刺激になるといった職員の声もある。

　利用者に関する情報収集，情報交換という点においても，職員とのコミュニケーショ

ンは欠かせない。たとえば，特別養護老人ホームで実習を行う場合，利用者への食事介助を行うことがある。その際，基本的な介護技術のみならず，その方の健康状態に合わせた食事の提供や，身体状況に合わせた適切な介助をするために，職員の方から利用者の情報をしっかり集める必要がある。また，介助を行った場合には，利用者がどの程度の水分や食事を摂取したかなども含め，その時の状況を職員に伝えることもまた大切である。そうした情報交換によって，利用者の食事に関する情報を共有することができ，ひいては利用者一人ひとりの状況に応じた個別ケアの実施につなげることができるのである。

　しかし，実際には，職員とのコミュニケーションに難しさを感じる実習生が多い。たとえば，同じフロアで作業をしている時，職員の言葉や態度から受ける印象によって，「あの職員さん怖いなあ…」，「話し掛けにくい職員さんだなあ…」，「あの職員さんに嫌われているかも…」といった気持ちになることがある。当然のことながら，顔が違うのと同じように，いろいろなタイプの人間がいる。職員と実習生もまたお互い人間同士であり，職員と相性が合わなかったり，必要以上に職員に気をつかったりすることがある。そのような状況から，職員とかかわることをさけてしまうと，実習生としての立場を見失い，マイナスの評価を受けることにもつながる。まずは，しっかりと挨拶をする，実習した内容について報告・連絡・相談をきちんと行うなど，実習生としての基本的な態度を大切にしてほしい。そのような取り組みを通して職員とかかわるなかで，いろいろなタイプの人がいることを知ることも，実習での貴重な学びである。

　また，実習生の中には，「職員に挨拶をしても返事をいただけないことがある…」，「実習中は，業務について特に指示をいただけない…」，「職員は，いつも忙しくされていて，質問しにくい…」と感じてしまう人もいる。確かに，指導する立場にある職員から明確な返事や対応をしてもらえないとき，実習を進めていくにあたって不安に駆られる気持ちもあるだろう。しかし，職員にとって，専門職として業務を行う上で優先すべきことは利用者への援助であり，生活における一場面ごとの積み重ねが利用者との信頼関係の形成に結びついている。実習生の挨拶に返事をすることで，その場に居合わせた利用者の大事な一声を聴きのがしたり，重要な変化に気づくことができなかったり，あるいは，利用者への対応が遅れて大きな事故につながってしまうかもしれない。一見，利用者とかかわっていないように見えても，業務について考えごとをしていて，実習生の挨拶や質問の言葉が耳に入らないようなときもあるだろう。そうした状況を通して，単に「無視された…」，「放っておかれた…」と落ち込むのではなく，その時，職員の状況はどうであったか，自分のコミュニケーションのとり方はどうであったかをふりかえりながら，福祉の専門職として仕事に携わる職員の姿から学ぶとともに，実習生として職員との適切なコミュニケーションのはかり方を考えてほしい。もし，実習内容について分からないことがあり，現場の職員や実習担当者に直接伺うことができなかった場合は，緊急を要しない限り，日誌やメモを通して質問するのも一つの方法である。

注

(1) 社会福祉教育方法・教材開発研究会編『新　社会福祉援助技術演習』中央法規出版，2001年，50頁。
　　諏訪茂樹『対人援助とコミュニケーション』中央法規出版，2001年，20〜22頁。
(2) 北本佳子・湯浅典人編著『社会福祉援助技術論』学文社，2005年，18〜19頁。
　　東京都社会福祉協議会高齢者施設福祉部会編『高齢者福祉施設生活相談員業務指針：業務標準化のためのガイドライン』東京都社会福祉協議会，2006年，64頁。
(3) 井上深幸他著『みえるわかる対人援助の基本と面接技術――事例でわかるプロセスレコード――』日総研出版，2004年，11頁。
(4) 前掲書(2)，56〜57頁。
(5) 山田容『ワークブック社会福祉援助技術①対人援助の基礎』ミネルヴァ書房，2003年，85頁。
(6) 前掲書(2)，119頁。
　　岡本榮一・小池将文・竹内一夫・宮崎昭夫・山本圭介編『福祉実習ハンドブック』中央法規出版，2003年，102〜106頁。

第3節　実習テーマや達成課題へ向けての取り組み

　実習では、相談援助をはじめとした援助場面を通じて、社会福祉専門職に必要な技術・知識・態度を学ぶと共に、これまで学習した専門的な知識や理論が実践においてどのように活用されているのかを考える機会が与えられる。そこでは、実習生が主体的に学ぶことができるよう、自分が探求したい実習テーマとそのための達成課題をもって実習に臨むことになる(1)。

　実習テーマやそれを達成するための課題は、「自分は実習で何を学びたいのか」を言語化したものである。それらを念頭に、「自分は何のために、何をしているのか」を常に意識しながら、一つひとつの取り組みの意味を考えて行動することが求められる(2)。では、どうすればそのように実習を行うことができるだろうか。

■実習先について理解する

　まず、実習先の概況をよく理解しておくことが、実習テーマに関する学びの範囲を広げることにつながる。そのために、施設・機関の沿革、法的根拠、事業内容、利用者の状況、サービスの利用方法、財源、地域の特色、社会資源（家族、地域、施設、機関、法制度）などの基本的な情報をしっかりと頭に入れておく必要がある(3)。これらは事前学習やオリエンテーションを通して整理しておくべき内容であるが、実習がはじまる前にもう一度、よく確認しておきたい。

■実習目標を設定する──実習テーマや達成課題と関連づけながら

　実習が進むにつれて、施設や機関にはどのような利用者がいるのか、職員がどのように業務を行っているのかなど、施設や機関全体の流れがみえてくる。このように利用者の状況や業務内容がつかめてきたら、利用者の方々と目的をもってかかわることや、場面に応じてどのような動きをとればよいかを自分なりに根拠をもって考えることにより、実習での学びをさらに深めることができる。そのためには、毎日の目標を具体的に立て、その目標に沿って取り組む必要がある。

　1日の実習目標を立てる際には、自分の実習テーマやそれを達成するための課題と関連づけることが大切である。実習テーマや達成課題をもとに、1週間ごとで、毎日の目標とそれに合わせた学習行動を示した実習計画を立ててみよう。このような計画が事前にあれば、実習内容にばらつきがでず、実習全体としてテーマに即した、系統立った学びができる。ただし、実習計画は、実習現場の事情を考慮しながら、実習担当者や実習指導教員らによる助言指導のもとで見直しをする必要がある。たとえば、実習に入る前

に立てた目標は，当日にならないとその日のスケジュールが分からないため，実際の活動内容と異なることがある。そのような場合は，事前に立てた目標を変更したことを日誌に書き添えておくとよい。また，その日の実習担当者がいる場合は，朝，実習に入る前に，実習目標を伝えることで，実習内容を考慮してもらえることもある。目標を伝えたり，実習内容を相談することも，自ら意思をもって実習に臨んでいる姿を示すことにつながる。実習の積み重ねが，最終的に実習テーマの追究と結びつくよう，日々の取り組みでみえてきた課題と共に，テーマの達成課題も意識しながら毎日の目標を立てるように努めてほしい。

　目標の内容については，社会福祉援助の実習として，利用者理解や，対人援助につながるようなものが期待される。たとえば，観察を通して利用者のADL状況を把握する，コミュニケーションを通して利用者が現在の生活についてどのような想いをもっているのかを知る，利用者を取り巻くサービス提供体制や地域の社会資源を知る，といったことで利用者理解と共に，個別の状況に応じた援助のあり方について学びを深めることができるだろう。実習が進むと，往々にして毎日の業務をこなすことに焦点があたり，単に「スムーズに入浴介助を行う」など，業務の効率性を追求するような目標を立てがちである。何のために，どのように"スムーズな"介助を行うのか，利用者への援助という観点から目標の意味を考えてほしい。

■質問する，確認する，"ほうれんそう"（報告・連絡・相談）を大切にする

　実習するなかで，自らのテーマや課題との関連から，聞きたいこと，尋ねたいことが出てきたら，そのまま放置せず，職員に遠慮なく質問することが大切である。質問することは，自発的に考えて実習に取り組んでいる証拠である。しかし，実習中，職員が業務に忙しくされているため，話しかけにくく，質問もできないまま，尋ねたいことをメモに溜め込んでしまう実習生がいる。確かに，状況によってはその場で質問をすることが難しいこともあるかもしれない。そのような時は，今，質問してよいかどうかを確認し，無理であれば，時間や場所を改めて，現場の職員あるいは実習担当者に質問させてもらえるようお願いするとよいだろう。質問の際には，メモを必ず持参し，聞いた内容の一つひとつを大切に書き留めてほしい。もし，直接質問することが難しければ，緊急に回答が必要でない限り，日誌を通して，疑問に思ったこと，質問したいことを伝え，コメントをもらう，あるいは事前に質問用紙を渡して，後日回答をもらうのも一つの方法である。質問をする時には，単に「○○について教えてください」ではなく，質問の意図を明確に伝える必要がある。たとえば，「介護度の高い方が多いように思われるが，サービスを利用されている方の平均介護度はどのくらいか」，「利用者の方とかかわってみて，○○について自分はこう思うのだが，実際はどうなのか」，「認知症の症状について調べてみたが○○の状況もその症状の一つだろうか」など，尋ね方にも工夫をしてほしい。自分の目でみて確認したこと，教科書や文献で調べたことも含めて，自己努力

したことをふまえて質問することも，実習生としての積極性を示すことにつながる。

また，何らかの取り組みを行う際には，実習担当者や現場の職員に必ず事前の確認をとる必要がある。指示を受けて取り組む際，その内容を理解できなければ，職員に再確認をすることも大切である。そして，作業を終えたら，職員へ適宜報告をする。もし，実習中，何らかの問題や困った状況が生じたら，自分勝手な判断をせず，連絡，相談を必ず行う。こういったいわゆる"ほうれんそう"（報告・連絡・相談）の姿勢も徹底してほしい。

注
(1) 日本社会事業学校連盟・全国社会福祉協議会編『社会福祉施設「現場実習」指導マニュアル』全国社会福祉協議会，1990年，25，32頁。
(2) 同前書，28頁。
(3) 前掲書(1)，27頁。

第4節　巡回指導の意義と進め方

■巡回指導の意義

　巡回指導とは，実習生が所属する学校の教員が実習中に実習先を訪れて，実習先の実習担当者や実習生から情報収集を行い，実習生へのスーパービジョンを行うものである。巡回指導は，実習中に実習生と実習指導教員，そして実習担当者が直接顔を合わせて，三者の意思疎通を行う重要な機会である。また，慣れない環境で緊張を強いられる実習生にとっては教員が訪れて話をすることは学生の心理的負担の軽減にもつながる。この巡回指導の進め方によって実習のあり方が左右されると言っても過言ではない。

■巡回指導の目的

　先に述べたとおり，巡回指導は実習において非常に重要な機会であり，多くの役割を担っているが，実習指導教員が実習先を訪ねる主な目的は以下のとおりである。

　①　実習生の心理的状況や体調の把握

　実習指導教員が直接実習生の顔を見て話をすることで，実習生の心理的状況や体調を知ることができる。必要であれば実習プログラムなどの調整を行い，実習生の心理的・身体的負担の軽減を行う。

　②　実習状況の把握と実習プログラムの確認・検討

　これは巡回指導のもっとも大切な目的である。実習指導教員は実習担当者から指導方針や指導内容，実習施設・機関の現状や実習生への評価などを聞き取り，実習生からは実習の現状認識や具体的目標と計画，実習先への要望などを聞き取る。実習指導教員は実習担当者と実習生の双方からの意見をふまえ，今後の具体的な実習の進め方を実習生に指導すると共に，必要があれば，実習担当者と実習プログラムの調整を行う。

　③　学問的・理論的視点からの実習指導

　実習では，経験したことを学問的・理論的に理解し，知識として身に付けなければならない。そのためには実習担当者による現場の視点に立った指導を受けると共に，教員による学問的・理論的視点から実習の指導を受ける必要がある。巡回指導を通じて，学生が実習中の経験を学問的・理論的に考察できるよう実習指導教員が指導する。

　④　実習施設・機関の情報収集

　実習指導教員が実習先を訪れ，実習生受け入れへのお礼の挨拶を行い，また，実習を行う施設・機関の特徴の確認や実習先からの要望を把握する。

■巡回指導の進め方

　①　実習前の準備

　巡回指導が円滑に行われるためには実習生と実習指導教員との情報の共有が大切であ

る。実習生は巡回を行う実習指導教員と事前に面談し，実習の意義や目的などの確認，実習先の情報（施設・機関の代表者，実習担当者，所在地，連絡先，アクセスなど）の確認を行う。また，緊急時に備えて互いの実習中の連絡先を確認しておくことが必要である。

② 実習中の準備

巡回指導を効果的に行うためには，実習生，実習指導教員，実習担当者のそれぞれが巡回指導における目的を明確にしておくことが必要である。実習生は実習状況を実習指導教員に適切に伝えられるように実習中の情報を整理しておき，巡回前に実習指導教員に伝えておきたいことがある場合は事前に実習指導教員と連絡を取る。巡回指導において，実習生，実習指導教員，実習担当者との連絡がうまくいかずに，巡回当日に実習生が休みを取っていたり，実習担当者が不在であったりという場合がある。どちらの場合も巡回指導における十分な効果を得ることができない。このような事態を避けるためにも実習生，実習指導教員，実習担当者との間での巡回日程の調整・確認は大切である。実習生は実習期間や休日など，実習前に実習指導教員へ伝えた内容に変更があった場合は必ず実習指導教員に知らせることが必要である。

③ 巡回時の面談

巡回指導の面談には次のような形態がある。

(1)実習担当者と実習指導教員による面談

実習指導教員と実習先の実習担当者との二者で面談を行うことにより，実習担当者の実習生への率直な意見を聞くことができる。実習指導教員と実習生の面談前に行い，実習のプログラムや実習状況，実習担当者による実習生の評価など，指導のための情報を得たり，実習指導教員と実習生の面談後に行い，実習生の様子をふまえた実習プログラムの確認・検討を行う。

(2)実習生と実習指導教員による面談

実習生と実習指導教員が面談することで，実習生の視点からの実習状況の確認や，実習生の心理的・身体的状況の把握を行う。また，実習生の実習に関する不安や困っていることを実習指導教員が聞き，必要であれば実習先との調整を行う。実習日誌は実習指導教員が実習状況を知るための重要な手掛かりであるため，実習生は実習日誌を準備し，実習指導教員に見せられるようにしておくことが必要である。実習指導教員は，あらかじめ実習担当者からの意見と，実習生から聞いた実習状況，実習日誌の内容をふまえ，実習生への指導を行う。実習生と実習指導教員の面談では，実習生による実習先への要望を聞く大切な機会である。実習生の実習への率直な意見や感想を引き出すためにも実習生と実習指導教員との二者による面談は重要である。

(3)三者による面談

実習生と実習指導教員，実習先の実習担当者との三者で面談を行うことで，円滑な情報の共有が可能になる。実習プログラムの確認や検討・調整に効果的である。

④ 巡回終了後

実習生は，実習指導教員からの指導や実習担当者からの意見を整理し，実習の意義や課題を見直すことが大切である。

参考文献

岡田まり・柏女霊峰・深谷美枝・藤林慶子編『社会福祉基礎シリーズ⑰　ソーシャルワーク実習』有斐閣，2002年，149〜157頁。

福山和女・米本秀仁編著『社会福祉援助技術現場実習指導・現場実習』（社会福祉士養成テキストブック⑤）ミネルヴァ書房，2002年，151〜159頁。

第5節　スーパービジョン

■スーパービジョンの必要性

　実習生は，実習中に自ら立てた実習計画書をもとに実習を行うことになるが，必ずしも計画通り順調に進むわけではない。また，実習中にはさまざまなことで悩んだり問題や課題が生じたりしてくるものである。たとえば，利用者とかかわる機会が多いと思われるが，利用者とのかかわりはいつも順風満帆というわけではない。わずか1か月前後の実習期間で利用者とよりよい関係を築いて適切なかかわりができるものではない。すでに現場で働いている職員ですら利用者とのかかわりや支援について悩みを抱えているものである。わずかな期間で，しかも経験のない実習生であれば戸惑いが生じるのは当然のことである。

　「利用者にどうかかわっていけばよいかわからない」，「利用者の過去のつらい話を聴かせていただいたが，その話を聴いて自分としてはどう返答し，対応すればよいのかわからず，言葉が出なかった。利用者とのかかわりの最中にどのような声かけや対応を行っていけばよいのか困ってしまった」，「利用者のあのときの言動をどう理解し分析すればよいか悩んでいる」，「今後○○さんにどう接していけばよいか悩んでいる」，「ワーカーさんによって利用者へのかかわり方が異なっているが，どのかかわり方がもっとも適切なのだろうか」，「学校で学んだことと現場での実践が異なっているように思うが，どのようにつながっているのか理解できない」といった利用者支援に関する悩みは実に多い。一方で，実習生自身が気づいていないが利用者に対し不適切なかかわりを行っている，といったこともよくみられることである。

　また，利用者との具体的な場面でのかかわりだけでなく，利用者理解を深めるための知識，利用者の生活を支えている制度に関する知識も必要である。さらに，実習施設・機関の果たす役割や機能，課題など実習先そのものの理解，実習領域に関する法制度の理解を深めることも重要な課題となっている。

　あるいは，「実習中どのように行動したらよいかわからない」，「実習日誌をどのように書けばよいのか困っている」，「実習前に立てた実習計画書どおりに実習が進められない」といったことや「職員との関係がうまく築くことができないがどうすればよいか」，「職員によって指示の内容が異なるが，誰の指示に従えばよいのだろうか」といった悩みも多い。

　このような疑問や悩みを整理したり新たな気づきを得たりして，利用者支援について考察するところに社会福祉実習の意味がある。しかしこれらのことは，実習生がすべて自ら解決できるものばかりではない。だからといってそのままにしておくと学生自身が消化不良に陥ったり気づきのないまま実習が終了してしまったりして，実習そのものが無意味なものとなってしまう。そこで必要となるのがスーパービジョンである。

■スーパービジョンの意味

　スーパービジョンとは，学生や経験の浅いワーカーが力量を発揮し適切な実践を行うことができるよう，教育・訓練，支援などを行う過程である。いわば，より適切な福祉サービスを提供するための専門家養成を目的としている。スーパービジョンを行う実習先のワーカーをスーパーバイザーといい，スーパービジョンを受ける学生や経験の浅いワーカーをスーパーバイジーという。

　社会福祉の実習でいうスーパービジョンは，実習中に学生が抱く疑問や悩みを一緒に考えたり，利用者に対して気づかないまま不適切なかかわりを行っている支援のあり方の気づきを促したり，各自が立てた実習計画をスムーズに展開できるように実習プログラムを確認したり，あるいは計画を見直すことでより現実的なものとしたり，実習全体の中での気づきを促したりすることを通して，社会福祉実習をより意味のあるものとし，専門家養成の一翼を担う過程であるといえよう。

　スーパービジョンは，スーパーバイザーがスーパーバイジーに対し一方的に利用者支援の極意を教えてくれる，というものではない。困難な状況にあるスーパーバイジーが自分自身を見つめ，悩みや想いを整理できるよう支援したり，スーパーバイジーが自ら考え，行動できるよう教育・訓練したりするものである。実習生の動きを冷静に捉えた広い観点からの助言，指導となる。

　次に，スーパービジョンをより分かりやすくするためにスーパービジョンの働きともいえる機能について説明したい。スーパービジョンには4つの機能があるといわれている。教育機能，管理機能，支持機能，評価機能である。

　教育機能は，具体的な事例を通して必要な価値，知識，技術を教えたり，スーパーバイジーが学ぶのを援助することである。管理機能は，施設や機関の役割や機能を遂行するために管理職が業務計画の立案，ワーカーの業務分担，連絡調整を行うものである。支持機能は，励まし，賞賛，見守りなどを通して，スーパーバイジーの意欲を高めたり，あるいは挫折感，不安感や不満感を軽減したりして専門職としての誇りと自覚を高めていくことである。評価機能は，実践の結果とワーカーとしての成長度を評価することである。このなかで，実習中に行われるスーパービジョンには，教育機能，支持機能，評価機能が中心となる。

■スーパービジョンの方法

　ではスーパービジョンは，いつ，どのような形で行われるのだろうか。形式については，スーパーバイザーとスーパーバイジーとの個別で行われることもあるが，複数のスーパーバイジーがスーパーバイザーと集団で行うこともある。進め方についてもいくつかの方法がある。

　毎日夕方の時間帯に，その日の出来事で疑問に感じていることや自分自身の言動をふりかえり，どのようなことを感じているのかを話しながら助言や指導を受け，整理する

方法がある。その日のうちにふりかえり，助言や指導を受けることによって課題や疑問を整理することができる。

毎日行うというのは現実的に無理な実習先も多いかもしれない。そこで実習期間中に何度か，中間評価を兼ねてスーパービジョンを受けることも可能である。また，実習中に悩みや課題が生じたときにスーパーバイザーに依頼してスーパービジョンを受けることも可能である。

あるいは，実習中に何か出来事が起こった直後のその場，そのときにスーパービジョンを受ける方法もある。具体的には，利用者と面接を行った直後，コミュニケーションを行った直後，日中活動のプログラムが終了した直後，カンファレンスに参加した直後など実習生が出来事の場面にかかわったり遭遇したりしたときに，スーパービジョンの機会とするのである。今の出来事をふりかえりつつ，どのようなことが起こっていたのか，どう対応したのか，そのことについてどのようなことを感じたのか，あるいは自分なりにどう解釈しているのか，またどうあるべきなのかを整理するのである。

複数の実習生がいる場合は，集団で今疑問に感じていることや気づきや学びのあったことなどを話し合ってもらう。他の学生の話を聞くことによって，視野が広がったり，新しい観点が見出せるかもしれない。また，集団の中で発言することによって自分自身の意見をまとめる良い機会ともなる。

実習日誌に記載した内容をもとにスーパービジョンを受ける方法もある。実習日誌には，その日の学生の思いがつづられている。この内容をもとに，掘り下げたり，あいまいな部分を明確にしたり，誤った解釈を見直ししたり，疑問を解消・軽減することに役立つであろう。

毎日のように担当職員が交代する場合もある。このような場合，日々の実習に関してはその日の担当職員に相談し，全体的なことについては窓口となっている職員に相談するのが基本といえる。

そして，実習の最後にはまとめとして，実習計画書がどの程度達成できたか，どのような学びや気づきがあったのかを整理しなければならないが，この機会にもスーパービジョンが不可欠である。スーパーバイザーとの話し合いを通してこれまでの実習をふりかえり，実習先の機能・役割，利用者支援のあり方を中心としたソーシャルワーカーとしての機能・役割を考察すると共に，自分自身の達成度合いを評価し，今後の課題を見出しつつ，実習全体をとおしてどのような学びや気づきがあったのかを整理していくこととなる。

■スーパービジョンを受けるにあたっての心構えや留意点

① 自ら考える機会とする

スーパービジョンは，スーパーバイザーから一方的に「教えてもらう」のではない。スーパーバイジーである学生が，自らの言動をふりかえり，あるいはものごとを理解す

るのに視野を広げることによって,自ら気づきを促し新たな考えや動きができるきっかけを作っていくものである。よって,正解を教えてもらうことが目的ではないことをしっかりと理解しておく必要がある。

　利用者とのかかわりについてのスーパービジョンを例に考えてみよう。スーパーバイジーは単に「どうしたらよいか分からない」だけではなく,利用者とのかかわりにおいて,いつ,どこで,どのような状況で,どのようなことが起こっているのか,そのことに対し,どう対応したのか,それはなぜか,そのときの想い(感情)はどのようなものだったか,また今時間が経ってどのような想いを抱いているか,今後どう対応したらよいと考えているか,といった項目について整理してみることが大切である。そのうえで,スーパーバイザーとのスーパービジョンに臨むようにして欲しい。

　そのほか,さまざまな疑問を感じたことについても「どのようなことでどう悩んでいるのか」をできる限り内容を整理し,また,自分自身の意見をもつことが望ましいであろう。

　一方,利用者とのかかわりにおいて不適切な点を指摘されたり,気づきを促す助言があったりする。このようなときも,萎縮したり卑屈になったりするのではなく,自分自身の言動を冷静にふりかえり,分析し,意見を率直に述べると共に,反省すべき点があれば素直に認めることが重要である。スーパービジョンで大切なことは自ら考えることである。学生自身がこのようなスーパービジョンを受ける体制をもって実習に臨むべきである。

　② スーパービジョンの意味を正しく理解する

　スーパービジョンの機会を有効に活用して欲しい。せっかくスーパーバイザーが時間を作ってくれても,何の質問や気づきもなかったり,自分自身の想いをスーパーバイザーに伝えることができなかったりすると,スーパービジョンは効力を発揮しない。

　スーパービジョンは,叱られるわけでも悪いところを責められるわけでもない。悪い点を指摘される,といった考えを改めるべきである。あくまでも学生の気づきを促し,ワーカーになるための力量を高めることが目的であることを自覚して欲しい。そのため,スーパーバイジーである学生は,スーパーバイザーとの信頼関係を深め,素直かつ率直に想いを表現することが求められる。また,スーパーバイザーの助言や指導を謙虚に受け止める姿勢も同時に求められる。スーパービジョンの意味を正しく理解し,有効に活用することが大切である。スーパーバイザーである実習先の指導者とのコミュニケーションを大切にし,スーパービジョンをとおして,将来のワーカーとしての力量を向上する努力を行ってほしい。

　③ スーパービジョンをその後に生かす

　せっかくスーパービジョンを受けても,そのことがその後の実習に結びつかなければ意味がない。スーパービジョンを受け,その後,実習生としてどのような気づきや学びがあったのかを整理し,それを自分のものとして生かしていくことが重要である。よっ

て，スーパービジョンを受けた後も，そのことについての自分自身の感情，思考や言動について整理する努力を怠らないようにすべきである。

　④　実習指導教員もスーパーバイザーである

　実習先での出来事については，実習先のスーパーバイザーからスーパービジョンを受けるのが原則である。しかし，内容によっては，実習先の職員やスーパーバイザーである実習担当者に相談しにくい場合もあるかもしれない。このようなときは，実習指導教員への相談もスーパービジョンとして位置づけることができるので，遠慮なく相談してみよう。

■スーパービジョンを効果的に進めるために

　社会福祉実習は，効果的なスーパービジョンが行われているかどうかで，その成果に大きな影響を及ぼす。よって，「職員の方は忙しそうだから，質問しにくい」，「なかなか担当者に自分の想いを伝えられない」といった遠慮をするのではなく，思い切って声を出してスーパービジョンの機会を作ってもらおう。

　また，せっかく，スーパービジョンの機会を作ってもらっても萎縮してしまったり，否定的な態度で臨んだりすると効果が出てこないばかりか，実習そのものが失敗に終わってしまう可能性もある。自分自身の教育，訓練のために必要なものであることを再度認識してほしい。

　最後に，実習中は，決して一人で悩み，疑問や問題を抱え込まないよう，十分注意して欲しい。実習先の職員，実習指導教員は，実習生のよき相談者であることを心のどこかにとどめていただきたい。

参考文献

相澤譲治・津田耕一編著『事例を通して学ぶスーパービジョン』相川書房，2000年，1〜13頁。

第6節　実習日誌の作成

■実習日誌の目的と意義

　実習終了後，学生からの苦労話の一つに，「実習日誌を書くのが本当に大変だった」「書き終えるのに何時間もかかった」など実習日誌の記入の大変さが必ず挙げられる。そのため，実習日誌をなぜ記入する必要があるのかを理解しておかなければ，毎日の実習に臨むだけでも大変な中，実習日誌に取り組むことは苦痛以外の何物でもないことになる。したがって，まずは，実習日誌の目的と意義について明らかにしておきたい。

　実習日誌を作成する上での目的と意義について，実習生の立場，実習担当者や実習指導教員の立場，そして，利用者や職員，実習先の立場といった3点から述べておく。

　第1に，実習生の立場としての目的は，学生が自分の実習体験をふりかえることによって，実習内容を考察することである。毎日の実習では，新しい環境下で，新しい内容に取り組むことに精一杯で，体得してきた知識や技術，経験を客観的に見つめ直す機会は，実習日誌に向き合う時間以外では考えにくいといえる。したがって，実習日誌の作成を通して，今日一日の実習内容をふりかえりながら，新たな気づきや成果，反省点，疑問点，翌日以降に残された課題について分析し，結論を導く作業が大切である。そして，この作業を十分に行うことによって，翌日以降の実習目標も設定しやすくなり，体系的な実習の流れが生まれやすくなる。

　第2に，実習担当者や実習指導教員の立場としての目的は，実習担当者や実習指導教員が，実習生の実習日誌を通して，毎日の実習に関する理解度や実習生のもつ感性，実習における残された課題について把握し，指導することである。実習担当者や実習指導教員は，実習時の実習生に四六時中かかわるわけではないため，実習日誌を通して，実習生が何を学習し，何に関心を抱いているのか，あるいは，どのような壁にぶつかっているのか，などを理解することができる。

　第3に，利用者や職員，実習先としての目的は，2点考えられる。1つは，実習生が第三者の立場として見聞し，考察した内容を実習日誌に記入することにより，実習先にとっては新しい視点として受けとめ，利用者に良い効果として反映したり，職員の業務体制・内容の見直しの契機になることである。実習日誌は，学生の実習のみに効果をもたらすものではなく，利用者と職員，利用者と実習生，職員と実習生との何気ない会話内容や，実習生が疑問に感じた場面で描かれた記録から，利用者の生活の質を高めることや職員の援助のあり方を検討する機会やヒントが得られることもある。そして，もう1つは，実習日誌は，公（おおやけ）の資料の一つとして，まれにではあるが，法的な場で有力な証拠として活用されることもある。実習日誌は，専門職による記録の意義と同じように，私的な日記とは異なり，公の資料として位置づけられるものであるため，何らかの出来事に関する事実を検証する際に有用な資料となり，それが利用者や職員，

実習先それぞれの立場や権利を守ることにつながることもある。

■実習日誌の記入に関する留意点

　各養成校によって実習日誌の様式が異なったり，各実習先によって実習日誌の記入の方針も異なるが，一般的な書き方について紹介しておく。
　① 「今日の目標」に関する設定のポイント
　巡回指導時に，実習生から「毎日内容の違った目標を立てるのが大変」「何を目標にしたらいいのかわからない」という相談をされることが多い。また，実習日誌を読むと，今日の目標と実習所感内容がかけ離れている場合も見受けられる。しかし，本来，実習とは，目標をしっかりと設定することが大切である。何も考えずに設定していると，実習全体の中での自分の理解度や達成度を図ることが困難になり，残された実習期間での目標も定まらず，実習終了後に，残された課題が山積するような悪循環に陥ることになる。
　では，「今日の目標」に関する設定方法として，以下に3点を紹介する。
　　(1)事前に作成している実習計画書の「実習の具体的達成課題」などを参考に「今日の目標」を設定する
　　(2)実習前のオリエンテーションで実習先から提示される実習スケジュールや，実習担当者に当日の実習内容について事前に確認した事柄などから，「今日の目標」を設定する
　　(3)前日の反省点や残された課題から，「今日の目標」を設定する
　なお，目標の内容については，毎日内容の異なる目標を立てることに神経を払いすぎる必要もないが，可能な限り，細やかな目標を設定するように努めてみることが大切である。たとえば，「利用者との適切なコミュニケーションをはかるようにする」では，かなり大きな枠組みの目標になるため，「認知症利用者とのコミュニケーションのはかり方について理解を深める」「利用者とのコミュニケーションを通して，傾聴の重要性について学習する」のように，「コミュニケーション」の中でも焦点をしぼって設定するように心掛ける。
　② 「実習内容」の記入に関するポイント
　今日一日の日課を記入するだけでなく，具体的にどのような内容を学習，体験したのかもあわせて記入しておくと，実習所感を記入する際に，1日の実習内容をふりかえりやすい。たとえば，「10：00　グループホーム見学」だけでなく，「施設の概要や利用者の特性，1日の生活の流れ，利用者へのかかわり方について学習した」も記入しておくようにする。
　なお，図表5-1のように，自分で線を引き，左側に日課，右側に学習・体験内容を記入するなど，工夫してみるのもよい。

図表5-1　実習内容の記入例

実　習　日　誌

関西福祉科学大学　社会福祉学部　社会福祉学科

実習生　学生番号_____　氏　名_____

平成　　年　　月　　日　　曜日　　　　天候
今日の目標

時　間	実　習　内　容	
10：00	グループホーム見学	施設の概要や利用者の特性，一日の生活の流れ，利用者へのかかわり方について学習した
12：00	昼食（休憩）	
	・ ・ ・	・ ・ ・
合計 　　時間		※毎日　実習指導者に提出すること

第5章　配属実習中の学習

③ 「実習所感」の記入に関するポイント
　(1) 1日の体験したことを時間に沿って書き並べるのではなく、「一番，印象に残っている場面」「疑問に感じた場面」を1，2点程度にしぼって記入する。
　その際、「客観的事実」と「評価」を区別して記入するように心掛ける。
　では，「客観的事実」と「評価」の書き方について詳述しておく。
　客観的事実とは，実習生が実習時に見聞した内容を自らの勝手な思い込みともとれるような表現ではなく，誰が読んでも納得のできる表現で記述した内容のことである。したがって，「一番，印象に残っている場面」「疑問に感じた場面」を客観的表現で記入する。
　たとえば，「○○さんが怒った表情をしていた」という表現は主観的表現であるが，それに対して，「○○さんが眉間にしわをよせて，口をとがらせていた」という表現は客観的表現である。すなわち，客観的表現とは，誰がその表現を読んでも，同じ映像が浮かびやすくなる表現であり，実習生に観察力が求められてくるといえる。一方，「怒っていた」「喜んでいた」「楽しそうにしていた」という主観的表現は，実習生が勝手に思い込んでいる可能性があるため，実習生は何を見聞してそのように思ったのかを相手の発した言葉や表情，動作，姿勢，仕草などを忠実に思い返し，一緒に記述しておいた方が良い。
　また，事実内容を記入する際に，5W1H（いつ？どこで？誰が？何を？なぜ？どのように？）を基本に内容を整理し，主語と述語も明確にすることを心掛けるようにする。
　次に，「評価」とは，客観的表現で描かれた場面やその内容（客観的事実）をふりかえり，自らの実習内容を評価するために，考察，反省点，疑問点，残された課題について記述した内容のことである。
　具体的には，「なぜ，その場面を取り上げたのか」「その場面を通して，何を感じたのか，あるいは学んだのか」「その場面を通して，何に気づかされたのか」「利用者は，なぜ，そのような発言，行動をしたのか」「職員の利用者に対するどのような接し方から何を考えさせられたのか」「何を考えて，自分は利用者にそのような言動をとったのか」「反省点や疑問点とは何か」「残された課題とは何か」など，取り上げた場面をさまざまな角度から分析する姿勢をもつことである。
　なお，「客観的事実」と「評価」については，「評価」にスペースを割いて記入した方が，実習担当者もコメントを返しやすいので，その点についても留意しておく。
　(2) 利用者や物事を一面的に捉えるのではなく，多面的に捉えながら記入する。
　目の前にいる利用者とコミュニケーションを図っていると，現時点の利用者の姿だけに目を向けがちになったり，あるいは，地域でのイベントに参加すると，イベント当日の風景に目を奪われがちになる。しかし，本来，実習では，みえることに目を向けるだけではなく，みえないところにどの程度目を向け，気を配れるかが大切な視点であるといえる。

したがって，具体的には，利用者の生活歴，家族歴，既往歴，利用者を取り巻く社会資源（家族，友人，地域，各種施設，各種機関，法制度）もふまえながら，現在の利用者の状況，想いを多面的に理解するように努めることが大切である。そのため，職員や家族から情報を口頭で受けたり，実習先の許可が下りれば，ケース記録を参考にするのも良い。また，実習先内外で開催するイベントや講座，教室に参加した場合には，それぞれの開催目的や意義，その背景にある関連法制度，開催にかかわる人的資源やネットワーク，プロセスなどを理解しておくことも，人と人，人と社会資源を調整して結びつける橋渡し的な業務に携わる社会福祉士や精神保健福祉士にとって重要な視点を養うことになるといえる。

④ 「実習所感」の記入方法

実習所感の記入時における留意点については，以下の通りである。

(1)黒ボールペンを使用する。

(2)語尾は，「～である」調で記入する。

　原則として，客観的事実は過去形，評価は現在形で記入する。

(3)主語と述語を明確にする。

(4)文と文との関係を明確にするために，適切な接続詞を活用する。

(5)口語的な表現を用いないようにする。

　例）「…なので，…」「…だけど，…」は用いない。

(6)利用者や家族，職員のプライバシーに配慮して記入する。

　たとえば，氏名はイニシャル形式なのか，AさんやBさん形式なのかは，事前のオリエンテーションで実習担当者に確認しておくとよい。

(7)利用者への尊厳を考慮して記入する。

　たとえば，利用者を「頑固である」「わがままである」といったように，主観的な表現（実習生自身の個人的な考え方，感じ方による表現）に偏らないようにすることが大切である。また，「利用者に食事を与えた」というように，実習生の目線が利用者の目線よりも高いような表現方法も避けるべきである。

(8)対話には必ず「」を使用する。

(9)共通語を使用し，省略語は用いないようにする。

(10)専門用語は，教科書や社会福祉用語辞典等を用いて，適切に使用する。

(11)辞書を積極的に活用すると共に，記入後，内容を必ず読み返し，誤字や脱字も確認する。

　記入内容は，下書きをしてから記入することが一番確実であるが，時間の関係上，困難な場合には，大まかな筋道を立ててから記入するようにするとよい。

　修正方法については，事前のオリエンテーションで実習担当者に確認しておくとよい。

(12)実習先批判，職員批判の表現にならないように留意する。

⒀実習所感は，規定様式の最後の行までを用いてしっかりと記入するように努める。

　なお，これまで，実習日誌の記入に関する留意点について述べてきたが，最終的には実習担当者の指示に従うようにする。

■実習日誌の提出方法と実習ノートの取り扱い方
　実習日誌の提出方法については，事前のオリエンテーションで，実習担当者に確認しておくようにする。そして，実習日誌を自宅で記入する場合は，その日の内に必ず記入し，指定された提出日に提出できるように厳守する。また，実習担当者が業務の都合上，実習日誌の返却が遅れる場合や，助言欄が未記入の場合があっても，実習生は欠かさず提出するように心掛ける。
　また，実習先の施設・機関外に，実習日誌を含む実習ノートを持ち出す場合は，その扱いに細心の注意を払うようにすると共に，しっかりと保管しておくことが重要である。これは，福祉専門職としての職業観や倫理観に関連してくることであり，実習生という立場であっても，福祉専門職としての自覚と責任をもち，守秘義務の遵守を怠らないように，自らを律する姿勢をもつようにする。

■演習「実習所感の記入について考える」
　では，最後に，機関編と施設編の実習所感の例を簡単に紹介しておく（図表5-2参照）。
　なお，機関編は，利用者と直接接することのない実習日もあるため，その場合の実習所感の例を挙げている。一方，施設編は，何か所か問題点があるので，まずは，解説をみないで，ぜひ考えてみてほしい。
　機関編では，たとえば，実習担当者等の講義やビデオ鑑賞，配付資料を活用して，各事業・活動の背景とその意義，現状と今後の課題について，自らの言葉に可能な限り置き換え，自分の見解（意見や考え）も添えながら記入するように努めることが大切である。そのため，講義内容や，各事業・活動の紹介など表面的な内容のみでスペースを割きすぎないように留意する。
　一方，施設編の所感内容の問題点として，3点を挙げて解説しておく。
　まず第1に，2行目の「うれしそうな」という表現は，主観的表現であり，利用者が本当にうれしいかどうかは分からないため，客観的表現に切り替えるように努める。利用者は，本当にうれしい気持ちでいたかもしれないが，実習生に気をつかって話をあわせてくれていた可能性もある。したがって，その場面での利用者の様子を再現してみるとよい。
　第2に，客観的事実と評価が区別して記述されずに混在した状況になっている。何が客観的事実であり，何が評価であるかを考えてみるとよい。

図表5-2　実習所感の記入例

（機関編）

実習所感（気づいたこと、学んだこと、疑問に思ったこと、残された課題など）

　午後から，区の社会福祉協議会が実施している事業について講義を受けた。在宅介護支援事業や居宅介護支援事業は，区の社会福祉協議会が運営主体となっているが，訪問看護事業については，区の医師会が運営主体となっていることがわかった。運営主体の異なる複数の事業が同じ建物内に存在することは，お互いの情報交換や連携が図れやすいだけでなく，突発的な出来事にも速やかに対応しやすい利点があるといえる。

（施設編）

実習所感（気づいたこと、学んだこと、疑問に思ったこと、残された課題など）

　食事の後，利用者Aさんと私はお互いの出身地について話をした。その際，Aさんはうれしそうな表情で出身地の話をされ，会話が進むにつれて，お互いの心の距離が一気に縮まっていったように私は感じた。最後に，「また明日も話そうね」とAさんに言われ，私はうれしく思うと同時にコミュニケーションの大切さを痛感した。

指　　導　　担　　当　　者　　の　　助　　言

指導担当者名　　　　　　　　　　印

第5章　配属実習中の学習

そして，第3に，実習所感が全般的に深みのない書き方になっている。
具体的には，次の3点が考えられる。
① どのような場面で，心の距離が縮まったように感じたのかといった描写がない。
② 利用者とのコミュニケーションをはかる際に，利用者の話しやすい雰囲気づくりを実習生が行っていたのかどうかという点と，仮に行っていたのであれば，どのような配慮，工夫をしたのかが書かれていない。
③ 利用者が実習生とコミュニケーションをはかる前後で，利用者にどのような変化が認められたのかが記述されていない。その変化について記述していれば，コミュニケーションの大切さにつながるといえる。

　本演習で，機関編や施設編の解説を読んでいると，実習時は，体中の全神経を集中させて，いろいろな所に学びや気づきに結びつく情報をとらえるアンテナを張らないといけないかが分かるといえる。しかし，このようなことばかりに気をつかってしまうと，実習生も心身共に疲れ，それぞれがもっている持ち味が発揮されないかもしれない。したがって，無理のない程度で，意識して実習に臨んでもらいたいということを最後に付け加えておくこととする。

第6章

事後学習と自己評価

　実習先ではさまざまなことを体験する。そうした体験をするなかで気づいたこと，感じたこと，考えたことについて実習後にふりかえることはとても大切である。

　本章では，実習後に行う「事後学習」と「事後指導」について述べている。その際には，福祉専門職としての自分の適性について考えたり，配属実習先との今後の関係をつくりだしたりすることも重要となる。

第1節　実習のふりかえり

1　事後学習と事後指導の意義

　学生は，配属実習でのさまざまな体験を通して，気づいたこと，感じたこと，考えたことを多く持ち帰ってくる。それら一つひとつが事後学習および事後指導の材料となる。事後学習と事後指導と言葉を使い分けているのは，学習は学生個人および学生同士による学びを意味し，指導は養成校の実習指導教員と学生の間で行われるスーパービジョンと別の内容を意味するからである。配属実習後は，このような材料をどのように活用するかが重要である。なぜならば，配属実習中は一つひとつの気づきに対し，ゆっくりと向き合う時間がなく，実習後に改めて見つめ直し，さまざまな角度から吟味することで，より深く学ぶことが可能となるからである。また，このようなことを通し，実習前と実習後の自分の変化や成長に気づくことができると共に，習得した知識や技術や価値を確認し，実習前に設定した課題の達成度を評価し，今後の学習の課題を浮き彫りにすることができる。

　事後学習および事後指導の方法として，大きく次の4つを提示する。

2　個別事後学習と個別事後指導

■個別事後学習
　① 個別事後学習の目的

　個別事後学習とは，実習後に学生個人で行う学習のことである。学生が実習で体験してきた事柄について，まず自分自身で向き合う作業を行う。実習で具体的にどのような知識が得られたか，どのような場面でどのような技術の活用を試みたか，それが実際に上手く活用できたのか，利用者支援の実践の場ではどのような価値や倫理が求められていたのか，利用者や職員，地域住民とのかかわりの中で何を感じたのか，といったことをふりかえると共に，これから身に付けていけなければならない知識，技術，価値は何かを明確にする作業である。

　② 個別事後学習の概要

　個別事後学習の方法として，まず実習日誌を活用することが挙げられる。実習日誌を読み返し，前述の目的で挙げた内容について確認していく。

　また，今後，一層理解を深めたいと思っていることや，課題として残されたこと，新たに疑問をもったことに関連する文献等を読み進め，学びを補っていくことも大切なことである。

　③ 個別事後学習の効果と今後の課題

　実習日誌を読み返していると，実習日誌記入時に感じたことと，実習を終えてから感

じることにズレが生じることもあるかと思うが，その場合，変化した背景を明らかにすることも重要である。なぜなら，そこに自己の成長が隠されていることが多いからである。つまり，日誌の記入日以降の実習で身に付けた知識や技術や価値が，変化に結びついていると考えられるのである。その日以降の日誌を読み進めていくと，「この時のこの体験が自分に影響を与えたのか」と気が付くことがある。実習日誌を読み返す作業は，自分の変化に出会う面白味がある。

　個別事後学習は，学生一人で行う作業である。そのため，ある出来事に対する見方が偏ってしまったり，どうしても疑問が解消できないこともある。そこで，グループでの学習や実習指導教員とのスーパービジョンを通して，他者の考えや視点を取り入れていくことが大切である。

■個別事後指導

① 個別事後指導の目的

　個別事後指導は，主に実習指導教員によって行われる。実習前の自己学習やグループ学習，社会福祉援助技術関連科目や演習，実習といった授業において学んできた知識や技術や価値が，利用者支援の現場において，どのように用いられていたのかを実習指導教員とのふりかえりを通して確認する。

② 個別事後指導の概要

　個別事後指導は，主に実習指導教員との面談という方法で行われる。ここでも実習日誌を活用する。実習日誌を共に読み返しながら，どのような体験をしてきたか，日々の実習で何を感じ，何を考えたのかをふりかえる。そして，体験してきたことの意味づけを行う。

　個別事後指導では，学生による評価と実習先の評価を付き合わせることも行う。これも実習指導教員との面談において行われる。自分で評価をすることも大切なことであるが，他者の評価を知ることで，達成できた課題とできなかった課題，不足している視点を客観的に理解できる。配属実習評価票の評価項目の例を図表6-1に示す。

③ 個別事後指導の効果と今後の課題

　評価票を用いたふりかえりでは，学生は評価の高低に目を向け一喜一憂するのではなく，評価の根拠に目を向けなければならない。つまり，なぜそのような評価なのかということを，自分を客観視しながら考えることが重要である。たとえば，利用者とのかかわりについて，自分では高い評価を付けたが，実習先の評価はそれほど高くなかったとする。この時「自分は頑張ったのにこのような低い評価をつけるのか」と憤ったり嘆くのではなく，一度冷静に実習をふりかえってみる必要がある。もしかしたら，利用者と仲良くなることばかり考えていて，支援者として利用者と適度な距離感を保ちながら適切な関係を築くことができなかったのかもしれない。あるいは利用者の自立や主体性を尊重しようという気持ちが強く，利用者ができることはしてはいけないと自分に言い聞

図表6-1　配属実習評価票の評価項目の一例

1　利用者の理解（利用者の特性，利用者の生活，利用者のニーズ，利用者の家族や親族のおかれている現状，利用者の家族や親族のニーズなど）
2　実習施設・機関の理解（実習施設・機関が提供しているサービスの内容，実習施設・機関に関係した社会福祉制度，実習施設・機関と他の施設・機関との関係および連携，実習施設・機関が地域に果たしている役割など）
3　職種の理解（実習施設・機関で働く職員の職種とそれぞれの仕事内容，実習施設・機関で働く職員のチームワーク体制，実習施設・機関と連携する他の施設・機関の職員の職種と仕事内容など）
4　利用者とのかかわり（利用者とのよい関係を形成する，利用者の人権を尊重した言動や援助を行う，守秘義務を理解した行動をとるなど）
5　職員とのかかわり（実習施設・機関の職員やボランティアとのよい関係を形成する，組織の一員としての自覚をもつなど）
6　実習態度（実習施設・機関の出退勤時間や注意事項を遵守する，職員と積極的にかかわる，利用者と積極的にかかわる，職員に適切な方法で質問をしたり自分の意見を述べる，実習指導者に積極的に指導や助言を求めるなど）
7　記録・日誌（利用者の氏名の記入や記録の取り扱いにおける守秘義務を遵守する，実習中のできごとを客観的に観察し日誌に具体的な考察を書く，誤字脱字なく丁寧に記録を書く，日誌を毎日提出するなど）
8　総合評価（上記1〜7を踏まえての総合評価）

かせ，利用者の状況に応じた適切な声かけやかかわりができていなかったのかもしれない。また，逆に自己評価よりも実習先の評価がよいこともある。「低い評価でなくてよかった」と安心して終わってしまったり，「こんなにいい評価をつけてもらう心当たりがない」といぶかしがるのではなく，「なぜ」と考えてみることが必要である。自分ではまだ気づいていない成果や成長，強みがあるのかもしれない。実習指導教員は，学生が客観的に評価票に向かえるよう，促す役割を担っている。

　このようなふりかえりには，学生の主体的な語りが重要である。学生は実習指導教員にうまくまとめて伝えようとするよりも，話せるところから話していくことが大切である。自分の中にあることを言語化していくことで，次第に内容が整理されてくるものである。実習指導教員は学生が実習中の出来事を十分話せるように配慮する必要がある。そして，学生個人では気づけていないこと，いろいろな角度から眺めることができていない点や意味を見出せずにいることについて，学生とは別の視点を投げかけることによって，気づきの幅を広げることができる。

3　実習報告会と実習交流会

■実習報告会と実習交流会の目的

　実習報告会および実習交流会のもっとも大きな目的は，言語化によって得られる効果である。個別事後指導においては，実習指導教員に対し実習体験の言語化を行うが，実習報告会および実習交流会では，同じ学生や，後輩が語りの対象である。

　それぞれさまざまな施設・機関で配属実習を行うが，「実習」という同じ体験をしてきた者同士で語り合うことで，うれしかったことや辛かったこと，思い悩んだことを共感し合えたり，同じような実習体験であっても自分とは異なる捉え方が示されたりする。仲間と議論を深め，互いを高め合うことができる。

　後輩に対しては，実習に関する具体的なイメージをつくる手助け，実習先選定におけ

図表6-2　実習報告会における報告内容の一例

1	実習施設・機関の種別
2	実習施設・機関の概要 （施設・機関の理念，利用者の状況，支援の特色など）
3	実習のテーマと課題
4	実習内容
5	実習で学んだこと
6	反省点
7	今後の課題
8	ほかのメンバーの意見を聴きたいこと

る注意点，事前学習で習得しておくべきことや実習中に気を付けるべきことなどについて，アドバイスを行うという役割がある。もちろん後輩に対するメリットだけでなく，言語化する過程で自分自身の中にあることが整理されてきたり，考え直したり，反省点が明確になったり，といったことがある。

■実習報告会

① 実習報告会の概要

　実習報告会は，同じ学生同士，グループやゼミ単位で各自の実習体験について報告をしあう。報告に際しては，あらかじめ報告内容が項目として示されることが多い。その一例を図表6-2に示す。

　これらの項目について，与えられた持ち時間を使って報告をする。報告後は質疑応答の時間を設ける。また，他のメンバーに対して意見を求めたいことを挙げて，グループやゼミ単位あるいは小グループに分かれてディスカッションを行ったり，レポートを書く。

② 実習報告会の効果と今後の課題

　自分が投げかけた問題に対して，ディスカッションやレポートを通し，他の学生の意見を聴き，さまざまな意見を受けて，「こんな考えもある」「こんなふうに捉える人もいる」「こんな見方もできる」と，自身の実習体験を考え直すきっかけを得ることができる。また，他のメンバーから各々の体験に基づく問題を提起されることで，一人の実習では考えることがなかったであろう事柄について考える機会を得ることができる。

　報告においては，施設・機関や利用者のプライバシーに十分配慮する必要がある。守秘義務は実習終了後も変わらず課せられていることを忘れてはいけない。

■実習交流会

① 実習交流会の概要

　実習交流会は，実習を終えた学生が，これから実習先を選び，実習への準備を進めていく段階にある学生に，自身の実習体験を伝え，実習先を選ぶ際の留意点や準備の進め方等アドバイスを行う。実習交流会は「交流」とあるように，双方向のやり取りが可能

な場である。これから実習に行く学生は話を聞くだけでなく、疑問や不安があれば、その場で質問したりアドバイスを求めることもできる。学生が話す実習体験の内容としては、図表6-2の「8　ほかのメンバーの意見を聴きたいこと」を除く項目が一例として挙げられる。

　② 実習交流会の効果と今後の課題

　交流会後の後輩のレポートの内容には、「実習先の選び方が分かった」「実習に関する具体的なイメージができた」「何を勉強してよいのか知ることができた」「利用者や職員とのかかわりに関する注意点をきき、自分も守ろうと思った」などがある。実習未経験の学生にとって、実習を経験した学生の言葉には実体験に基づく重みがあり、今後自分が実習に向けてどのように行動すべきかの道標になるようである。

　一方、学生のレポートの内容としては、「自分も実習に関して何も分からない不安な時期があったことを思い出した」「自分の失敗を繰り返さないでほしいと思い、失敗談を話した」「事前学習の大切さを身にしみて感じたので、具体的にどのようなことをすればよいかアドバイスをした」などがある。この交流会は毎年行われており、昨年はこれから実習を行う学生の立場として参加したメンバーが、今年は実習を終えた学生として参加することになる。自分が不安や疑問を抱えていた時期に具体的にアドバイスをもらった経験があるからこそ、今度は自分がその不安や疑問を解消できるように努めようと思えるのである。また、後輩により良い実習を行ってきてほしいという期待を込めて、体験から導き出されたアドバイスをするのである。

　実習報告会同様、留意事項としては、学生が自らの実習体験を語る際、施設・機関や利用者のプライバシーに十分配慮することが挙げられる。

4　グループ事後学習

■理論と実践を統合させる作業の意義

　学生が配属実習を終えて感想を述べる際に、「大学で学習した理論を現場で展開させることは難しいと感じた」「実践的に取り組むことがとても楽しいので、これからは実践的なことを積極的にしていきたいと思う」という声を聴くことがある。短い期間でありながらも、配属実習は、さまざまな人との出会いや別れを通して、苦悩したり、不安を覚えたり、あるいは予想すらしなかったうれしいことがあったり、新しい発見があったりと、学生にしてみれば、決して忘れることのできない空間と時間であることは間違いないといえる。このように、実習前にはなかなか気づくことのできなかった思いを実践である実習を通して気づかされることになると、理論よりも実践を学習することが大切であると捉える学生もいる。しかし、実践の場で理論を浸透させることが現実問題として難しい場合や、実践的な取り組みは目で見て分かりやすく、その背後に理論が見え隠れする場合があるからこそ、理論と実践を重ね合わせる作業を行うことが重要である。

　それは、なぜだろうか。第1に、理論を実践の場で展開させることが難しい場合、理

論を軽視するのではなく，実践に理論をつねにそわせる視点をもち，本来の援助のあり方とは何かについて検討し，少しでも実現に近づけられる方向性を専門職一人ひとりが模索し続けることが大切だからである。それは，援助のあり方とは，専門職一人ひとりの中で，日々，進化し続けるものであることを意味している。そして，第2に，実践的な取り組みに魅力を感じるようになった場合，実践の基盤に横たわる，理論に関する知識や技術を理解しておかなければ，その上に実践で得られた知識や技術，経験をいくら上乗せしても不安定な構造を生み出すだけにすぎないといえるからである。したがって，本項では，理論と実践を統合させる作業に準拠したグループ事後学習の進め方について紹介する。

■グループ事後学習の目的

配属実習において，学生が体得してきた知識や技術，経験といった実践と，学校でこれまで学習してきた理論を結びつける作業を通して，さらには，実習時における印象深かった場面や自らの課題とする場面などをふりかえる。そして，その際の考察を言語化することや，他者の見解を傾聴することを通して培ってきた実習体験を深く掘り下げ，グループ学習によって多面的に理解する機会とすることが目的である。

■グループ事後学習の概要

ここでは講義や演習を通して学生が幾度となく耳にしてきている「バイスティックの7原則」を活用した，グループ事後学習の一例を紹介する。具体的には，「バイスティックの7原則をふまえて実習体験についてふりかえる」というテーマに沿って，学生がグループ討議を行う。

なお，グループ事後学習の流れとしては，以下の要領が考えられる。

① 学生は，期日までに提示された課題を仕上げて提出する。なお，その課題内容は図表6-3のとおりである。

② 学生数が多い場合，学生が提出した課題をもとにクラス分けを行い，グループ討議当日に，クラスごとでさらにグループ分けを行った上で，実習指導教員は学生に課題を返却する。そして，規定時間内で，司会の学生を中心に課題をみながらグループ討議を行い，最後にクラス全体で，グループごとに話し合われた内容を発表し，実習指導教員からのコメントを添える。

クラス分け方法やグループ分け方法は，ランダムに分ける方法以外にも，いくつかの方法が考えられる。たとえば，児童領域，障害者領域，高齢者領域，社会福祉協議会，医療機関など，対象者領域別あるいは実習先の種類で分ける方法や，学生が今回活用しているバイスティックの7原則別で分ける方法など，いろいろと考えられる。

なお，グループ討議当日は，実習指導教員と学生に，「事後学習の手引き」を配

図表6-3　グループ事後学習の課題

> 配属実習において，印象深かった場面や自らの課題とする場面，あるいは重要視したい場面を実習日誌を用いてふりかえり，今回の課題で取り上げたい場面を1つに絞り込むようにする。ただし，その際，バイスティックの7原則と取り上げたい場面とを照らし合わせ，取り上げたい場面ではどの原則と結びつけながら（活用しながら），その場面内容について考察するのか（考察できるのか）を必ず考えるようにする。
> (1) 配付する用紙への記入形式については，原則として，以下の要領で記入すること。
>   1．○○の原則←今回活用する原則を記入する。
>   ※1つの原則でも，2，3つの原則を用いても良い。
>   2．取り上げたい場面について簡潔に記入する。
>   3．考察は，1．で記入した原則に沿って，2．で取り上げた場面内容をふりかえり，さまざまな角度から考えてみる。
>   たとえば，
>   ・2．の場面で，1．の原則がどのように活用されていたのか，または活用するべきであったのか。
>   ・2．の場面で，1．の原則がなぜ重要であったのか。
>   ・2．の場面で，1．の原則の活用を通して，利用者にどのような効果がもたらされたのか。
>   などを分析して結論を導き，できる限り具体的に記入する。
> (2) 配属実習時に利用者とのかかわりがなかった，もしくはかかわり合いがかなり少なかった学生や，これから配属実習に行く学生については，バイスティックの7原則のうち，1つの原則を取り上げ，それをどのように捉えているのか，あるいは，その原則は実践の場でどのように活用されるべきかについて考え，記入する。

付すれば，グループ事後学習を円滑に進めやすくなる。

参考までに，グループ事後学習の手引きを掲載しておく（図表6-4参照）。

■グループ事後学習の効果と今後の課題

グループ事後学習を通して得られる効果としては，次の2点が考えられる。第1に，実践の場面に理論を重ね合わせ，理論と実践は切り離して考えるものではないという認識を学生がもちやすくなることである。そして，第2に，バイスティックの7原則のうち，たとえば，個別化の原則一つを取り上げてみても，実習先の対象者や，実習先の理念や特性，あるいは各実習生の価値観によって，その捉え方は多種多様であり，グループ事後学習を通して，対人援助に対する視点や姿勢に広がりや深まりが学生の中に生まれやすくなることである。

一方，今後の課題としては，グループ討議を行う上で，司会の学生によるグループ討議の進め方と，グループ内における学生の参加意欲の程度によって，グループ事後学習の効果にも開きが認められることである。したがって，実習指導教員は，活発なグループ討議を行いやすくする雰囲気や環境づくりをどのように提供するのかが今後の課題である。

5　実習報告書の作成

実習報告書の作成の際，実習前の実習計画書作成時に比べると，人や物に対する見方や捉え方に広がりや深み，柔軟性がもたらされている学生に出会うことがある。短い実習期間でありながらも，学生本人の成長をうかがい知ることのできるうれしい瞬間でも

図表6-4　グループ事後学習の手引き

(左半分が実習指導教員用，右半分が司会の学生用)

事後学習の手引き（実習指導教員用）	事後学習の手引き（学生用）
（準備物） 学生名簿 課題提出物（提出した学生分） 「事後学習の手引き」（実習指導教員用） 　　　　（参加者：参加者数の枚数） 資料「バイスティックの7原則」（グループ数の枚数） メモ用紙（書記用：グループ数の枚数） 　　　　（参加者用：参加者数の枚数） 　当日は，以下の要領でグループ討議を進める。 ①数名程度の小グループに分ける。 ②各グループで司会と書記を選ばせる。 ・学生には，学生用の「事後学習の手引き」を配付し，グループ事後学習の流れを説明する。 ・資料「バイスティックの7原則」を各グループに1枚配付する。 ・書記の学生には，メモ用紙を配付し，全体でのふりかえりのために，討議内容をメモするように伝える。 ③課題を学生に返却し，同時にメモ用紙も配付する。そして，司会の学生にしたがって，グループ討議に積極的に参加するよう学生全員に促した上で，グループ討議を始める。 　※活発に討議されていないグループには，実習指導教員が少し介入し，討議できるようサポートする。 ④グループ討議を終え，各グループの発表による全体でのふりかえりの後，実習指導教員からクラス全体へのコメントを行う。 　※時間がない場合でも，実習指導教員のコメントを行ってから終了する。 ⑤返却した課題については，学生に持ち帰らせる。 　※討議内容も含めて，今後の事後学習に役立てるよう学生全員に伝える。	各グループの参加者は以下の要領でグループ討議を進める。 　書記の学生には，全体での発表のために必要に応じてメモをするように伝える。 ①自己紹介 ・順番に，実習先名と氏名を述べる。自己紹介後，各自，手元にある返却された課題を簡潔に発表する。 ・司会の学生は，他の学生の発表内容をメモするように学生に促す。 ・司会の学生も同様に自己紹介し，発表する。 ②感想 ・自己紹介と発表が一巡したら，他の学生の発表内容について感じたことを話し合う。その際に，自分の発表した課題内容に追加する話をしてもらってもよい。 　※課題を提出していない学生については，他の実習生の発表を聴いた感想を述べるところからはじめてもらう。 ③討議 ・それぞれが感想を述べたら，学生同士で互いに討議する。 ・たとえば，「どうして，その場面でその原則を用いたのか？」「話された場面について，他に用いられている原則はないか？」などを話し合ってみる。 ・討議内容が進みにくいようであれば，「バイスティックの7原則」の中から内容を深めたい原則を選び，討議する。 ・たとえば，「実践が難しいと思われる原則はどれか？」「各原則を実践で有効に活用するためにはどのような事後学習を今後実践していくべきなのか？」などを話し合ってみる。 ④全体でのふりかえり ・各グループで話し合った内容を全体でのふりかえりで発表する。

ある。

■実習報告書作成の目的

　実習報告書作成の目的とは，端的に言えば，実習前に作成した実習計画書と実習日誌の内容を重ね合わせてふりかえり，実習の成果や反省等を言語化することである。実習報告書の作成過程を通して，実習先から得られたさまざまな知識や技術，経験から培われた多くの学びや気づき，反省点を掘り起こして整理した上で，多面的に向き合い，考察する機会が得られる。

また，実習報告書は，他の学生たちの実習報告書と合わせて実習報告集という冊子の形で，実習担当者や実習指導教員，そして，後輩の目にも触れることがある。実習担当者の立場から言えば，実習生への指導に対するフィードバックになる。また，実習指導教員の立場から言えば，実習報告書の作成を通して，学生の実習の成果や反省等を再確認し，指導や助言を行う機会になる。一方，後輩の立場から言えば，実習の事前学習として有効な資料になる。

■実習報告書の内容

　実習報告書は，以下のような項目が含まれることにより，その目的を達成することができる。なお，記述にあたっては，実習日誌を活用した上で，「④実習の成果」や「⑤反省・感想」に重点を置くようにする。

　①　実習先の概要・特徴

　実習先の沿革や，運営方針・理念，利用者の定員，職員配置，併設している施設・機関などを簡潔にまとめるようにする。

　②　実習の目標と課題

　実習計画書を作成する上で立てた目標や課題，実習日誌の中で日々立てた目標等を整理し，簡潔に記入する。

　③　実習の内容

　実習期間中に実習先から提供された実習内容や，実習計画書に基づいた学習内容を簡潔に記入する。

　④　実習の成果

　「②実習の目標と課題」に照らし合わせながら，学んだ点や気づいた点についてふりかえり，それを明確な形で言語化する。なお，自らの中にあるささいな変化も逃さずに，しっかりと丁寧にふりかえる姿勢と，どのような場面でどのような学びや気づきがあったのかを具体的に明記することが大切である。

　⑤　反省・感想

　実習全体をふりかえり，十分に達成することができなかった内容について実習計画書や実習日誌を活用して絞り込み，なぜ達成することができなかったのか，反省するべき点は何か，どのようにすれば達成する可能性があったのかを，自らの事前学習や実習姿勢などさまざまな角度から分析して反省点を導き，詳述することを心掛けるようにする。また，感想としては，自らの人生観や援助観に影響を与える場面に遭遇した際に，どのような影響を受け，それによって何を感じたのか，考えさせられたのかを言語化することは，今後の人生においても貴重な財産になるといえ，実習報告書として残しておく意義があるといえる。

　その他にも，今回の実習をふまえて，今後継続していきたい学習内容や決意をそえるのもよい。たとえば，この実習を通して得られた成果や反省を今後どのように活用する

のか，あるいは，どのような福祉専門職を今後目指していきたいのかについて記述することも重要である。

第2節　専門職としての自己覚知

■自己覚知とは

　自己覚知を簡単に言えば，あるがままの自分について知ること（広い意味での自己理解）となるだろう。

　ソーシャルワーカーは自分自身の考え方や行動などの傾向（特徴）が利用者に影響を与え，それが彼らと信頼関係を築く上でマイナスになりかねないということをつねに意識しておかなければならない。だからこそ自分について知る作業が必要であり，これはまたソーシャルワーカーだけに限らず，すべての対人援助専門職者にとっても同様である。

　2005年3月『わが国の社会福祉教育，特にソーシャルワークにおける基本用語の統一・普及に関する研究報告書』において，自己覚知は次のように説明されている。

　　　　援助者が自らの感情，性格，価値基準等についてできるだけ理解を深めること。
　　　自らの価値観や感情を援助場面に持ち込むと問題の状況を誤って判断したり，受容
　　　や非審判的態度を貫けなくなる。そのために援助者は自らを知り，コントロールす
　　　る自己覚知が必要となる。(1)

　本節では最初に，この説明の「感情，性格，価値基準」を中心に述べたい。次に心理検査を用いた自己覚知の方法について考えたい。

■感情・性格・価値基準

　まず「感情」について，対人援助専門職としての自己覚知は知的なレベルだけでない。感情的なレベルでの理解も必要である。自己覚知 self awareness の awareness は「自覚，意識，認識」など，「気づき」を意味しているが，感情的なものは押さえ込まれやすい。みなさんは多分これまで，よく親や教師から「もっと冷静になりなさい！」とか「感情的になっては駄目！」と言われた経験があるだろう。またプライベートな場面で性に合わない人がいるのは当たり前であるが，それを仕事にまで持ち込むのは許されない。なぜならば，ソーシャルワーカーとして基本的にはどんな人とも援助的な関係を築いていかなければならないからである。しかし個々の場面で今，自分はどんな感情を抱いているのかはチェックしておく必要がある。

　またそれで終わるのではなく，その感情は何に由来しているのだろうか，どこから来ているのだろうかといったように，さらにもう一歩踏み込んでみる。感じることはそれにとどまらず，考えることにつながる。

　私たちは幼い頃から両親をはじめとする他者との関係の中で，いろいろな感情を引き

ずって生きており，それが現在の人間関係に出てくることも多い。このような感情を利用者に向けることを逆転移というが，逆転移に気づくことも自己覚知の一つである。

すなわち，自己覚知とは普段は気づいていない面を意識化すること（広い意味での自己理解に加えて，洞察など深いレベルでの自己理解）でもある。ちなみに真の自己覚知には，頭だけの（知的な）理解ではなく感情的な動きが伴っている。たとえば「あ！そうか！」体験がそれに該当し，気づきという言葉にはこのような意味が込められている。

次に「価値基準」について，対人援助専門職としての価値観と個人としての価値観が必ずしも一致するとは限らない，むしろ違う方が多いくらいである。この場合，前者を優先しなければならないのは当然であるが，自分の価値観まで否定する必要はない。そのギャップを自覚すれば良いのである。また利用者との価値観が違うことも多いが，自分の価値観こそが正しいと利用者に対して一方的に押しつけてはいけない。これはバイスティックの原則である「受容」や「非審判的態度」とも関係している。特に原則「受容」は利用者に対すると同時にソーシャルワーカー自身に対しても言え，「あるがままの自分を受け入れる」という点では無条件の肯定的配慮（C.ロジャース）までつながる。

そして「性格」について，感情や価値基準と性格は互いに関係し合っている。これらを含めて「自分は一体どのような人間なのか？」と問うこと，つまり自己覚知とは，ある意味で自分自身のパーソナリティを理解することである。

〔性格とパーソナリティ〕

性格（キャラクター）も人格（パーソナリティ）も基本的には個人の一貫した物事の捉え方の特徴や行動様式を意味しているという点で共通している。しかし性格の場合は，遺伝や素質，生物学的基盤など生得的なものを仮定し重視しているので，固定的な意味合いが強い。それは character の語源が「刻みこまれた」を意味するギリシャ語の Karakter にあることによく表れている。

これに対して人格の場合は，ある程度固定的な部分をもって生まれてきながらも，発達過程における学習や環境の影響など変わる部分に注目する。それは personality の語源が「仮面」を意味するラテン語の persona にあり，さらに他人に示す見かけや役割などを表すようになっていった経過からも分かるだろう。このように人格とは発達（過去から現在）と，発達に伴う生活空間の広がりや人間関係の中で形成されるものであり，適応的な観点が含まれている。

また性格は評価的な側面が強いのに対して，人格にこの視点はない。私たち人間には必ず長所や短所というものがある。しかし，それは決して「良い悪い」の対象ではない。したがって本節では自己覚知の柔軟性──変化の可能性──を強調するために，性格を人格に置き換えて考えたい。ただ日本語の人格には「あの人は人格者だ」のように道徳的な価値が含まれているので，パーソナリティに統一する。

■自分のパーソナリティについて理解する

　自己覚知の——自分のパーソナリティについて理解する——方法の一つとして，本節では心理検査を通して知る方法について述べる。

　どの時点で，またどのレベルでなどによって変わってくるので，どんな方法を用いたとしても完全に理解することは絶対に不可能である。その中で，これまで多くの努力が重ねられてきた。その成果が心理検査である。また心理検査にはいくつか種類があるが，質問紙法の特徴は心という目に見えないものを数字に置き換えて客観的に判断するという点にある。エゴグラムはよく利用される質問紙法の一つであり，たとえば『新社会福祉援助技術演習』などで紹介されている。[(2)]

　① 交流分析とエゴグラム

　交流分析はアメリカの精神科医バーンによって創始された，対人関係の交流（コミュニケーション）様式を利用した心理療法であり，基本的には構造分析，交流パターン分析，ゲーム分析，脚本分析の順序で進められる。エゴグラムはその中の構造分析（アセスメント）で用いられる心理検査であり，5つの自我状態——CP：批判的親，NP：養育的親，A：成人，FC：自由な子ども，AC：順応した子ども——について明らかにしようとするものである。

　② 東大式エゴグラム

　エゴグラムにはいろいろな質問項目のものがあるが，標準化されており信頼性や妥当性も高いことなどから，本節では東大式エゴグラム（TEG）を中心に述べる。

　TEGの長所は，その明確さにある。5つの自我状態を示す尺度得点の高低を単独でみるだけではなく，尺度同士の関係をプロフィールパターンとして総合的に判断するので理解しやすい。各プロフィールパターンにユニークなネーミングが付いているので，それぞれの特徴をイメージとして捉えることができる。

　一番高い得点の尺度は，心の中でもっとも強いエネルギーをもつ自我状態を表している。それは自分の長所であると同時に，強すぎる場合は逆にマイナスに作用して短所となることもある。これに対して一番低い得点の尺度は，自分にとってエネルギーが足りない自我状態を表しており，その尺度に特徴的な言動が取りにくくなるなど弱点になることが多い。

　また現実の人間に長所と短所があるように，5つの自我状態にもそれぞれ長所と短所がある。TEGの解説書には，各尺度について高い場合と低い場合それぞれに対して肯定的・否定的両面から説明されている。

　それでは，具体的に自分のエゴグラムをどのように理解すれば良いのだろうか？　一番高い得点と低い得点を示した尺度や全体のプロフィールパターンについて，最近の日常生活から思い当たるような出来事がないかチェックしてみよう。そしてそれを文章にしてみよう。レポートとしてまとめるのも大切な作業である。

　ここでのポイントは，自分に対してプラス面とマイナス面の両方を含めた，全体とし

ての一人の人間という見方ができるかという点である。自己覚知は「自分の性格や価値観の偏りを知る」のようにマイナス面が強調されがちであるが，マイナス面だけでなくプラス面を含め理解することが大切である。これらは表裏一体（背中合わせ）であり，たとえば「物事を気にしすぎる」を「よく気が付く」に，「のろい」を「慎重」にというように見方を変えることは，別の視点から物事を捉え直すというリフレーミングにつながる。自分でも意外な面は頭の片隅に置いておく程度でよいだろう。心は全体で1つであり，部分的に受け入れたり否定するのは本来できない。どこかでつながっている。

　加えて，現実と理想や自己評価と他者からの評価（他者評価）のギャップからアプローチするというやり方もある。こうすることでエゴグラムの使い方もより幅が広がる。理想と現実や自己評価と他者評価のギャップについて，これらは若ければ若いほど大きくて当然である。確かにギャップは葛藤となるだろうが，互いに連続性がある（つながっている）という点でむしろ健康的な心の動きである。葛藤はパーソナリティとしての「まとまり」（一貫性や統合性）があるからこそ生じるものであり，むしろプラスに考えてほしい。

　③　被験者としての経験の重要性

　将来，ソーシャルワーカーとして簡単な心理検査をしなければならないこともあるかもしれない。それに備える意味でも，検査者となる前にまず被験者でなければ分からない不安や緊張などを経験しておくことは大切である。やり方によっては初対面の利用者の心の中に土足で入っていきかねない。そうならないためにも，一度エゴグラムに限らず何か心理検査を受けてみることを勧める。

■自分を知るということ

　哲学者ソクラテスの有名な言葉に「無知の知」がある。これに近い言葉として，黒川は自己覚知について「不完全な自己をよく知る」と述べている[3]。自己覚知は「これで完成！」というものではなく，一生続くものである。その中で自分を理解しようと積極的に努力する過程にこそ意味があるのであり，それは対人援助専門職者としてだけでなく，必ず個人としての人生にも反映されるだろう。

　また自分について知ることは，将来の自分がどのような仕事に就けば良いのかという職業選択にもかかわってくる。実習後に進路を変更することもあるだろう。その場合でも，実際に現場を経験して，はじめて自分がソーシャルワーカーに向いていないことが分かっただけでもプラスと考えてよいのではないだろうか。

　最後に，ある女子学生の言葉を紹介して，本節を終わりたい。「私は自分の嫌なところばかり気になって，気持ちがマイナスの方に行く傾向が強く，すぐ『どうせ私は誰々さんみたいにはうまく〇〇できない！』と，居直ったりあきらめてしまう」と言っていた。ところが自己覚知について勉強していくなかで，「自分の価値は誰かと比べて高いとか低いとかというものではない。これに気づいた時，自分もまだまだ捨てたものじゃ

ないと思った」。

注
(1) 『わが国の社会福祉教育，特にソーシャルワークにおける基本用語の統一・普及に関する研究報告書』社団法人日本社会福祉士養成校協会，2005年，15頁。
(2) 社会福祉教育方法・教材開発研究会編『新社会福祉援助技術演習』中央法規出版，2001年。
(3) 黒川昭登『臨床ケースワークの基礎理論』誠信書房，1985年，249頁。

参考文献
東京大学医学部心療内科編著『エゴグラム・パターン——TEG（東大式エゴグラム）第2版による性格分析』金子書房，1995年。

第3節　実習先との今後のつながり

　実習先と実習終了後もつながりをもつということは，学生が学校では習得できない支援や援助の実践の場である福祉現場と継続的に関係がもてるということである。

　具体的には，実習中だけでは達成できなかった課題や新たな課題についての実践に基づいて整理したり，学校以外の福祉関係者から指導や助言を受けることができたり，利用者とのかかわりができたりするなどである。

　また学生にとって，社会との接点でもあり，将来の就職先候補になるかもしれない。実習先とつながりをもつことは，学生であるあなたにとって日々の学習の良い刺激になるであろう。

　しかしながら，実習先との関係で念頭においておかなければならないのは，実習先はあなただけの実習先ではないということだ。一般的に学校の後輩や他の実習生も施設や機関で，恒常的に実習をしていることから，あなたの言動が今後，実習をする学校の後輩や他の実習生にも影響を与えることを認知しておくことが必要である。実習後も実習先と学校は実習を依頼する実習を承諾する関係が継続されることが多い。後輩のためにも，実習後も守るべきルールをしっかり押さえるように気を付けよう。

■実習後にも守るべきルール

　実習終了後に実習先とつながりをもつためには，どのようにすれば良いのか。注意できる点を紹介する。

① 実習最終日は，実習中に使用したロッカーや物品，制服，居室を清掃後，整理整頓しておく。

　実習担当者に依頼する書類，たとえば，実習生出席簿，実習日誌などが実習最終日に返却がまだであれば，返送を依頼するのか，学生が実習先に受け取りに行くのかを実習担当者と相談する。その際に実習時間が規定の時間以上になっているのかを実習担当者と確認する。

　実習最終日には以上のことを必ず済ませることと，職員や利用者に実習をさせていただいたことに対する御礼と挨拶をすることが，人と人とのつながりには基本であり，忘れてはいけない。

② 実習後の利用者とのつながりは，学生個人で判断をしない。基本的に利用者とのつながりは望ましくないとしている実習先が多いため，個人的に利用者からなんらかのかかわりを求められた場合，必ず実習先に報告し，判断を仰ぐようにしよう。

③ 実習終了後，実習施設・機関の長，ならびに実習担当者宛にすみやかにお礼状を書こう。少なくとも1週間以内にお礼状を出すのがお世話になった実習先への礼儀であろう。お礼状は型通りのお礼だけではなく，あなた自身の言葉で実習中に感じ

たことや利用者とのかかわりや職員にお世話になったことなど印象に残ったことを具体的に書くと実習先とそれに対してお返事がいただけることもあり，これがきっかけで交流が深まることもある。

　また，ボランティアや行事への参加を依頼する場合はその旨を，実習先への就職を希望する場合は，職員募集の情報を依頼する内容を付け加えて書いておくと良いだろう。

　年賀状，暑中見舞いなど時候の挨拶などをすることも交流の一環である。

④　実習終了後も事情が許せば，ボランティアなどの形で実習先施設・機関と接触をすることが望ましい。夏祭りや運動会などの行事に参加したりすることで，実習中は感じられなかったことや気づきがあるかもしれない。職員とも実習中の指導する指導されるという立場を離れて，福祉に携わる仲間として，かかわってくれるであろう。利用者も歓迎してくれるであろうし，利用者に対する理解も深まるであろう。

⑤　施設や機関の事情でアルバイトを依頼される場合もある。アルバイトを引き受けるか否かは学生の自由だが，アルバイトを引き受けた場合は，後輩や他の実習生への影響があるので，責任をもってアルバイトをしよう。その実習先で就職を希望する場合は，アルバイトが就職につながることもある。

　また，学生が実習先で継続的にボランティアやアルバイトをしていると，その学生の後輩が実習を依頼した場合，実習の受け入れがスムーズに進む場合もある。

⑥　実習終了後の施設とのつながりの中での注意点として，守秘義務があるということを肝に銘じておく。実習先でのさまざまな情報は絶対にもらさないということである。個人情報保護法も施行され，ますます，利用者や施設の情報の取り扱いに注意を払わなくてはならない。不用意に実習先の情報を話さないようにしよう。

■実習後にも交流をもつ意義

次に，実習終了後に実習先と交流をもつ意義についてみてみよう。

①　実習を終えて，実習前に作成した実習計画書の課題がどれぐらい達成されたのか，実習中に感じた新たな疑問や職員から指摘された実習における問題点を抽出し，それら課題や問題点などを整理し，文献等で調べて分析し，さらに実習指導教員から指導を受けるという一連の過程（プロセス）を経て課題や問題点の解決を思考し，ある1つの結論（一考察）まで導くことは，たいへん有意義であり，学校で学生が主体となってできることである。

　しかし，学校だけでは理論的な考察が中心になってしまう。実習先に連絡をし，この一連の考察を実習先に送付するか持参し，実習先の職員からの助言や指導を受けて，もし可能であれば再び利用者とかかわってみよう。

②　実習先で最後に反省会等をした場合も，実習後であっても反省会の内容によっては，実習先に承諾してもらえれば，実習後の問題点の指導を受けることができるで

あろう。
③ 実習終了後，実習以外の実践をすることも必要である。実習の課題とは異なる課題をもって，職員や利用者とかかわることは，異なる側面から支援をみることができるので新たな気づきがある。
④ 実習期間だけではなく，実習終了後も継続的に実習先とかかわることで，実習中には分からなかったところがみえてくる。
⑤ 実習先からすると，実習生という外部の人間が入るため，実習生の言動や考え方に刺激を受け，利用者に良い影響が現れたり，職員も普段気づかない点に気づくこともあり，実習先から継続的に来て下さいということもある。

とにかく，積極的に自分から実習終了後も実習先と交流をもつようにしよう。国家試験の受験の要件のためだけの実習ではない。実習先は，福祉の実践の場との接点をもったきっかけの場である。実習後に学生からよく聞くのは，実習で自分の勉強不足がよく分かった，当然に，知識として知っておかなければならないことを分かっていなくて恥ずかしかった，困ったということである。かつて実習先であった福祉の現場に行くと，職員の言葉から，利用者とのかかわりから，他にもさまざまなことから，何かしら新しい発見があったり，気づきがあったり，刺激があったりするはずである。それを日々の学習の励みに生かそうではないか。

第7章

福祉実習モデル

　本章では，福祉実習モデルの意義について概略し，各実習施設・機関における「福祉実習モデル」を提示する。ここでは種別ごとに福祉実習モデルの目的やねらいが述べられ，配属実習で必要な「福祉実習モデル」が実習前・実習前期・実習中期・実習後期に分けて具体的に提示されている。読んでおくべき推薦図書も挙げているので，事前学習に役立ててもらいたい。

第1節　福祉実習モデルの意味

■福祉実習モデルの意義

　社会福祉援助技術現場実習および精神保健福祉援助実習の配属実習は，社会福祉専門職の養成という視点で行われなければならない。そして，何を学ぶか，つまり目的を明確にすることが重要である。また，目的を達成するための方法が確立されていなければならない。配属実習は，社会福祉士，精神保健福祉士として利用者支援というフィールドに出る前のトレーニングの場である。配属実習でどのような知識，技術，価値を習得できたかが，社会福祉専門職としてフィールドに立った時に大きな影響を及ぼす。そこで配属実習で何をどのように学ぶべきかについて，実習施設・機関と関西福祉科学大学とが共同で考案した。それが福祉実習モデルである（以下，実習モデルとする）。

　なぜ実習施設・機関と共同で取り組んだかというと，実習教育は養成校と施設・機関が共同で行うからである。配属実習は施設・機関といったフィールドで行われるが，配属実習中も養成校の実習指導教員は巡回指導等により実習生の指導にあたり，必要に応じて施設・機関の実習担当者と連絡を取り合う。また，配属実習に向けての準備状況が配属実習中の取り組みにも影響を与えることから，事前準備は重要である。実習生が自主的に事前学習に取り組むことは言うまでもないが，養成校も責任をもって実習生の準備状況を把握し，配属実習に送り出さなければならない。施設・機関の実習担当者から，実習生や養成校に対して事前準備に要望が出されることもある。配属実習後は実習生が配属実習で学んで感じとってきたさまざまなことをもとに，さらに深く学んでいく時期であり，配属実習中に受けた実習施設・機関の実習担当者のアドバイスを思い出しつつ，養成校の実習指導教員のアドバイスを受けながら，実習のまとめを行う。

　以上のように，実習教育は実習施設・機関と養成校との連携のもとに行われる必要があることから，実習教育のあり方についても実習施設・機関と養成校が共に議論を深めていくことに重要な意味がある。そして，このような議論の結実としての福祉実習モデルは，実習施設・機関および養成校両者にとって，有効な実習教育のあり方を示す一つのツールと言えよう。

■福祉実習モデルの作成過程

　実習モデルの作成にあたり，最初に取り組んだことは，実習生が学ぶべき内容と実習施設・機関や養成校が指導するべき内容を明らかにすることであった。そのため社団法人日本社会福祉士養成校協会や社団法人日本社会福祉教育学校連盟が調査などから示している内容や，モデル研究会がこれまで行った実習施設・機関への調査結果をもとに，以下の8項目を実習課題として設定し，この項目を基本に各種別における実習課題の設定および実習内容の検討を行った。

- 利用者の理解
- 施設・機関の理解
- 職種の理解
- 対利用者援助技術
- 対スタッフ連携技術
- 職業倫理・自己覚知
- 実習態度
- （現場）実習担当者からの指導

　これまでの学生の実習をふりかえりつつ文献等を参考にしながら，上記8項目について実習内容を抽出した。さらにその作業では抽出されなかったが，最低限学ぶ必要があると考えられる内容を加えた。各種別ごと，次の6点を確認しながら作成に取り組んだ。

①　社会福祉士・精神保健福祉士の実習としての明確性

　施設では，保育士や介護福祉士の実習も受け入れているところが多い。社会福祉士実習および精神保健福祉士実習は保育士実習や介護福祉士実習と何が違うのか，つまり，社会福祉士および精神保健福祉士の業務と保育士や介護福祉士の業務の違いを明確に認識しておく必要がある。それぞれ専門職として求められる役割が異なるから，実習でも学ぶべきことが異なるということである。

②　実践可能なモデルの作成

　実習モデルを作成しても，それが施設・機関で実施不可能なものでは意味がない。一目みただけで「これはできない」と判断されてしまっては話が先に進まない。全部は難しいにしても，一部可能ということもありえよう。そこで，実習モデルの実施の目安として，各プログラムを「基本的に達成するべき項目」「達成することが望ましい項目」「できれば達成に努力する項目」の3段階で示した（表中それぞれ◎，○，△で表示）。「『基本的に達成するべき項目』だけなら」「『達成することが望ましい項目』までなら」あるいは「…という項目なら」と，実際に実施できるようなモデルにしてこそ，検証が可能であり，検証を経た修正が可能であり，より良い実習へとつながるのである。

③　事前・事後学習のあり方の検討

　実習は施設・機関での配属実習中だけがすべてではない。実習を行うにあたっての準備が必要であるし，終わってからのまとめも重要である。そこで，実習モデルに「実習前」と「実習後」の欄を設けた。これにより，一連の流れの下で実習に取り組むことができるようになっている。

④　大学と実習施設・機関との連携の重要性（三者面談の実施）

　配属実習は施設・機関で行われるが，施設・機関にすべてお任せというわけにはいかない。先述のとおり，実習は施設・機関と養成校とが共同で行うものである。養成校は配属実習中も必要に応じて実習生に対し指導を行い，巡回の際には実習施設・機関の実習担当者，養成校の実習指導教員，実習生の三者が顔を合わせ，これまでの実習の評価

を行い，これからの実習について話し合うことが重要である。三者面談は巡回時のみならず，可能であればオリエンテーション時にも行う。通常オリエンテーションは実習施設・機関の実習担当者と実習生の二者で行われるが，実習指導教員が入ることで，実習生が説明しきれない実習に対する想いを補足することができるし，養成校としての実習に対する考え方や教育方針等を伝えることができるからである。

⑤　施設・機関の職員にとっての実習の意義

施設・機関にとって，実習を受け入れる意義を感じることができないと，実習指導は負担にしかならない。ゆくゆくは自分の施設・機関あるいは福祉の現場で利用者支援にあたることになる人材を指導するといった後進の育成や，実習生という第三者の目が入ることで職員が日々の業務内容を改めて点検することができる，といった意義が見出せるだろう。そのためには実習生が目的と問題意識をもって取り組むことが必要である。何をしに来たのか分からず，言われたことをただこなしているだけの実習生に対し，「きめ細かく指導しよう」とは思えないだろうし，後進として歓迎したい気持ちにもなれないだろう。

⑥　実習内容の取り組みの整理

実習ではさまざまなプログラムがあるが，その一つひとつに意味があるということを明確に示すために，実習モデルでは「ねらい」と「具体的内容」を記している。こうすることで，「何のためにするのか（＝ねらい）」が分かりやすく，施設・機関の実習担当者にとってねらいを達成するための方法を，具体的内容欄を参考にしながら取り組めるのではないかと考える。また，この具体的内容欄は，1つのプログラムについて複数示していることがあり，「Aという方法は難しいがBという方法なら可能である」というように考えることができる。

■福祉実習モデルの到達点

実習モデルは，社会福祉士および精神保健福祉士といった専門職を育てるという観点から作成されたものである。実習モデルにさまざまなプログラムが盛り込まれているが，最終的な課題は「支援計画の作成」である。利用者支援は支援にかかわる専門職等が各自の思いつきで行うものではない。利用者の状況やニーズを明らかにした上で，ニーズへの対応方法について，計画を作成して支援にあたらなければならない。そこで，実習においても，支援計画の作成に関する知識および技術を少しでも身に付けるべく，支援計画の作成に取り組むこととした。支援計画の作成に向けて，実習生は1つのケースを深く追求していくことになる。利用者理解のために，普段のコミュニケーションも重要であり，コミュニケーション技術の習得に努めなければならない。そして自分なりに利用者の状況やニーズ等アセスメントを行い，支援計画の作成へとつなげていく。もちろん実習生であり，大学の授業で事例を用いて行った経験があるにしても，アセスメントや支援計画の中身は不十分なものであろう。しかし，実習生は最初から高度なものにす

ることを目指すのではなく，今自分がもっている知識や技術を確認しながら，できる範囲で取り組めばよい。何においてもまず実際に行ってみなければ，今もっている自分の力も把握できないし，今後の課題も見出すことはできない。不足している知識や技術は今後補っていけばよいのである。

■種別間の共通事項

　種別間で共通していることは，まず時期の分け方である。実習前，実習中（前期・中期・後期），実習後と，時間の流れに沿って学習内容を示した。なお，実習中のプログラムについては実習施設・機関や実習時期によって前後するものと考えられ，柔軟に捉えられるものである。

　次に「プログラム」「ねらい」「具体的内容」と分けて組み立てられていることが挙げられる。一つひとつのプログラムにはねらいがあり，ねらいを達成するためには具体的方法が必要だからである。

　実習前と実習後の内容も共通したものがある。事前学習は，種別の特性をふまえて若干文言や項目が異なっているが，実習施設・機関に関連する法制度等基本的知識や利用者支援に関する基本的知識を習得すること，実習のテーマや課題を明確にすること，実習生として求められるマナーを身に付けることなど，実習生が実習に臨むにあたり最低限必要なことが提示されている。事前オリエンテーションの内容もほぼ同じになっている。また，実習後の内容は統一されており，「課題達成度の点検」と「実習体験の言語化」をねらいに，「実習先からの評価を踏まえて実習全体をふりかえり，実習指導教員と話し合う」「実習の成果について検討し，今後の課題について確認する」「自己の成長と自己覚知について検証する」「実習ノートを見直し，実習報告書を作成する」「実習報告会で，自分の実習体験を報告し，他者の報告を聞くことにより，自分の実習内容を多面的に理解する」の5つを具体的内容に挙げている。実習中は種別独自の内容がほとんどである。

　「具体的内容」欄には，一つひとつの項目に◎，○，△のいずれかが付いている。◎は「基本的に達成するべき項目」，○は「達成することが望ましい項目」，△は「できれば達成に努力する項目」を意味している。実習モデルを実施する際の目安として参考にすることができる。

　以上のように，実習モデルは実習の目的と方法をシステマティックに提示し，実習施設・機関の実態に即したミニマムスタンダードである。

　8種別の施設・機関の実習モデルを次節で紹介するが，実習モデルは施設・機関の現状と合っていなければならず，社会福祉の法制度や社会情勢の変化に伴い，実習モデルを見直す必要性が出てくるため，今後修正の可能性があることを断っておく。

第2節　種別ごとにみる福祉実習モデル

1　福祉事務所

■福祉実習モデルの目的・ねらい

　福祉事務所とは，社会福祉法第14条に規定されている「福祉に関する事務所」のことで，福祉六法（生活保護法，児童福祉法，母子及び寡婦福祉法，老人福祉法，身体障害者福祉法，知的障害者福祉法）に定める援護，育成または更生の措置に関する事務をもっとも効果的に運営するために設けられた第一線の社会福祉行政機関である。また必要に応じて民生・児童委員に関する事項や，災害救助等幅広く福祉全般にわたる事務も司どっている。都道府県および市（特別区を含む）は設置が義務づけられており，町村は任意で設置することができる。1993年4月には，老人および身体障害者分野での施設入所措置事務等が都道府県から市町村へ移譲され，また，2003年4月には，知的障害者福祉等に関する事務が市町村に移譲されたことから都道府県福祉事務所の業務は，従来の福祉六法から福祉三法（生活保護法，児童福祉法，母子及び寡婦福祉法）を所管することに改められた。最近では，保健や医療の分野と福祉の連携が必要であるとして，医療・保健部門と統合して「保健福祉センター」「健康福祉センター」といった総合窓口として設置している自治体が増えつつある。

　福祉事務所の総数は1,242か所，その内訳は都道府県の設置するもの226か所，市の設置するもの989か所，町村の設置するもの5か所となっている。[1]

　福祉事務所には，所長のほか査察指導員，現業員，身体障害者福祉司，知的障害者福祉司，老人福祉指導主事等の職員が配置されている。なかでも生活保護制度については，保護の決定及び実施に関する事務を保護の実施機関である国から委任されており，その職務にあたるものは，社会福祉主事任用資格保有者をもってあてるべきことが法定されている。福祉事務所の主たる業務である対人援助サービスを確保するためには有資格者の確保充実が重要になる。しかし現状は生活保護における有資格者の割合は現業員で74.2%，査察指導員で74.6%にとどまっている。[2]

　このように福祉事務所では，効率が優先し専門性が軽視されている傾向がある。現場職員は福祉需用の増大により多忙を極めているのが福祉事務所の現実である。このような状況で，社会福祉援助技術現場実習は熱意ある職員によって支えられている。配属実習を受け入れるため，社会福祉士等専門職の実習担当者を配置している機関は皆無に近く，主に現場のベテラン職員が実習指導を担当している。実習内容についてもそれぞれの福祉事務所が作成したカリキュラムに従い配属実習を消化しているのが現状である。

　福祉事務所の実習を希望する学生は「福祉行政全般を見たい」ということを理由に挙げる学生が多い。現に実習内容は，生活保護，障害者，高齢者，児童を担当する各課を

回り，行政全般を短期間ずつ経験するというのが一般的であり，学生の望むところと一致しているともいえる。

また，多くの福祉事務所では事例記録の閲覧が許され，職員の家庭訪問に同行し，面接の場にも同席するなど，実際業務を体験させてもらえる。その意欲があれば，一人の利用者やその家族の全体像を理解でき，支援のあり方を長い時間軸の中で把握できる機会が与えられる。

ここで提示する実習プログラムは，180時間の実習において，前半で福祉事務所全般の業務を把握した上で，後半は生活保護業務に焦点をあてて実習を行うものである。福祉事務所の業務の中核は生活保護といってよく，生活保護業務の実習においては，被保護者の受理から自立にいたる支援のプロセスを学び，ソーシャルワークの実際の場面をみることができる。そこで知識・技術を学び信頼関係の築き方を学ぶことが目標である。また，被保護者が多様な問題を抱えていること，そのため関連分野の多様な知識が必要であることから，他機関・他職種との連携の実際を体験することも大きなねらいである。

■福祉実習モデルの提示

全モデルに共通していることであるが福祉事務所実習モデルも，図表7-1にみられるように実習内容は3段階に分けられ，①どこの福祉事務所においても達成されるべき基本的な実習項目（◎）と，②事情により達成できない場合もあるが達成する方が望ましい項目（○）と，③困難かもしれないができれば達成できるよう努力する項目（△）とから成り立っている。また，時期的には実習前・実習中・実習後に区分され，実習中はさらに前期・中期・後期に分けられる。実習前と実習後はすべての実習内容が基本的な達成項目である。実習中については基本的な達成項目がもっとも多いものの，現場の事情がさまざまであるところから，達成が望ましい項目とできれば達成に努力する項目が合わせて5割弱を占めている。

まず実習前に行う事前学習であるが，ここでのポイントは，福祉事務所の業務について根拠法令等を調べ学習しておくことと，実習先の自治体の概要について把握することである。

関連する法律としては福祉六法のほかに，社会福祉法，障害者自立支援法，精神保健及び精神障害者福祉に関する法律（精神保健福祉法），介護保険法を知っておくことが必須である。福祉事務所業務は法律に基づいて一つひとつの業務が行われており，実習中に，その業務がどの法律のどの項目にあたるかの説明を受けることがよくあり，事前学習が不足であると，それが理解できないことになる。

また，その自治体の施策やサービスの現状を知り，その背景となる人口動態や産業特性，住民意識を理解することが重要である。行政が何を重点に施策を行っているか，何が課題か，どのような福祉サービス機関が整備されているか等をあらかじめ知っておくことで，実習中にその自治体の福祉行政を深く学ぶことができる。自治体の概要を知

図表7-1　社会福祉士実習モデル《福祉事務所》

時期	プログラム	ねらい	具体的内容	備考
実習前	事前学習	福祉事務所の業務の根拠となる法律の理解	◎関連する法律の概要について理解する	社会福祉法，福祉六法，障害者自立支援法，精神保健福祉法，介護保険法
		自治体の特徴の理解	◎自治体の施策，サービスの現状やその背景となる特徴を理解する	人口動態，産業特性，行政の重点施策，住民意識，福祉サービス機関，施設，その他の関係機関・団体
		利用者支援に関する基本的知識および技術の習得	◎援助技術関連科目の復習をする ◎ソーシャルワークの価値について理解する ◎ソーシャルワーカーの職業倫理・守秘義務について理解する ◎権利擁護について学ぶ ◎実習日誌や面接記録など，記録のとり方について学ぶ	特に面接技法について
		実習のテーマ・課題の明確化 実習に臨むにあたっての基本的姿勢・態度の涵養	◎実習計画書を作成する ◎目標や課題を明確にし，実習の心構えをもつ ◎実習生として求められるマナーを身に付ける（挨拶，服装，言葉遣い，時間厳守）	
	事前オリエンテーション	実習目的の明確化・共有化 機関概要及び運営方針の把握	◎実習計画書を検討する ◎実習プログラムについて検討する ◎機関の概要・運営方針の説明を受ける	実習機関の指導者と実習生の二者で行う 可能であれば実習指導教員が参加 学生の希望や準備状況を考慮して決定 受け入れ機関の業務に支障のないよう配慮
実習前期	オリエンテーション	福祉事務所の概要の理解	○組織や職員の業務，執務規則などを学ぶ	例規集を参考にする
		実習生として守るべき事項の理解 実習中の留意事項の把握	○実習指導体制および実習生の心構えや留意事項について学ぶ	毎日の指導者とのミーティングや実習日誌の提出，実習生の規則，手続き，マナー
	講義	自治体および行政についての学習	○自治体の組織機構，財政状況，自治体の福祉施策の特徴を学ぶ	
		福祉関連プランについての理解	○老人保健福祉計画，障害者計画，エンゼルプラン，地域福祉計画を学ぶ	
		社会福祉法，福祉六法関連の業務の理解	○各課の業務の内容と職員の業務の実際を学ぶ ○職員の職種，資格，業務について知る ○利用者の持つ問題の全容を統計的に把握するとともにその実際について知る 　生活保護 　障害者福祉，老人福祉 　児童福祉，母子および寡婦福祉 　民生委員・主任児童委員	福祉の資格制度について目的・意義等を学習しておく
	巡回指導（以後随時）	課題達成度の確認 実習計画の再検討・軌道修正 実習態度の評価	◎課題の達成度について話し合う ◎必要に応じて実習計画書の見直しを行う ◎三者のそれぞれの評価をふまえ，今後の実習のあり方を検討する	実習施設の実習担当者，実習指導教員，実習生の三者で行う 積極性，対人態度，身体的・心理的問題の有無
実習中期	職員の業務に同行し，あるいは関連施設を見学	社会福祉法，福祉六法関連の業務の実際について把握	○老人福祉施設見学 △介護保険調査に同行 △介護認定審査会に参加 ○障害施設見学 ○障害程度区分認定調査に同行 ○家庭児童相談室，子育て施設の見学	施設等の職員の業種および資格について学習しておく
	地域の連絡会議に出席	地域の連携のあり方について学習	△地域の連絡会議に出席 △ケアマネジメントの意義を学び，ケアプラン作成会議に出席	機関連携の会議がどのようなメンバーで構成されているのか把握しておく
	生活保護業務の実際を体験	市民からの相談とその対応についての理解	◎ケース記録やその他の資料を読む	これ以後は特定の指導者による継続的な指導を受ける
		生活保護を適用し自立を支援する過程の理解	△職員の業務に同席し，あるいは指導を受けながら実際に業務を行う	
		援助技術の習得		

152

実習後期		社会資源の活用の理解 所内の連携や関連機関団体との連携について把握	
		受理相談の方法の理解 記録の書き方の習得 保護決定の過程の理解	△受理相談に同席する △面接記録を作成する ◎保護決定に必要な手続き書類や資料を読む
		保護費支給の実際を把握 家庭訪問の方法の理解 自立支援の方法の理解 入所者・入院者の生活実態及び、その中でのニードの理解	◎保護費支給の実際を学ぶ ◎家庭訪問に同行し、面接に立ち会う ◎訪問記録を作成する ◎被保護者の利用施設・医療機関の訪問に同行し、面接に立ち会う ◎訪問記録を作成する
		支援計画の作成 スーパービジョンについての理解 所内のケースカンファレンスについての理解 地域の連携の把握	△特定の事例について集中的に学び、主体的に支援計画を立てる △事例についてスーパービジョンを受ける ◎事例についてのケースカンファレンスに出席する ◎ケースを通して具体的な連携を学ぶ
	実習のまとめ	実習の最後のふりかえり	◎実習の自己評価を行い、指導者の講評を受ける
実習後	事後学習	課題達成度の点検	◎実習先からの評価を踏まえて実習全体をふりかえり、実習指導教員と話し合う ◎実習の成果について検討し、今後の課題について確認する
		実習体験の言語化	◎自己の成長と自己覚知について検証する ◎実習ノートを見直し、実習報告書を作成する ◎実習報告会で、自分の実習体験を報告し、他者の報告を聞くことにより、自分の実習内容を多面的に理解する

(注) ◎:基本的に達成するべき項目, ○:達成することが望ましい項目, △:できれば達成に努力する項目

　手立てとしては，実習先の自治体発行のパンフレットや統計資料を集めることが役立つと思われる。またホームページ等で検索すれば意外と簡単に入手することも可能である。

　実習にあたっての基本的態度・マナーや基本的スキルを学ぶことは他の領域とも共通しており，実習の前提条件となるものである。実習計画作成は第4章第5節を参照されたい。実習生としては，実習前の期待と不安が交錯するものであるが，準備だけはきっちりしておきたい。

　次に実習先，養成校，実習生の三者面談による実習プログラムの作成である。ここで，実習生は自らの実習計画における実習テーマ，具体的達成課題について説明し，実習プログラムへの希望を述べることが必要である。学校の実習指導教員が参加した三者面談では，実習生の希望や期待を伝えやすく，それによって実習担当者や実習指導教員も実習生の考えやモチベーションを知ることができる。受け入れ機関の事情に応じてすべてが実現できるとは限らないが，学生の希望や準備状況に応じて，プログラムが作成される。

　この打ち合わせは実習生と実習担当者とのはじめての面談でもあり，最初の印象が今後の実習の成否を分けることもあるので，学生が主体的に実習に取り組む姿勢を示すことが重要である。

　つづいて，いよいよ福祉現場での配属実習となるわけであるが，前期において主に学ぶべきものは講義形式による福祉事務所の概要である。事前学習で修得した知識はある

ものの実際現場での組織や職員の業務を目の当たりにすることで，福祉事務所の役割，現業サービス機関としての位置づけなどをより深く学ぶことができる。

　自治体により組織機構は異なるので，実習先の組織の特色を理解し，各課の業務の内容，職員の業務の実際について学ぶ。職員の職種，資格についても理解しなければならない。

　ここで改めて，いつ，どの部署で，どの職員の指導を受けるかを理解し，組織の中での実習生の心構えや身の処し方，その他の留意事項を学ぶ。

　また，老人保健福祉計画，障害者計画，子ども関連の計画，地域福祉計画を学ぶことができれば，その自治体の福祉施策の特徴を把握することができる。

　中期に入ると福祉六法関連職員の業務に同行したり，関連施設の見学や場合によっては事務補助を経験することで実務を学ぶ。老人福祉施設や障害（児）者施設の見学は福祉事務所実習には組み込まれることが多い。障害程度区分や要介護度の認定調査に同行することは，難しいことが多いようである。障害程度区分認定審査会や介護認定審査会への出席も，できないことも多いが認められれば得がたい機会である。地域で開催される関係機関との連絡会議にも出席できることがあり，関係機関や関連専門職員との連携協力のあり方を学ぶことができる。

　適宜，実習指導教員の巡回指導があり，三者面談の中で実習の達成状況を確認し計画変更の必要性や残る課題について検討する。当初の実習計画が達成不可能で，現実の状況に合わせて実習計画の見直しを行うことは，まれなことではない。実習生の心身の問題や予想外の困難が発見され，その対処が必要となることもある。三者面談だけでなく，実習指導教員と実習生との面談の場を設けることも必要である。実習生が帰校して実習指導教員の実習指導を受けられる場合には，個別指導のみでなく，他の学生との分かち合いが実習成果の確認に有効である。

　後期に入ると，生活保護業務の実際を学ぶ段階になる。できれば特定の職員に継続的に指導を受けられるのが望ましいが，福祉事務所の現状では難しいことも多く，何人かの職員に順に指導を受ける。

　市民からの一般相談，生活保護の受理からはじまり，生活保護が適用される手続き，生活保護受給者の自立への支援までのプロセスを学ぶ。ここでは利用者のプライバシー保護が重要であり，すべての過程にかかわることができるとは限らない。利用者の同意を得て，家庭訪問や入所・入院している人の訪問に同行できることは多い。その場合は訪問記録を書き，指導を受けることができれば，有意義な実習である。また，利用者との面接を許され，ケースワーカーの指導のもとに，学生が利用者とのコミュニケーションの実際を体験することも少なくない。学校で学んだ面接技術の応用が試され，その難しさを実感することができる。

　このように，この期間は福祉事務所のケースワーカー（現業員）がどのように利用者と信頼関係を結び，どのような面接を行い，どのように社会資源の利用を支援している

かなどを実際に即して学べる，とりわけ実り多い時期である。

　さらに進んで特定の事例について集中的に学習して，ケースワーカーとして，その人をどのように支援するべきかについてレポートをまとめることもある。これは，できれば達成のために努力する項目になっており，いつの場合にも可能なことではない。しかし，未熟な段階であれ，事例について独力で支援計画を立てる試みはできればチャレンジしたい項目である。ある福祉事務所では，このような実習生の事例研究の発表会を設けており，学生は緊張感をもって準備し，大きな達成感を得ることができるようである。

　生活保護ケースは多様な問題を抱えているのが普通であり，職員と共に関連する他機関・他職種との連絡，打ち合わせ，事例検討などの場に同席することも多い。このようにして具体的な事例を通して連携の実際を学ぶことができる。

　実習の終わりには，実習のまとめを行い実習担当者の講評を受ける。実習終了後は，実習指導教員による個別・集団での指導を受ける。そこでは学生は実習成果について自己評価を行い，実習先での評価および実習指導教員の評価を照らし合わせる。実習で得たことを点検し，今後，何を学習するべきか，福祉専門職を目指す上での課題とその達成方法を考える。将来の進路についての確認も行いたい。

■福祉実習モデルの作成経過

　モデル研究会では，福祉専門職が現場実習で共通に習得するべき項目は何か，実習施設・機関の種別ごとに習得する項目は何かを検討して実習モデル案を練り上げてきた。そのなかで，これまで行われた実習の実例や福祉事務所の置かれている現実条件および職員の執務状況等を考え合わせ，ここにあげた生活保護業務を中心に据えた実習モデルを作成した。

　すでに述べたように，福祉事務所での実習は各課を一定期間ずつ回り，その業務を経験する実習も多い。これは多忙な職員の負担が偏らないようにする現場の配慮であろう。しかし，ここでは半分を福祉事務所全体の業務にあて，残り半分を生活保護業務の実習にあてている。

　生活保護業務では，受理から自立支援にいたるまでのプロセスで実際に多くの業務に立ち会うことができ，実習生自身が具体的に業務を体験できる。それらの項目をすべて列挙して実習モデル案を作成し，現場で実際に試行を行い，修正を加えることにした。

　また，実習先へのアンケート調査でも各項目の実施の困難度を調べた。それらを総合して，項目の段階づけを行い，基本的に達成するべき項目，達成することが望ましい項目，できれば達成に努力する項目に分けて，最終的にこのモデルができあがった。

　このモデルでは，もっとも望ましい到達点は，特定の事例を集中的に学び，学生が支援計画を立て，実習担当者のスーパーバイズを受けることである。そこにいたるまでに，福祉事務所全体の業務を知り，生活保護業務を体験することが必要である。ところが，このモデルの現場での試行，検証やアンケート調査の結果から，この項目はできれば達

成に努力する項目となっている。

　このモデルは実施可能なものであることを目指しており，現場の事情に応じて柔軟に応用できることが必要である。したがってどの福祉事務所でも採用しやすい内容になっているが，配属先の条件が許すなら，学生は事例を深く学ぶ実習にチャレンジすることをすすめたい。

■推薦図書

岡部卓『福祉事務所ソーシャルワーカー必携――生活保護における社会福祉実践』全国社会福祉協議会，2005年
　　――本書は理論編で生活保護における社会福祉実践の理論的枠組みの提示，生活保護の決定・実施プロセスの各段階における留意点を述べている。実践編は各世帯類型ごとに事例検討を行い利用者世帯の生活問題や課題について述べている。実務者，福祉系学生に好適書。

宇山勝儀編著『福祉事務所運営論』ミネルヴァ書房，2005年
　　――福祉事務所の成立過程から，現状，そして今後の課題にいたるまで述べられている。福祉事務所の専門職種と主要業務及び資格について理解しやすく説明がなされている。

厚生統計協会編『国民の福祉の動向』厚生統計協会（各年版）
　　――社会福祉の背景に関する記述や社会福祉の範囲と課題，それから社会福祉の現状について詳しく述べられている。福祉各法の施策や統計資料が網羅されており，わが国の社会福祉の現状を理解するのに便利である。また社会福祉士受験対策のテキストとしても最適である。

杉本正・道中隆編著『生活保護制度の基礎知識』小林出版，2006年
　　――福祉事務所での実習では生活保護制度を理解することが重要であり，著者は福祉事務所での長年にわたる豊富な経験をもとに，実践を通して生活保護制度のすべての内容を盛り込み分かりやすいものになっている。

道中隆『ケースワーカーのための面接必携』小林出版，2006年
　　――福祉事務所のケースワーカーに必要とされるコミュニケーション能力，知識，技術，気を付けなければいけない援助技術のスキルアップのためのテキスト。豊富な事例が掲載され，事例検討の参考となる。

注
(1) 厚生労働省社会・援護局総務課「福祉事務所現況調査結果」平成21年10月。
(2) (1)に同じ。

2　児童相談所

■福祉実習モデルの目的・ねらい

「児童相談所で実習したい」。児童福祉に強い関心のある人の児童相談所での実習希望は多い。しかし都道府県，政令市の児童相談所の数が限られ，各所の学生を受け入れる容量は少なく，実習の希望が叶うのは限られた人たちである。また，通常は2週間の短期間の実習である。このような状況の中，せっかく得た機会を生きた学びの場にしてほしい。そのためには，はっきりとした目的意識や具体的なプランが必要になる。この2週間でたくさんの「学び」を得るか否かは自分自身にかかっている。その「学び」を得るためいくつかのヒントをここで紹介したい。

児童相談所での実習はいうまでもなく，児童福祉のソーシャルワークを実地に学ぶことである。「子どもが幸せになるためにどのような支援が必要なのか」という大きな「問い」を自分でもち，これまで学校で得た知識や自分自身の体験と重ねて，実際のソーシャルワークを体感する機会である。

児童相談所は都道府県によっては子ども家庭センター，子どもセンターなどの名称でも呼ばれており，子どもの福祉を守る第一線機関である。今日では虐待を扱う専門機関のような印象をもたれているが，実際には児童福祉に関するほぼすべての領域をカバーする行政機関であり，一般的な子育て相談から，虐待，障害児の相談，不登校相談，非行相談，性格行動相談，子どもを育てられないなどの養護相談など守備範囲は多岐広範にわたる。必要とされる知識量もあまりに多く，実習前に自分は何をどう準備すればいいか戸惑う人も多い。また，同じ児童相談所でも配属される実習の担当セクションによってもその業務の内容も大きく違い，実習内容も変わるため，「行ってみるまではなんだかよく分からない」という状態で実習に臨んでしまうことが懸念される。

しかし，どのセクションに行っても実習の目的は1つ，「困難な状況にある子どもの福祉を守るための支援とは何か？」を自分なりにつかむことである。その目的を掴むための必要な作業過程の一例を福祉実習モデルに示した（図表7-2参照）。

■福祉実習モデルの提示

このモデル（図表7-2参照）は，原則として実習期間中を通して，1人の実習生に1人の実習担当者が付き，実習生は実習担当者の日常業務に随伴し，児童福祉司の役割と仕事の内容を体験的に学習することを前提としている。実際には児童福祉司に一般行政職をあてている自治体もあり，必要とされる高い専門性については課題がある。また，実習生の受け入れ体制についても自治体による格差が大きく，各自治体ごとの差異をふまえた上で，ミニマムスタンダードの構成を試みたのがこの実習モデルである。このモデルは，どの児童相談所に行ったとしても自分が主体的に学ぶ気持ちで行動（実習）できることを念頭において構成している。

図表7-2　社会福祉士実習モデル《児童相談所》

時期	プログラム	ねらい	具体的内容	備考
実習前	＜事前学習＞	児童福祉に関する基本的知識の習得	◯関連する法制度に関する基本的知識を習得する	事前学習の成果をレポートにまとめ，実習施設に事前に送付するか，オリエンテーションに持参する
		施設の概要及び施設に関する基本的知識の習得	◯児童相談所に関する基本的知識を習得する	
		職員の職種及び業務内容の把握	◯職員や業務内容について理解する	
		社会資源の把握	△地域における関連施設・機関やボランティアを把握する	
		利用者支援に関する基本的知識及び技術の習得	◯援助技術関連科目の復習をする	特に面接技法について
			◯ソーシャルワーカーの価値・職業倫理・守秘義務について理解する	
			◯権利擁護について学ぶ	
			◯ソーシャルワークに関する基本的知識および技術を習得する	
			◯実習日誌や面接記録など，記録のとり方について学ぶ	
		実習のテーマ・課題の明確化	◯実習計画書を作成する	
		実習に臨むに当たっての基本的姿勢・態度の涵養	◯目標や課題を明確にし，実習の心構えを持つ	
			◯実習生として求められるマナーを身につける（挨拶，服装，言葉遣い，時間厳守など）	
	事前オリエンテーション	実習目的の明確化・共有化	◯実習計画書を検討する	実習機関の実習担当者と実習生の二者で行う。可能であれば実習指導教員も含め三者で
		機関の概要及び運営方針の把握	◯機関の概要・運営方針の説明を受ける	
		実習中の留意事項の把握	◯実習に当たっての留意事項の説明を受ける	
実習初日	＜オリエンテーション＞	児童相談所の概要，機能の理解	◯児童相談所の概要について説明を受ける・実習に当たっての基本的留意事項の説明	可能であれば，他の課等での配属の実習生と相互交流の中で問題意識を高める
		実習生の実習内容理解	・児童相談所業務の理解	
		実習生としての自覚の涵養	(1)相談業務の概要	
			(2)相談の展開過程の実際	
			(3)一時保護所の機能	
	グループ討議	上記の内容の共有と深め	◯グループ討議を通して，自分の問題意識と理解を相互交流する	
実習前期〜中期	＜配属実習初期＞	配属児童相談所で，業務の実際をより具体的に理解：相談業務の住民サービス業であることの理解	◯児童相談所の相談業務の実際を理解する	
	実習担当者の指導	実習生として，社会福祉の実践者としての基本的な態度の涵養	◯配属児童相談所の機能を理解する	
		①実習担当者や配属課員，他の職員の役割や動きの観察と理解	◯ケース記録によるケース理解と援助経過のシミュレーションを試みる	
			◯地域資源との連携の実際を把握する	
		②積極性と状況判断能力，指導者の指示にしたがい，自らの行動への責任を自覚	◯地域のネットワークでの位置付けを理解する（管内自治体の児童福祉課との関係や地域連絡会議等出席）	
			◯児童相談所内部での種々のつながりと流れを把握する（所属外の課の理解／一時保護所の見学等）	
		③実習担当者・職員・クライエント等，接する人びとと速やかに良好な人間関係を作る試み	◯相談受理・判定・処遇会議へ同席する（全体的なアセスメント過程を学ぶ）	
		④守秘義務への配慮	◯記録を取りスーパービジョンを受ける	
		実習生として実習中にできそうなことを考察	◯例えば同席面接等で多少とも関わった事例の記録を児童相談所の様式で記録してみる	
			◯日誌：一日の出来事・観察したこと・考えたこと・疑問と質問を整理する	
			◯スーパービジョンを受ける：積極的に質問する	
	巡回指導（以後随時）	・中間評価とモニタリング	◯中間評価←実習指導教員と学生の面接による自己評価←実習担当者を含めた三者面談	
		①学校と児童相談所の実習生についてのコミュニケーションを深める	◯これまでの実習期間のまとめと評価	
		②実習生がこれまでの実習体験を整理，より深い理解を可能とする	◯残された実習期間でのより現実的で達成可能な実習課題の確認	
		③残された実習期間での課題達成	◯三者，あるいは，何らかのコミュニケーション，関係の調整	
	実習指導教員に	学生のベンチレーション	◯実習担当者からのフィードバックを受け	

158

	よる指導	－円滑に実習が行われていることの確認	る －実習態度や記録等についての指導，助言 －学生からの質問 －学生の理解や課題の達成度に応じた今後のスケジュール調整	
実習中期〜後期	＜配属実習中期＞ 実習担当者の指導 ＝基本的に常時随伴	自分自身でできることを通して児童相談所業務を体験的に理解	◯出来る限り実習指導担当者に随伴して見る，学ぶ ◎電話の応対や面接等の観察 △出張（訪問面接／定例出張・カンファレンス等） ◯連携の施設訪問 ◯面接同席 　－面接技術を学ぶ 　－相談援助やニーズの実感的理解 　－事例理解 ◯事務処理の流れ	
	実習指導教員による指導	円滑に実習が進み，学びが深まっているか確認 実習終結に向けての学生の意欲を高め，残された課題の確認と達成の道を検討	◯モニタリング　→　場合によっては，実習担当者と実習指導教員の話し合い	
（実習後期）（まとめ時期）	＜児童相談所におけるまとめ＞ （実習最終日）	他実習生の体験の分かち合いを通して，自分が体験，学習できなかった部分を補い，また自分自身の体験をより全体的な視野で把握 児童相談所の実習担当者との質疑応答を通して，より実践的な児童相談所業務や機能の理解と確認 今後の自分自身のソーシャルワーカーとしての目標を再確認し，分かち合いを通して実現可能性を検討	◎実習を通じた自らの体験/学びを発表し，実習担当者等からのコメントを得る ◯グループディスカッションを通じて他の実習生との交流をはかり相互の学びを分かち合い確認する (1)児童相談所の機能や課題（理解の確認，今後の課題） (2)事例を通して見えた相談における「問題解決」について (3)相談業務の理解，各自のソーシャルワーカー像が変わったか (4)他の実習生とそれぞれの異なった配属センター，配属課による体験を分かち合う	
実習後	事後学習	課題達成度の点検 実習体験の言語化	◎実習先からの評価を踏まえて実習全体をふりかえり，実習指導教員と話し合う ◎実習の成果について検討し，今後の課題について確認する ◎自己の成長と自己覚知について検証する ◎実習ノートを見直し，実習報告書を作成する ◎実習報告会で，自分の実習体験を報告し，他者の報告を聞くことにより，自分の実習内容を多面的に理解する	

（注）◎：基本的に達成するべき項目，◯：達成することが望ましい項目，△：できれば達成に努力する項目

　モデルの表には，時期ごとに具体的な課題が箇条書きに並んでいる。項目は多いが，いずれも常識的・基本的な課題である。これらは独立しているものではなく，それぞれ密接に関連している。これらの課題を総合的に実行し，実りある実習にするためには，どのような工夫が必要か，そのヒントをモデルの項目をふまえて以下に提示したい。

① 実習がはじまる前に

(1)児童相談所のソーシャルワーカーに必要なものは何か書き出す

「困難な状況にある子どもの福祉を守るための支援とは何か？」を，まずこれまでの学校での学習や自分の体験をもとに自分で考える作業が必要である。そのためには，法制度や児童相談所の仕組み，児童福祉司の業務内容など，児童福祉に関する基礎知識の整理が欠かせない。さらに「児童相談所の児童福祉司として必要とされるもの（能力・技術）は何か」もこの段階での仮説を立ててみる。頭に思い浮かべるだけでなく，最低

それぞれ3つずつはまとめて書き出しておきたい。

　(2)報道されている子どもの関係の事件について考える

　利用者支援に関する基礎知識を活性化するためにも新聞やニュースで子ども関係の事件，情報に敏感になることが大切である。たとえば虐待事件，少年事件などを目にした時も「この子どもや家族にはどんなことが起こっていたのか？」「それはなぜ起こったのか？」「どんな支援があれば最悪の事態を防げたか」などを自分にひきつけて想像することが必要である。新聞記事の事案は遠いものでなく，どれも誰にでも起こりうる身近なものなのだという認識が必要である。

　(3)自分がここ（実習）にいたるまでの「ふりかえりシート」をつくる

　さまざまな子どもや，家族と出会う時に，自分自身の価値観を確認しておくことが必要である。実習中にはさまざまな出会いがあり，相手の価値観（生き方）を尊重するためにまず自分を知る作業が必要である。

- 幼児期・小学生・中学生・高校生時代に自分が家族や友人，学校とどんな関係にあったのか，楽しかったこと，混乱したこと，つらかったことは何だったのか
- 現在の対人関係における自分の得意なこと苦手なことは何なのか
- 自分が大切にしているものは何か　　など

実習期間の大きな目標の一つは「自分自身を知ること」である。

　このような作業を通じて，自分自身の実習テーマ・課題が明確になっていくことになる。

　②　実習担当者との出会い（事前オリエンテーション）

　オリエンテーションは，実習での最初の「出会い」である。実習の成功の鍵はここにあるといっても過言ではない。「なぜ児童相談所に来たのか，この実習で何を獲得したいか」，「この実習での期待と不安」を言語化できるようにしておくことで，実習担当者とゴールを共有しやすくなる。

　この場面では実習担当者は実習生のことを「この人はどういう人なのか。自分はこの実習生になにができるのか」という視点でみているのである。実習生も，自分の言葉を実習担当者がどう受け止めてくれたのか，どんな人なのかということをしっかりつかむことが大切である。

　また，もし「うまく分かってもらえなかったのでは」と感じたならば，それは何が原因なのか（自分の伝え方の問題？，自分の感じ方の問題？，担当者の対応の問題？，など）を考えることも対人関係の中における自分を知る上で重要な手がかりになるであろう。最初に違和感をもったことに「なぜ？」の気持ちをもち，それがどこから起こっているのか，それを次に生かすためにどんな行動が自分にはできるのかを自分に問いかけることが大切である。

　このスタイルがあれば，実習中の「上手くいかないこと」から逃げず，自分の体験に焦点をあて，解決策を考えることができる。その学びが今後の対人援助とつながること

になる。

③　具体的な実習場面をイメージする（実習初期）

いよいよ実習がはじまると，あわただしい日常業務の流れにはいっていくことになる。ぼんやりしていると，あっという間に日が過ぎていく。現場にふれたら早いうちに具体的な実習場面をイメージしておきたい。

実習に臨んで，多くの学生が面接への同席を希望する場合が多く，このモデルにも中期から後期にかけて「達成することが望ましい項目」として掲げてあるが，実際に児童相談所ではクライエントとの同席面接は，クライエントの抵抗の強さやケースワーク対応上の難しさから認められないことが多い。「面接場面こそが援助の中核なのにその実習体験ができないなんて」と落胆するかもしれないが，現場での学びはそれ以外にも多くあることを認識してほしい。以下の場面で想定される実習内容を取り上げてみる。

(1)デスクワークの補助（大きなウェイトの事務処理をしながら，職場の状況「今何が起こっているのか？，どんな電話が入っていて，誰がどういう動きをしているのか？」に意識を向け，児童相談所の中で起こっていることを体験する）

(2)ケース記録の閲覧（実際に出会いをイメージし想像力を働かせながら，自分なら何ができるのか。どこが課題なのかを書き出していく）

(3)内外の各種会議（ケースカンファレンスや関係機関との連絡会議・打ち合わせ等）に同席（心理職，保健師，医師など他職種との連携や地域ネットワークとの連携の中で，一人の子どもを支えるための連携やそれぞれの機関・職種の役割について考える）

(4)施設・機関への訪問に同行（その機関で働く人に対して何のためにどんな働きかけをしているのかを知る）

(5)家庭訪問・面接・グループ活動等への参加に同席
（クライエントと直接出会える場であり，自分なりのクライエントの観察やニーズを探ることを意識する。自分がどんな立場で入るのかも実習担当者に確認することが大切である）

④　課題整理に向けて（実習中期）

(1)実習担当者との関係

実際には短い実習の中で，実習担当者が緊急対応等に追われ，声をかけることさえ難しいと感じる場合や，自分自身の体験や気づきや疑問を話したいのに，その時間さえなく悶々とした時間をすごし，当初のモチベーションが下がってしまう場合がある。

こんな場合は，「…自分の存在が邪魔なのかもしれない，迷惑をかけるので，このままでいいや」と思うかもしれない。しかし，そこでできることを考えてほしい。実習指導教員に相談し解決策を検討したり，直接話ができない場合には実習日誌を活用するなど，あきらめずにコミュニケーションをとることが大切である。

(2)課題の進捗状況の確認（中間評価とモニタリング）

実習中期にいたり少し全体がみえてきたならば，課題の到達点を知り，まだ手つかず

の点については，残りの実習予定をみながら確かめる作業をしてほしい。この時期に実習指導教員による巡回指導が予定されているので，この作業は，学生と教員，実習担当者の三者面談の機会を積極的に活用することで具体化したい。

　また，新たに「このケースのことをじっくり考えたい」「ネットワークのことをもっと深く学びたい」と進行中に新たに生まれてきた課題も実習担当者に相談しながら取り組むことも可能である。

　⑤　実習の総括（実習後期・まとめ）

　実習後期，再び，「困難な状況にある子どもの福祉を守るための支援とは何か？」と自分に問い，児童相談所のソーシャルワーカーとして必要とされるもの（能力・技術）は何かをこの短期間の中での自分の体験をもとに3つ挙げて，当初の自分の書いたものと比較してほしい。これをもとに実習を終了するに際して，何を獲得したか，課題として残っていることは何かを実習担当者と相互に確認していく作業は必須である。体験や知識を言語化することで，学びがはじめて定着するのである。

　自治体によっては実習最終日にそれぞれの所属（担当課）に配属した実習生と共に実習総括の場を設け，グループで相互交流をしている取り組みがあるが，このグループワークの効果は大きい。他人の体験や知識を共有できること，他人の体験を尊重して聴く中で，自分体験への気づきが深まることなどがその理由に挙げられる。「自分の配属以外の仕事内容を知ることで，はじめて児童相談所が立体的にみえてきた」と話す実習生も数多くいる。また，「同じ与えられた時間なのに，Aさんはすごい。ワーカーの親とのやりとりやクライエントの親子関係の観察が鋭かった。自分は全然気づかなかった点を教えてもらった」，「自分の学校以外でこの分野でがんばろうと思っている同世代の人に会えてうれしかった」などと実習生同士がお互いに励ましあう場面は，「一人ではできないと思っていたことが，他者とつながっていくことでよりできるようになっていく」という対人関係の仕事において喜びを感じることができる瞬間でもある。

　もし実習生が複数いるのであれば，このグループワークの取り組みを有効に使ってほしい。

　⑥　次へのアクション（事後学習）

　実習は実践活動の学びの場であり，新たな課題が分かることが次の行動への原動力になる。そして，その体験と学びを実習指導教員と話し合いながら点検・整理し，実習報告書にまとめ，学内での実習報告会で発表する。こうした言語化の作業を通じて，自己の成長と自己覚知について検討することで，今後の具体的課題がみえてくるだろう。もし実習を通して，「ワーカーになりたい，子ども福祉にかかわる仕事がしたい」と再確認できれば，そのための目標と具体的な行動プランをぜひ立てて，実習担当者や実習仲間や実習指導教員と共有してほしい。

　⑦　最大限の注意

　いずれにしても，子どもや家庭のプライバシーに深くかかわることになるため，個人

情報の取り扱いと守秘義務については，基本的心得として最後に強調しておきたい。

■福祉実習モデルの作成経過

このモデルはA県の実習過程を参考にしながら作成されたものであるが，実習生の受け入れ体制については自治体での格差が大きく，その差異をふまえ，ミニマムスタンダードの構成を試みた。このモデルのキーワードは「実習生の主体的な学び」と「実習担当者との関係性」である。このため詳細の内容は，実習先のさまざまな状況を予測しながら，実習生自らが主体的に学ぶことが可能になるように焦点をあてた。自分の「疑問・課題（なぜだろう）→現状把握（こんな状況だ）→認識・理解（それはどうしてなんだろう）」がないなかでは，学びは定着しにくい。また，配属先の状況により，実習内容も限られたものになる可能性も予測されるが，そのなかでいかに実習担当者との関係を保ちながら，効果的な実習ができるかの視点に基づいて，作成された。

■推薦図書

〔子ども家庭支援関係〕

才村純『子ども虐待ソーシャルワーク論』有斐閣，2005年
　――子ども虐待問題に関して，具体的なソーシャルワーク実践のあり方や，児童虐待防止法・児童福祉法の改正や制度などの丁寧な解説があり，今後，子ども虐待に関わる支援者としての方向性がみえてくる。

川﨑二三彦『子どものためのソーシャルワーク』（全3巻）明石書店，1999年
　――児童相談所という場で出会った子どもたちや家族の姿と児童福祉司の日々の実践がさまざまな事例のストーリーを通して紹介されている。子どものためのソーシャルワークの仕事の面白さがよく分かる。

森田ゆり『子どもと暴力』岩波書店，1999年
　――暴力を受ける子ども，暴力をふるう子ども，暴力を目にしている子ども，そういった子どもたちをエンパワメントするために大人として何ができるかを考える機会を与えてくれる。

遠藤和佳子・松宮満編著『児童福祉論』ミネルヴァ書房，2006年
　――本書は，過渡期にある児童福祉を学ぶために，基本的な知識を押さえた上で，新しい流れを分かりやすく解説し，幅広い視野で構成されている児童福祉の入門の書である。

武田信子『社会で子どもを育てる』（平凡社新書）平凡社，2002年
　――子育ては家庭だけの問題にとどまらず，社会的な支援の整備が急務となっている。子育て支援の先進国のカナダからのヒントを得て，日本の子育て環境変革の提言や子ども家庭支援のソーシャルワークの必要性が熱く語られている。

藤岡淳子『非行少年の加害と被害』誠信書房，2001年
　——非行を対人関係における暴力という枠組みで捉え，少年鑑別所や少年院の場での筆者の実践をもとに，米国における新たな非行理論を加え，非行少年にどう働きかけるかを問う，非行問題にかかわる支援者には必読の書である。

〔小説・ノンフィクション〕

杉山春『ネグレクト』小学館，2004年（小学館文庫，2007年）
　——ネグレクトで餓死した3歳の女の子のルポルタージュ。なぜ，両親は女の子を死にいたらしめたのか，女の子はなぜ救い出されなかったのか。長期取材を通しての事実が淡々と書かれている。児童相談所をはじめ，地域は何ができたのかを考えさせられる。

天童荒太『家族狩り』新潮社，2004年
　——親子関係，虐待などがひとつの事件を通して描かれる。児童相談所でかかわる家族や児童福祉司が物語の中で登場する。深刻な家族問題をさまざまな角度から考えさせられる。

内田春菊『ファザーファッカー』文藝春秋，1996年
　——養父からの性的虐待の過去をつづり，自らそれを乗り越えていった筆者の自伝的小説。性的虐待の深刻さはなかなか知られていない。被害者である子ども側の苦しみが分かる。

〔ソーシャルワーク関係〕

メアリー.E.リッチモンド『ソーシャル・ケースワークとは何か』中央法規出版，1991年
　——ケースワークの母としてとても有名なメアリー・リッチモンドの本。ヘレンケラー実践の紹介なども交え，なぜケースワークが必要となったのか，ケースワークとは何かがみえてくる本である。

岡田まり・柏女霊峰他編『ソーシャルワーク実習』有斐閣，2002年
　——「自分がなんのために実習に行くのか」ソーシャルワークの価値・知識・技術といった根源的なものもが簡潔に分かりやすくまとまっている。実習前，実習中，実習後の時系列で現場実習について解説されており，実習での不安をとりのぞき，実習で得たいものがみえてくる本である。

3　社会福祉協議会

■福祉実習モデルの目的・ねらい

　社会福祉協議会（以下「社協」という）は，社会福祉法の中で地域福祉推進を目的とした団体として位置づけられている。そのなかでは，住民主体の地域福祉活動を進めていくことができるように，市町村社協が中心となって進めていくことが定められている。

実習では，地域福祉を推進するということはどういうことなのか，また，地域住民と共に何をしていくのか，社協の役割は何であるのか，ということを学んでいく。

実習の中で大きなポイントとなるのは，社協は他施設・機関また地域の方と連携・協働しながら一方通行ではなく地域住民と共にまちづくり，地域づくりを目指していることである。プログラムでは，実習前，実習前期，実習中期，実習後期，実習後に分けている。実習前は事前学習とオリエンテーション，実習前期は実習に慣れることと，実際の事業にかかわっていく時期である。実習中期は，少し実習に慣れてきたところで社協事業に理解を深める時期である。また，実習後期はさらに実習内容を検証し，自分なりの考えをまとめていく時期である。最後に事後学習で実習のふりかえりを行う。

■福祉実習モデルの提示

社会福祉協議会の実習モデルは，図表7-3のとおりである。

① 事前学習のポイントおよび内容

実習を行う地域が学生自身の住んでいる市町村であっても，改めて地域の特性を理解しようとすれば意外に難しいことに気が付く。人口・産業・地理的特性・文化などはもちろんのこと，行政機関をはじめ，交通，公共施設や住宅，各種社会福祉施設などの社会資源の状況を把握する。また，高齢者をはじめとした関係する要援護者の状況や，関連領域の職種を含む専門職，民生・児童委員，地区（校区）福祉委員，ボランティア，当事者組織などの人的社会資源の状況を把握する。

参考にする資料としては，既存の関係資料，社協や行政からもらえる資料はできるだけもらうようにする。実習先の社協が発行しているパンフレット類が分かりやすいと思われる。パソコンのインターネット上にホームページをもっている社協については，それを確認することも必要である。ホームページでは，社協が取り組んでいる事業や，何を重点目標としているのか，リアルタイムで把握することができる。

すべての社協が同じ事業を行っているわけではない。地域のニーズに合った事業が展開されていることはもちろん，住民と協働して行われている事業などいろいろな取り組みがなされている。社協の数だけ実習の種類があるといっても過言ではない。また，法律関係のことはもちろんであるが，社協や福祉関連用語についてもある程度の知識は必要である。小地域ネットワーク，NPO法人，環境ボランティア，コミュニティソーシャルワーカー，権利擁護，地域福祉活動計画などの用語は理解した上で実習に参加してほしい。

以上の基礎事項を学習した上で，実習のテーマに沿って実習計画書を作成する。何を学びたいのか，目標や課題を明確にしなければならない。社協は，さまざまな事業活動を行い，地域における関係者や関係機関との連携も多いことから，その実態はなかなか理解しにくいといわれる。

事前オリエンテーションでは，実習担当者と打ち合わせをするなかで，自分の興味が

図表7-3　社会福祉士実習モデル《社会福祉協議会》

時期	プログラム	ねらい	具体的内容	備考
実習前	事前学習	地域福祉に関する基本的知識の習得	◎地域福祉に関する基本的知識を習得する	
		社会福祉協議会の概要および社会福祉協議会に関する基本的知識の習得	◎社会福祉協議会に関する基本的知識を習得する	
		職員の職種および業務内容の把握	◎職員や業務内容について理解する	
		地域の特性を理解する	◎人口構造，産業構造，地理的特性，文化的特性，住民意識など地域特性を理解する	
		社会資源の把握	◎市町村の概要を把握する。専門職，民生（児童）委員，ボランティア，当事者組織などの人的資源，また行政機関，社会福祉施設，在宅福祉サービスなどの物的資源について理解する	
		利用者支援に関する基本的知識および技術の習得	◎援助技術関連科目の復習をする ◎ソーシャルワークの価値について理解する ◎ソーシャルワーカーの職業倫理・守秘義務について理解する ◎権利擁護について学ぶ ◎ケアワークに関する基本的知識および技術を習得する ◎実習日誌や面接記録など，記録のとり方について学ぶ	
		地域住民のニーズの理解	◎既存の関係資料から，1人暮らし高齢者，寝たきり高齢者，認知症高齢者あるいは高齢者夫婦世帯，母子家庭，障害者等要援助者の状況を数量的に把握する △当事者組織・ボランティア・地域住民にインタビューを行い，内容をレポートにまとめ，その地域においてどのようなニーズがあるのかを把握する	
		実習のテーマ・課題の明確化 実習に臨むにあたっての基本的姿勢・態度の涵養	◎実習計画書を作成する ◎目標や課題を明確にし，実習の心構えをもつ ◎実習生として求められるマナーを身につける（挨拶，服装，言葉遣い，時間厳守）	
	事前オリエンテーション	実習目的の明確化・共有化	◎実習計画書を検討する ◎実習プログラムについて検討する	実習施設の実習担当者と実習生の二者で行う．可能であれば実習指導教員も含め三者で．
		社会福祉協議会の概要および運営方針の把握 実習中の留意事項の把握	◎社会福祉協議会の概要・運営方針の説明を受ける ◎実習にあたっての留意事項の説明を受ける	
実習前期	社協組織に関する講義受講・関連資料の調査・理事会・評議会出席	社協の組織の理解	◎社協の歴史や法規定等に関する概要を理解する．ここでは社協のミッション，性格，活動原則，機能等に関する理解を深める	
	社協財源に関する講義受講・関連資料の調査	社協の財源の理解	○収入・支出や財務，共同募金に関する理解をする 補助金，委託費，自主財源，会費，善意銀行，福祉基金，共同募金，介護保険	
	社協の事業内容・活動内容に関する講義受講・関連資料の調査各種会議・事業への出席・観察	社協の事業内容・活動内容の理解	◎各種会議，研修会，在宅福祉サービス，調査・広報活動等に参加し，それぞれの事業や活動が誰を対象に，何を目的としてどのような内容で行われているかを学ぶ．また事業の企画に関わるなど打ち合わせ会議等にも参加する ◎ふれあいのまちづくり事業―相談業務観察 ◎地域福祉権利擁護事業―家庭訪問面接への同行，相談記録の閲覧 ◎小地域ネットワーク活動―ふれあいいきいきサロンへの出席・観察，見守り安否確認への同行・観察 ◎ボランティアセンター ・ボランティアコーディネートの実際を観察，ボランティア講座等の模擬企画，各種会議への出席・観察，ボランティアによる配食活動等にも同行・観察，福祉教育プログラムへの参加，学校・地域と連携した福祉教育プログラムの模擬企画 ◎イベント，行事―福祉まつり，福祉大会の意義や企画準備過程についての説明を受け，参加観察	

166

			△地域包括支援センター等の介護保険事業 △老人デイサービスセンター ◎広報活動-広報誌の意義や広報誌づくりの方法に関する説明を受け，模擬作成	
	家庭訪問面接同行・在宅福祉サービス（友愛訪問，給食サービス，ホームヘルプサービス）同行 ケース記録閲覧	福祉サービスの実際を理解・福祉サービスを必要とする住民の実態およびニーズの把握	◎福祉サービスに関わる専門職員や民生委員等に同行し，実際のサービスの状況を個別・客観的に把握する。そのうえで誰がどのような方法でサービスを提供し，援助者の生活がどのように支えられているのかを考察する	
	巡回指導（以後随時）	課題達成度の確認 実習計画の再検討・軌道修正 実習態度の評価	◎課題の達成度について話し合う ◎必要に応じて実習計画書の見直しを行う ◎実習態度を三者で評価する	実習施設の実習担当者，実習指導教員，実習生の三者で行う．
実習中期	社協と他施設・機関との関係および連携に関する講義 会議臨席	社協と他施設・機関との関係および連携の理解	◎他施設・機関（福祉事務所や社会福祉施設）が同席する会議に臨席し，社協が他施設・機関とどのような関係にあるのか，また，どのように連携しているのかを学ぶ	
	地域福祉活動計画に関する講義（目的，意義，策定過程，住民調査結果） 社会調査法に関する講義 地域福祉活動計画における住民調査結果の考察	地域福祉活動計画の理解	◎地域福祉活動計画の目的や意義，どのような過程を経て策定されたかを学ぶ．また，計画策定に先だって行われた住民調査の目的や方法等社会調査に関する理解を深める	
	職員の職種と業務内容に関する講義受講・関連資料の調査 各種事業・活動への参加 講座・講演会・会議臨席	職員の職種と業務内容の理解	△講義や資料，職員が実際に働く現場を見て社協の職員の職種とそれぞれの業務内容を学ぶ．また，実際に業務を体験し，理解を深める	
	職員のチームワーク体制に関する講義受講・関連資料の調査 各種事業・活動への参加 講座・講演会・会議臨席	社協で働く職員のチームワーク体制の理解	○社協の職員がどのようにチームワーク体制をとっているかを理解する	
実習後期	地域援助計画に関する講義 ケースカンファレンス出席 地域援助計画作成	地域援助計画を作成する能力を身につける	○講義で地域援助計画について理解し，ケースカンファレンス出席によりケースの検討方法について学び，地域援助計画の模擬作成を行う	
	イベント企画会議出席 企画書閲覧 企画書作成	イベント（プログラム）を企画する能力を身につける	○イベント企画会議に出席し，起案から実施までの流れを把握する．また，企画書を閲覧し，どのような企画がどのように行われてきたかを学び，実際に企画書を作成する	
	イベント（プログラム）実行 報告書作成	イベント（プログラム）を実施する能力を身につける	○参加者にイベントの主旨等わかりやすく説明する能力を身につける．また，スタッフと協同してイベント（プログラム）をやり遂げる	
実習後	事後学習	課題達成度の点検	◎実習先からの評価を踏まえて実習全体をふりかえり，実習指導教員と話し合う ◎実習の成果について検討し，今後の課題について確認する ◎自己の成長と自己覚知について検証する	
		実習体験の言語化	◎実習ノートを見直し，実習報告書を作成する ◎実習報告会で，自分の実習体験を報告し，他者の報告を聞くことにより，自分の実習内容を多面的に理解する	

（注）　◎：基本的に達成するべき項目，○：達成することが望ましい項目，△：できれば達成に努力する項目

あることをどんどん話していくことが，ある程度目標・課題をまとめることに役立つ。またボランティア活動に興味のある学生は，ボランティア活動を通して外から社協を客観的にみることも役立つので，実習前に希望をいってボランティア活動に参加してみるのも良い。オリエンテーションは実習の打ち合わせだけでなく，その社協の雰囲気をつかむことができるので，社協に少しでも慣れるための大事な段階である。

担当職員に慣れる，職場に慣れることである。服装の確認も忘れてはならない。実習生はほとんど私服で実習すると思われる。スーツは無難なようだが夏季休暇中の実習も多く，地域のサロンに参加したり，会議に参加したりといろいろな活動があるので，活動しやすいかどうかを考えて実習担当者に確認するのが一番である。

② 実習前期のポイントおよび内容

組織としての社協を理解するためには，社協の歴史，つまり設立の経過から社会福祉法人認可の時期，現在の法人としての組織形態（理事会・評議員会・部会など）と職員組織を理解する。たとえば，法人格取得の記念事業や社会福祉大会などの資料があれば，組織理解に非常に役立つ。実習時期がその記念事業の年であれば，職員とその作業をするなかで理解できるものも多い。もし可能であれば理事会や評議員会などに臨席し，臨席する機会がなければ資料を参考にするのもよい。

職員組織としては，社協全体としてどんな職種があるのか，それぞれの配置の方法やその役割や業務を学ぶ。またそれぞれの部署や職員がどのように連携をとりながら事業を行っているのかを理解する。具体的には，部署間の会議や職員会議，ミーティングなどの実際を確認するのも一つの方法である。事業内容・活動内容の理解では，各種会議，研修会，活動などに参加し，それぞれの事業が誰を対象に，何を目的としてどのような内容で行われているかを学ぶ。実習プログラムを組むにあたっては，社協で行われている事業が列記されているものを参考にすると良い。

小地域ネットワーク活動では，ふれあいいきいきサロンや高齢者の見守り活動である友愛訪問活動などへの職員の同行・参加・観察を通して，地域住民のニーズに即した事業であるのか，また地域の民生・児童委員・地区（校区）福祉委員・ボランティアも含めて援助する側の住民の動きを同時に観察することで，生活がどう支えられているのかを考察する。

ボランティア（市民活動）センターは実習生が一番かかわりやすい活動であると思われる。コーディネートの実際，ボランティア講座などの企画・運営，ボランティア活動への同行，行事への参加などは確かな手ごたえをボランティアやコーディネーターと共に味わうことができる。

また，最近増えている福祉教育の取り組みでは，学校での体験学習の参加・観察や，福祉まつりのイベントなどの参加・観察なども地域や学校との連携を間近に感じることができる。

広報活動としては，社協機関紙，パンフレット，冊子，ホームページなど社協での広

報啓発活動の意義や機関紙づくりの手法などを学び，模擬的に機関紙を作成することで広報活動の一端を体験することができる。

地域包括支援センター，コミュニティソーシャルワーカー，地域福祉活動計画など，新しい制度・施策については細部にわたり説明できなくても理解しておく必要がある。

社協で行っている介護保険事業としてケアプラン・訪問介護などサービスにかかわる部署の職員は多い。今まで述べた事業の職員の数倍もの職員を抱えている社協も多い半面，介護保険事業をしていない社協もある。

ここで確認しておきたいのが，社協の財源である。収入として補助金，事業委託費，会費，福祉基金，共同募金など，そして介護保険収入である。財源のことは，実習の中ではわかりにくい項目だが，財源がなくては事業はできないので，その事業を担当している職員にその都度聞いていくしかない。たとえば，給食の配食サービスの利用料金などが分かりやすい。「一食に係る経費のうち，利用者負担はいくらで社協はいくら負担しているのか」，あるいは「行政からの補助金・委託金なのか」というように財源を聞くことで，「誰が作っているのか」，「その目的は」など事業の背景が分かるようになる。さらに言うなら，民間の宅配サービス業者と社協はどう違うのかをテーマにするだけでも，配食サービスの目的など再度確認でき，いろいろ質問することで，財源だけでなく幅広く理解が深められる。また共同募金は赤い羽根で親しまれており，社協の財源としても比較的分かりやすく位置づけられており，実習時期に募金活動の準備や街頭募金があれば，広報活動を通しても理解が進むと思われる。

介護保険事業のホームヘルパーの同行訪問などは，実際のサービスの状況を個別・客観的に把握することで，生活がどのように支えられているのかを考察する。さらに，ケアプランも含め利用者が他にどんなサービスを受けているのかを学んでみることも，生活を全体的にみることができるのでぜひ考察してほしいものである。

③　実習中期のポイントおよび内容

前期・中期とも内容的には重なり合う部分が多い。実習プログラムの中では，主に他施設や他機関との関係や連携について理解を深める。具体的には会議や打ち合わせなどに参加するなかで職員のやり取りをみたり，会議録の作成をするなかで理解を深める。

この頃になると実習生としても慣れてくる頃であり，たとえば職員の来訪者への対応や電話での応対などを生(なま)で見学することで分かってくることも多い。また，会議に向けての資料作りや，業務に対する意気込みや熱意など，講義や教科書以外で職員が実際に働く現場を見て感じることは実習の中でも重要である。特に職員は一人で仕事をしているわけではなく，チームワーク体制をとって職員間の連携をとりながら進めているが，言葉では表せない日常何気なく行われている連携プレーについても，この時期に少し感じとって欲しいものである。

さらにこの実習中期に理解してほしいものに地域福祉活動計画がある。ほとんどの市町村社協では策定が済んでいると思われるが，目的や意義など，どのような過程を経て

策定されたのかを学んでほしい。この計画には実習前期で学んでいるガイドブック的なパンフレットではなく，社協それぞれの「まちづくり」への思いが計画に盛り込まれている。地域住民や行政・関係機関・地域の団体などと一緒に作り上げた計画である。そしてその計画をどのように実行しているのか，そのあたりの事業計画や年次計画，また進捗状況なども学んでいってほしい。

また実習中期の頃には，地域の方(かた)と顔を合わせる機会も多くなり，顔を覚えてもらうなかで，地域の方(かた)が実習生に話しかける場面も多くみられる。そうすると実習生も気軽に質問をしやすくなり，実習内容をより自分のものにすることができる。職員に対しても同じことが言える。前期の時期よりも，もっと質問や意見がしやすくなっているはずである。また，自分が学びたいテーマや課題がもっと具体的になってきたら，実習予定の見直しも含めて，残りの実習期間における内容について検討する時期でもある。担当職員が忙しそうにしていても，意見や質問は遠慮せず積極的にしてほしい。職員もそれを期待している。

このように実習中期というのは，実習前期で述べた事業への参加とともに少し深く社協を捉えてみる機会である。

④ 実習後期のポイントおよび内容

実習最後の週を迎える頃には，まとめの作業に入っていく。期間中にかかわった事例や，自分の課題として実習中に体験した事例などについて自分なりの「援助計画」を立ててみる。たとえば「○○地域における子育て支援のあり方」や「Aさんに対する個別援助計画」など，模擬的に作成してみる。実習で学んだことの集大成でもある。

また，イベントなどの企画が実習前期から実習後期にかけてさまざまに開催されると思われる。企画そのものは実習後に開催されるものでも，できるだけ企画会議に参加し，自分自身が企画するつもりでかかわってみることが大事である。

⑤ 実習後

実習が終了したら，「実習のまとめ」はできるだけ早く書き上げ，実習担当者に提出する。体験がまだ記憶に新しい内に言語化することで今後の課題を確認することができる。また，あまり期間を置いて提出するのは印象的に良くないと思われる。

実習日誌や「実習のまとめ」を実習担当者に提出し終えたなら，次は学校に提出する「実習報告書」の作成にとりかかる。実習ノートを見直したり，成果や反省を整理しながら，実習報告書をまとめる。

学校の実習報告会では，自分の実習体験を報告したり，他者の報告を聞くことにより，自分の実習内容を多面的に理解することができる。

また事後学習においては，実習先の種別の異なる学生で5～6人のグループを作り，テーマを設けて各実習生の体験や事例を出し合い，テーマに沿って学習を深める。

実習先から学校に評価票が届いたら，実習指導教員と共に評価をふまえて実習全体をふりかえり，実習の成果や今後の課題について話し合う。

■福祉実習モデルの作成経過

　実習モデル作成については、実際に社協に協力してもらい、実習生にモデルを用いて実習指導を行ってもらった（図表7-3参照）。

　まず、実習前の段階のプログラム内容については、関係資料が揃っていれば、事前に学習することができるので、できるだけ達成できるようにしたい。

　実習前期については、実習経験者が語るように、実習環境に「慣れる」ことにエネルギーが費やされる時期である。緊張から柔軟な思考が発揮されにくい時期である。それだけにプログラムにある「社協の歴史や法規定等に関する理解」、「活動原則、機能等に関する理解」については、基本事項として事前学習でも可能な限り準備をしておけば、実習担当者の説明が理解しやすくなる。

　実習中期については、「実習課題」を達成する時期に入っていく。社協組織やサービスシステムについての分析や考察も少しずつできるようになる。また、これまでの実習をふりかえり、巡回教員と体験を言語化し、課題達成に向けて取り組みの仕切り直しをすることができる時期である。

　実習中期から後期にかけては、地域における社協の位置づけを学ぶために、地域住民やボランティアとの交流を深め、連携方法等を社協の外からみることもできる。

■推薦図書

山本主税・川上富雄編著『地域福祉新時代の社会福祉協議会』中央法規出版、2003年
　　――本書は、社会福祉協議会を体系的に理解することをねらいとして書かれたものである。社会福祉協議会について書かれた文献は意外に少ない。2000年の社会福祉法において、地域福祉を推進する機関として社会福祉協議会にその役割が託された。その社会福祉協議会の役割、事業活動、組織や機構について整理されている。さらに社会福祉協議会の今後についても、そのあり方や可能性についてふれられている。また、社会福祉協議会は社会福祉の専門援助機関であるとして、ソーシャルワーク機能を念頭に課題の提起を行っている。

山口稔『社会福祉協議会　理論の形成と発展』八千代出版、2000年
　　――本書は、社会福祉協議会理論の形成過程を扱うために、社会福祉協議会活動の発展と指針の役割を果たした文献から次のような時期区分を行っている。そしてその時期区分を基本として本書全体がまとめられている。すなわち①「創設期」（戦後民間社会事業組織の再編と社協の設立）、②「組織整備期」（市町村社協当面の活動方針と地区組織活動の展開）、③「地域福祉活動展開期」（社協基本要項と住民主体の原則）、④社協基盤強化期（在宅福祉サービスの戦略と社協基盤強化の指針）、⑤「地域福祉基盤形成期」（新・社協基本要項――社会福祉改革と社協の新しい戦略――）、⑥「地域福祉展開期」（地域福祉計画と地域福祉活動計画）などについてまとめられている。

4 高齢者福祉施設

■福祉実習モデルの目的・ねらい

　社会福祉士としての高齢者福祉施設における実習の特徴としては、次の2点が挙げられる。第1に、社会福祉士の実習内容と介護福祉士の実習内容との境界があいまいであるという点と、第2に、実習先ごとにその実習内容に大きな開きがあるという点である。

　第1の点についていえば、社会福祉士の資格をもつ職員が一人もいない実習先では、実習生に提供する社会福祉士としての実習内容に最低基準を設定することが困難であるという理由からも、実績のある介護福祉士の実習に重ね合わせて実習内容を提供するという現実がある。

　また、第2の点についていえば、その開きの最大の要因は、利用者宅への訪問や、利用者、家族との面接時の臨席が可能であるかという点である。この点については、各実習先で方針が異なるため、実習生による訪問や臨席が不可能であれば、180時間実習の大半が入所型施設（たとえば、特別養護老人ホーム）実習になる場合が多く、その内容も介護業務やコミュニケーションで占める割合が高い。一方で、訪問や臨席が可能であれば、入所型施設実習に加えて、ホームヘルプサービスやデイサービス、居宅介護支援事業所などの併設事業所における業務や相談業務など幅広い実習内容が組み込まれる場合も多い。

　一方、実習生の立場からいえば、「高齢者福祉全般の業務内容を学習、体験する」という漠然とした実習動機を述べる実習生もいるが、「利用者や家族への介護業務、相談業務を通して、利用者や家族への援助のあり方について考察する」「施設と地域との連携のあり方やその意義について学習する」など将来をふまえた具体的な実習動機を挙げる実習生もいる。

　以上の点からも、各実習先の提供可能な実習内容および各実習生の想いを反映させた実習内容について検討してみると、画一的な実習内容を構築することに限界があるといえる。したがって、各実習先の実習可能な内容と各実習生の実習動機を検討した上で、統合できるような実習内容を作成する一助として、本モデルが位置づけられている。

　そのため、本モデルは、各実習先の提供可能な実習内容と各実習生の実習動機が柔軟な形で反映されるように、「施設・在宅全般型」「施設重視型」「在宅重視型」の3類型の実習形式から構成されており、さまざまなパターンの実習内容を組み立てやすくなっているのが最大の特長である。

■福祉実習モデルの提示

　高齢者福祉施設における福祉実習モデルは、図表7-4のとおりである。
　本モデルのポイントとしては、次の3点が挙げられる。
　まず第1に、実習前期では入所型施設における実習を設定し、入所型施設全体の流れ

を把握できるように設定している。具体的にいえば，利用者理解や職員の業務内容に関する理解，入所申込と契約手続の理解，利用者への援助計画作成の理解，夜勤帯の業務理解，関連専門職の業務内容やチームアプローチの理解，施設内における各種会議の理解など，福祉専門職として従事する上で必要な基本的知識や技術，職業観，倫理観を習得できる機会になる。

　第2に，実習中期では実習前期の入所型施設全体の流れを把握した上で，入所型施設に併設している事業所の業務内容とその援助の理解を通して，在宅高齢者の理解と援助のあり方について学習できるように設定している。具体的にいえば，デイサービス，ショートステイ，ホームヘルプサービスなど在宅サービスの業務に関する理解だけでなく，在宅介護支援センターや居宅介護支援事業所における業務理解では，その学習領域は，在宅にとどまらず，地域や関連機関および施設との連携など幅広い領域にわたっている。

　そして，柔軟性かつ弾力性のある実習内容を組み立てることが本モデルの目的であることからも，第3に，実習後期は実習中期の最後に中間評価として抽出した残された課題への取り組みの期間として位置づけ，ゆとりのある実習内容が設定できるように配慮している。したがって，実習生が学び残しのない形で実習を終了できるようにしている点が本モデルの最大のポイントである。

　前述したように，本モデルは一枚のモデルの中に3類型の実習形式が設定されている（図表7－5参照）。

　まず，1つ目の実習内容は，「施設・在宅全般型」である。体験型実習と捉え，本モデルでは，実習形式「全般」を指している。

　「施設・在宅全般型」は，実習前期で設定されている施設サービスと実習中期で設定されている在宅サービスにおける基本的なメニューで組まれており，学習形式としては，「学習する」「体験する」が主である。「高齢者福祉の現状を学習する」「実習を通して，今後，高齢者福祉の道を進むべきかを見極める」など，高齢者福祉全般の学習を希望する実習生にとっては有効なプログラムであるといえる。

　次に，2つ目の実習内容は，「施設重視型」である。実践型実習と捉え，本モデルでは，実習形式「施設」を指している。

　「施設重視型」は，実習前期で設定されている施設サービスが重視された内容で組まれており，学習形式としては，「学習する」「体験する」に加えて，「自ら実践する」が含まれている。施設重視型では，実習内容が施設職員の日頃の業務内容に即しており，実習生の立場として取り組める内容も可能な限り多彩に盛り込まれている。たとえば，利用者や家族との面接，アセスメントを通して，ケアプラン作成に取り組み，実習担当者の講評を受ける，などがある。「将来は，高齢者福祉施設や福祉産業関連で，相談職や専門職として就職したい」という目的をもつ実習生にとっては有効なプログラムであるといえる。

　そして，3つ目の実習内容は，「在宅重視型」である。実践型実習と捉え，本モデル

図表7-4 社会福祉士実習モデル《特別養護老人ホーム》

時期	プログラム	ねらい	実習内容	実習形式 全般	施設	在宅
実習前	事前学習	・高齢者福祉に関する基本的知識の習得 ・施設の概要および施設に関する基本的知識の習得 ・職員の職種および業務内容の把握 ・社会資源の把握	介護保険制度,障害者自立支援法等の法制度に関する基本的知識を習得する	◎	◎	◎
			実習施設および関連施設,社会資源の基本的知識(実習施設との連携・調整)を習得する	◎	◎	◎
			職員や業務内容について理解する	◎	◎	◎
			地域における関連施設・機関やボランティアを把握する	◎	◎	◎
			社会福祉援助技術関連科目の内容を復習する	◎	◎	◎
		・利用者支援に関する基本的知識および技術の習得	ソーシャルワークの価値について理解する	◎	◎	◎
			ソーシャルワーカーの職業倫理・守秘義務について理解する	◎	◎	◎
			実習日誌や面接記録など,記録のとり方について学ぶ	◎	◎	◎
			現場体験を行い資格を取得する(ボランティア,ホームヘルパー養成講座,福祉住環境コーディネーター取得)	◎	◎	◎
		・実習のテーマ・課題の明確化	具体的な実習課題を設定し,実習計画書を作成する	◎	◎	◎
			目標や課題を明確にし,実習の心構えを持つ	◎	◎	◎
		・実習に臨むにあたっての基本的姿勢・態度の涵養	実習生として求められるマナーを身につける(挨拶,服装,言葉遣い,時間厳守)	◎	◎	◎
	事前オリエンテーション(二者面談)	・実習目的の明確化・共有化 ・施設概要および運営方針の把握 ・実習中の留意事項の把握	実習計画書を検討し,より具体的な実習課題を再設定する	◎	◎	◎
			施設の概要・運営方針の説明を受ける(施設見学)	◎	◎	◎
			実習にあたっての留意事項の説明を受ける(施設見学)	◎	◎	◎
実習前期	利用者に対する理解と援助	・施設の流れに関する把握 ・利用者理解,介護業務やコミュニケーション技術,レクリエーション活動の習得	介護業務とその意義を理解する(観察,食事,入浴,着脱,整容,排泄,移乗・移動,環境整備)	◎	◎	
			利用者とのコミュニケーション技術を習得する(利用者の生活の流れの把握,利用者のニーズを知る)	◎	◎	
			利用者の生活歴・入所経緯と家族関係の把握(ケース記録閲覧)から利用者への理解を深める	○	○	○
			利用者とのクラブ活動・レクリエーション活動への参加と自らも計画し,実施する	○	○	
	職員の業務内容に関連する専門性の理解	・職員に必要な専門性に関する理解	関連職種・機関との連携,利用者の心身的・社会的特性,要介護度と認知症への理解を深める	◎	◎	
	入所選考会議の理解	・入所選考会議や入所申込,契約手続を通して,利用者の入所に至るまでの流れに関する把握	特養入所優先基準とその選考作業に関するプロセスの理解を深める(説明のみ)	◎	◎	
			特養入所優先基準とその選考作業に関するプロセスの理解を深める(臨席)		○	
	入所申込と契約手続の理解		契約条項,重要事項説明書に関する理解を深める	◎	◎	
			実際の入所申込・契約手続に臨席する		△	
	利用者への援助計画(ケアプラン)作成	・アセスメントを通して,利用者の援助計画作成に関する習得	入所前訪問への同行からアセスメント,アプローチの理解を深める		△	
			利用者・家族との入所前訪問・入所時面接への臨席からアセスメント,アプローチの理解を深める		△	
			コミュニケーション・ケース記録・ケースカンファレンス等を通して,援助計画作成と講評を受ける		○	
	夜間帯の職員の業務理解	・夜間帯の施設の流れに関する把握	夜間帯特有の職員の業務理解と利用者への対応の理解を深める	○	○	○
	医療・看護業務内容への理解	・施設内における関連専門職の業務内容に関する理解	看護師による説明(健康管理,投薬管理,ケアプラン,ターミナルケア,医療機関との連携)を受ける	◎	◎	
			通院の付き添いに同行する		○	
	リハビリ業務内容への理解		リハビリテーション全般,自立支援,ケアプランに関する説明を受ける	○	○	
	栄養・調理業務内容への理解		栄養管理,献立の工夫,行事食に関する説明を受ける	○	○	
			利用者への配慮(治療食,食材形態,アレルギー)等に関する説明を受ける	○	○	
			厨房見学,給食会議に臨席する		△	
	ケースカンファレンスの理解	・ケースカンファレンスの意義と流れに関する理解	利用者の生活課題,関連職種・機関,社会資源の活用に関する理解を深める(説明のみ)	◎	◎	
			利用者の生活課題,関連職種・機関,社会資源の活用に関する理解を深める(臨席)		○	
			ケース記録の理解と記録方法の理解(ケース記録閲覧)を深める		○	
	利用者の物品,預貯金管理への業務理解	・利用者の生活支援に関する理解	利用者の物品・預貯金管理に関する取り扱いの理解を深める		○	
	介護保険の代行申請手続への理解	・介護保険申請手続の流れに関する把握	利用者の介護保険代行申請手続に関する理解を深める	○	○	
	各種会議の理解	・各種会議の意義に関する理解	感染対策委員会,転倒予防委員会,行事委員会等の施設内各種会議に臨席する		△	
	家族会への業務理解(実施施設のみ)	・施設と家族との関係に関する理解	家族会の企画立案・運営・実施等の補助業務に携わると共に,家族会の意義について理解する		△	
	施設発行の広報誌への業務理解	・広報誌の意義に関する理解	広報誌の作成の補助業務に携わると共に,広報誌の意義について理解する		○	
	巡回指導(三者面談)(以後随時)	・実習態度の評価 ・課題達成度の確認と実習計画書の	実習生・実習担当者・実習指導教員それぞれの評価をふまえ,今後の実習への臨み方を確認する	◎	◎	◎

実習期	大項目	中項目	具体的内容			
		検討	施設サービス実習における課題の達成状況と在宅サービス実習における課題を確認する	◎	◎	◎
実習中期	在宅高齢者に対する理解と援助(1)―デイサービス，ショートステイにおける業務理解―	・デイサービス，ショートステイ，ホームヘルプサービスの業務内容に関する理解 ・各種サービスにおける利用目的，生活の流れ，ニーズを通して，利用者の援助内容に関する理解	併設施設（デイサービス，ショートステイ）の業務について理解を深める	◎	◎	◎
			介護業務とその意義を理解する（観察，食事，入浴，着脱，整容，排泄，移乗・移動，環境整備）	◎	◎	◎
			利用者とのコミュニケーション技術を習得する（利用者の生活の流れの把握，利用者のニーズを知る）	◎	◎	◎
			利用者の生活歴・利用経緯と家族関係の把握（ケース記録閲覧）から利用者への理解を深める	○	○	○
			利用者とのクラブ活動・レクリエーション活動への参加と自らも計画し，実施する	○	○	○
	在宅高齢者に対する理解と援助(2)―ホームヘルプサービスにおける業務理解―		併設施設（ホームヘルプサービス）の業務について理解を深める	◎	◎	◎
			利用者の生活歴・利用経緯と家族関係の把握（ケース記録閲覧）から利用者への理解を深める			○
			ホームヘルパーと利用者宅への訪問に同行する	○	○	○
	在宅高齢者に対する理解と援助(3)―在宅介護支援センターにおける業務理解―	・在宅介護支援センターの業務内容に関する理解 ・関連機関との連携のあり方に関する理解と考察 ・地域における施設のあり方に関する理解と考察	併設施設（在宅介護支援センター）の業務について理解を深める	◎	◎	◎
			福祉用具・住宅改修に関する知識・制度と相談に関する理解を深める	◎	◎	◎
			ソーシャルワーカーと利用者宅への訪問に同行する（援助技術の習得，利用者と家族のニーズを知る）	○	○	○
			介護保険の代行申請手続に関する理解を深める	○		○
			利用者宅訪問・面接と実態把握書類作成及び介護予防プランの作成に関する理解を深める			○
			家族介護教室，介護予防教室のプログラムに関する企画立案・運営・実施・報告書作成に携わる			○
			社協・地域住民主体の会合（ふれあいお食事会やいきいきサロン，老人会等）に参加する			○
			地域ケア会議（地域の各社会資源間における連携，情報交換，援助の質に関する向上）に臨席する	○	○	○
			在宅介護支援センター連絡会議に臨席する			○
	在宅高齢者に対する理解と援助(4)―居宅介護支援事業所における業務理解―	・居宅介護支援事業所およびケアマネジャーの業務内容に関する理解 ・実際の事例を通して，ケアプラン作成とそれに対する理解	併設施設（居宅介護支援事業所）の業務について理解を深める	◎	◎	◎
			ケアマネジャーと利用者宅への訪問に同行する（援助技術の習得，利用者と家族のニーズを知る）	◎	◎	◎
			利用者宅訪問や関連施設・機関との調整を通して，ケアプラン作成の理解を深める	◎	◎	◎
			利用者宅訪問や関連施設・機関との調整を通して，ケアプラン作成と講評を受ける			△
			ケアマネジャーと施設，病院への訪問（利用者，職員との面接）に同行する			△
			サービス担当者会議に臨席する			◎
			居宅介護支援事業所連絡会議あるいは研修会に臨席する			○
	配食サービスへの同行（実施施設のみ）	・配食サービスの意義と流れに関する理解	独居・高齢者世帯への食事の配達補助と安否確認の理解を深める	◎	◎	◎
	法人内の関連施設の理解	・関連施設の機能，連携に関する理解	軽費老人ホーム，グループホーム，介護老人保健施設，医療機関等の機能，連携について理解を深める	○	○	○
	利用者（施設・在宅）の認定調査への理解	・認定調査の流れに関する把握	介護保険における認定調査内容とその実施の理解を深める	○	○	○
	調査・分析・報告	・利用者のQOLに関する考察	利用者の嗜好調査等（質問紙作成，集計・分析，施設へのフィードバック）を実施する	△	△	△
	実習の中間評価（二者面談）	・残された課題の抽出と共有化	実習生と実習担当者の間で残された課題（テーマ）について話し合って抽出し，実習後期に備える	◎	◎	◎
実習後期	残された課題（テーマ）に対する理解	・残された課題への取り組み	残された課題について重点的に理解を深める	◎	◎	◎
	反省会（二者面談）※可能ならば三者面談	・課題達成度の確認 ・事後学習の進め方に関する理解	課題の達成度について話し合い，実習終結に向けての確認を行う	◎	◎	◎
			課題を達成できなかった部分について把握し，今後の課題解決について考える	◎	◎	◎
実習後	事後学習	・課題達成度の点検	実習先からの評価をふまえて，実習全体をふりかえり，実習指導教員と話し合う	◎	◎	◎
			実習の成果について検討し，今後の課題について確認する	◎	◎	◎
			自己の成長と自己覚知について検証する	◎	◎	◎
		・実習体験の言語化	実習ノートを見直し，実習報告書を作成する	◎	◎	◎
			実習報告会で，自分の実習体験を報告，他者の報告を聴くことにより，自分の実習内容を多面的に理解する	◎	◎	◎

(注) 1 ◎：基本的に達成するべき項目，○：達成することが望ましい項目，△：できれば達成に努力する項目

2 留意事項…原則として，特別養護老人ホームから実習を開始し，その後，併設施設での実習へと移行するが，実習施設の都合によっては，併設施設からの実習開始も可能である。

図表7-5　社会福祉士実習モデル《特別養護老人ホーム》の3類型

> 社会福祉士実習モデル《特別養護老人ホーム》は、「施設・在宅全般型」「施設重視型」「在宅重視型」の3類型の実習形式から構成されている。
> - **施設・在宅全般型…体験型実習**（実習モデルでは、実習形式「全般」を指している）
>   施設サービスと在宅サービスにおける基本的なメニューで組まれており、学習形式としては「学習する」「体験する」が主である。「高齢者福祉の現状を勉強する」「今後、高齢者福祉の道を進むべきかを見極める」等、高齢者福祉全般の学習を希望する実習生にとっては有効なプログラムであるといえる。
> - **施設重視型…実践型実習**（実習モデルでは、実習形式「施設」を指している）
>   施設サービスが重視された内容で組まれており、学習形式としては「学習する」「体験する」に加えて、「自ら実践する」が含まれている。この型では、実習内容が職員の日頃の業務内容に即しており、実習生の立場として取り組める内容も可能な限り多彩に盛り込まれている。たとえば、利用者・家族との面接、アセスメントを通して、ケアプラン作成に自ら取り組み、実習担当職員の講評を受ける、等がある。「卒業後は、高齢者福祉施設・産業関連で相談職や専門職として就職したい」「将来的には、ケアマネジャーとして就職したい」という目的をもつ実習生にとっては有効なプログラムであるといえる。
> - **在宅重視型…実践型実習**（実習モデルでは、実習形式「在宅」を指している）
>   在宅サービスが重視された内容で組まれており、学習形式としては「学習する」「体験する」に加えて、「自ら実践する」が含まれている。この型では、実習内容が各在宅部門における職員の日頃の業務内容に即しており、実習生の立場として取り組める内容も可能な限り多彩に盛り込まれている。たとえば、在宅介護支援センターでは、利用者・家族との面接を通して、実態把握の作成、介護予防プランの作成、家族介護教室・介護予防教室のプログラムに関する企画立案・運営・実施・分析・報告書作成などに自ら取り組み、担当職員の講評を受ける、等がある。「卒業後は、高齢者福祉在宅部門で相談職や専門職として就職したい」「将来的には、ケアマネジャーとして就職したい」という目的をもつ実習生にとっては有効なプログラムであるといえる。

では、実習形式「在宅」を指している。

「在宅重視型」は、実習中期で設定されている在宅サービスが重視された内容で組まれており、学習形式としては、「学習する」「体験する」に加えて、「自ら実践する」が含まれている。在宅重視型では、実習内容が各在宅サービス事業所における職員の日頃の業務内容に即しており、実習生の立場として取り組める内容も可能な限り多彩に盛り込まれている。たとえば、居宅ケアマネジャーと利用者宅への同行訪問やケース記録の閲覧、関連施設・機関との調整を通して、ケアプラン作成に取り組み、実習担当者の講評を受ける、などがある。「将来は、各在宅サービス事業所で、相談職や専門職として就職したい」という目的をもつ実習生にとっては有効なプログラムであるといえる。

■福祉実習モデルの作成経過

代表的な実習先である特別養護老人ホームでは、併設している各種福祉サービスの有無や、見学や実践の可否にも違いが認められる現状がある。一方、実習生も、将来の就職を見据えながら実習に臨むことを考えている実習生から、将来の進路は漠然としているが、実習をするのであれば、高齢者施設で実習を行いたいと希望している実習生まで、その実習動機も多岐にわたっている。

したがって、実習モデル作成に着手する際は、実習先の想いと実習生の想いを重ね合わせながら柔軟に対応できる実習モデルを作成することに着目し、その結果、1枚の実

習モデルの中に3種類の実習内容を盛り込む方向性で作成をはじめた経緯がある。

なお，実習前と実習後は，その他の種別の実習モデルと実習内容を揃えているため，本項では，それ以外の実習前期，実習中期，実習後期における特別養護老人ホームとしての実習モデルの作成経過にふれることとする。

まず最初に，実習前期では，特別養護老人ホームの実習として，介護業務やコミュニケーション技術の習得，各専門職間の連携に関する理解だけでなく，たとえば，入所申込や契約手続，介護保険に関する事務手続，各種会議の理解などの項目も含めている。これは，利用者が日常生活をおくる上で，その基盤となる項目であり，説明や臨席が可能であれば，利用者の生活を支えている施設の運営や管理，法制度について考えられる機会になるため，盛り込んでいる。

また入所選考会議やケースカンファレンスでは，説明レベルと臨席レベルに分類している。これは臨席レベルの項目は実習に組み込むことが困難であっても，説明レベルの項目であれば実習に組み込むことが可能であるケースにも対応可能となり，実習先から実習生に幅広い実習を提供しやすくするためである。したがって具体的にいえば，入所選考会議において，説明レベルでは，施設重視型の実習生は，「◎（基本的に達成するべき項目）」にしているが，施設・在宅全般型や在宅重視型の実習生は，実習内容に盛り込まれていない。一方，臨席レベルでは，施設重視型の実習生は，「○（達成することが望ましい項目）」にしている。このように，本モデルでは，同じ実習形式でも，実習内容のレベルによって差異が認められる場合に，実習内容を柔軟な形で組み立てられるといえる。

次に実習中期では，特別養護老人ホームに併設している在宅サービス事業所での実習を通して，在宅高齢者に対する理解と援助のあり方に関する学習を目的としている。そのため，代表的な在宅サービス事業所として，デイサービスやショートステイ，ホームヘルプサービス，在宅介護支援センター，居宅介護支援事業所を設定している。

なお各事業所における実習項目として，理解レベルと実践レベルに分類している箇所がある。これは，実践レベルの項目は実習に組み込むことが困難であっても，理解レベルの項目であれば実習に組み込むことが可能であるケースにも対応可能となり，実習先から実習生に幅広い実習を提供しやすくするためである。したがって具体的にいえば，居宅介護支援事業所では，「ケアプラン作成の理解を深める（理解レベル）」という項目と，「ケアプラン作成と講評を受ける（実践レベル）」という項目の2段階を設定している。理解レベルでは，施設・在宅全般型や在宅重視型の実習生は，「◎（基本的に達成するべき項目）」にしているが，施設重視型の実習生は，実習内容に盛り込まれていない。一方，実践レベルでは，在宅重視型の実習生のみ，「△（できれば達成に努力する項目）」にしているが，施設・在宅全般型や施設重視型の実習生は，実習内容に盛り込まれていない。このように，本モデルでは，実習形式によって幅広い実習内容を組み立てられるといえる。

ところで実習モデルを作成している間に,「地域包括支援センター」が今後の高齢者福祉分野における新しい構想として誕生し,それに伴い,在宅介護支援センターの今後の動向について議論され,実習モデルの中に存続させるべきかどうか悩んだ時期もあった。しかし,最終的には,在宅介護支援センターを実習モデルに残す方向とし,地域包括支援センターについては,今後の検討課題として持ち越すことにした。

　最後に実習中期の最終日に,実習生と実習担当者(場合によっては実習指導教員も含む)間で,残された課題について話し合い,その課題を達成するために,実習後期を位置づけている。これは,実習前期から実習中期で学習する機会のなかった実習内容について調整可能である場合や,実習後期の時期に入ったからこそ,学習しておきたい内容が実習生自らに具体的にみえてくる場合には,有効であるという点から設定されている。

　そして,このような経緯をたどって作成した実習モデルをモデル研究会のメンバーの勤務先で施行し,実習先と実習生からの報告内容をふまえて修正を加え,完成にいたっている。

　以上のような作成経過からも分かるように,「〜でなければならない」という義務感として,実習先で受けとめられやすい実習モデルをいかに1つでも多くの実習先で有効に活用できる実習モデルに仕上げるかを基調として作成してきている。したがって,今後も引き続き,実習先や実習生からの意見を参考に実習モデルの質を向上させていきたいと考えている。

■推薦図書

前田崇博他著『ケース研究101の事例——福祉現場からの声』久美出版,2005年
　——本書は,それぞれの事例が見開き形式で完結しているため読みやすく,各事例のポイントとして問題提起が書かれていることからも,考える視点や疑問に感じる視点をもつことが大切である実習を経験する実習生には役立つものといえる。また本書を通して,年代の違いによる生活史や価値観なども参考になるといえる。

竹中星郎『高齢者の孤独と豊かさ』日本放送協会,2000年
　——本書は,中高年者が置かれている身体的,精神的,社会的状況を,著者の臨床経験をふまえて分かりやすく解説している。また,「老いることとは何か」「生きることとは何か」のように,高齢者ケアを行う上で不可欠な視点である「老い」や「死生観」について考えさせられる機会になるといえる。

『ふれあいケア』全国社会福祉協議会(月刊誌)
『おはよう21』中央法規出版(月刊誌)
　——両誌は,介護従事者が専門的知識や技術,視点を養う上で効果的な文献であるだけでなく,介護従事者と連携をはかる関連専門職においても,介護知識や技術のほか,利用者主体や尊厳といった倫理観や関連法制度,施設運営・管理など幅広い角度から習得できる最新情報が満載であるため,有用であるといえる。

参考文献
遠塚谷冨美子他「社会福祉実習教育モデルについて」『関西福祉科学大学紀要』第9号，2006年。

5　障害者福祉施設

■福祉実習モデルの目的・ねらい

　障害者福祉施設は，施設の種類が多数ある上，入所型・通所型にも分類できるが，できるだけ種別にとらわれず共通の項目を設定しモデルを作成した（図表7-6参照）。

　障害者福祉施設の実習モデルでは，利用者の支援計画の作成を最終目標としている。障害者支援に関して，障害者自立支援法で利用者一人ひとりの個別支援計画作成が義務づけられているため，障害者福祉施設では実習を行うにあたって，個別支援計画の作成を最終目標に位置づけている。この課題達成に向けて，面接およびアセスメントの実施を盛り込んだ。これによって，ソーシャルワークの展開過程を実践的に理解し，障害者福祉施設におけるソーシャルワーカーの役割を学ぶことをねらいとしている。しかし，現実的にアセスメントや個別支援計画の作成が困難な場合もあるので，可能な範囲で行えば良いし，特定の利用者理解を深めるといった内容でもアセスメントを行ったこととして位置づけても良い。

■福祉実習モデルの提示

　本モデルでは実習時期を実習前，前期，中期，後期，実習後に分けている。ただし，この流れは固定化したものではなく，施設の予定等に合わせて柔軟に捉えられるものである。

　まず実習前は障害者福祉施設で実習するにあたり，基本的な知識および技術の習得に努める。障害や関連する法制度，実習施設に関する基本的知識を習得する。援助技術関連科目については，特に面接技法の復習を重点的に行う。これは，実習中期に面接を実施することを想定してのことである。また，実習計画書を作成し，目標や課題を明確にし，実習の心構えをもつことも求められる。事前学習で習得した内容はレポートとしてまとめ，施設の実習担当者に提出する。これにより，実習担当者が実習生の知識および技術を確認し，実習中に重点的に指導する内容を想定できると考えられる。

　実習前期では，障害者福祉施設における実習の基本となるプログラムに取り組む。まず，日課や施設の1日の流れを把握することで，実習生として円滑に行動できるように努める。これは前期にクリアすることが望ましいが，クリアできなければ以後継続する。「利用者に対する理解と支援」は前期のみならず中期，後期と継続するプログラムである。利用者とかかわることを通して一人ひとりの障害特性の理解を深めたり，一人ひとりの障害特性をふまえたコミュニケーションのとり方を学んだり，一人ひとりに合った

図表7-6　社会福祉士実習モデル《障害者福祉施設》

時期	プログラム	ねらい	具体的内容	備考
実習前	事前学習	障害者福祉に関する基本的知識の習得	◎障害に関する基本的知識を習得する ◎関連する法制度に関する基本的知識を習得する	事前学習の成果をレポートにまとめ，実習施設に事前に送付するか，オリエンテーションに持参する．
		施設の概要および施設に関する基本的知識の習得	◎実習施設に関する基本的知識を習得する	
		職員の職種および業務内容の把握 社会資源の把握	○職員や業務内容について理解する △地域における関連施設・機関やボランティアを把握する	
		利用者支援に関する基本的知識および技術の習得	◎援助技術関連科目の復習をする ◎ソーシャルワークの価値について理解する ◎ソーシャルワーカーの職業倫理・守秘義務について理解する ◎権利擁護について学ぶ ○ケアワークに関する基本的知識および技術を習得する ◎実習日誌や面接記録など，記録のとり方について学ぶ	特に面接技法について
		実習のテーマ・課題の明確化 実習に臨むにあたっての基本的姿勢・態度の涵養	◎実習計画書を作成する ◎目標や課題を明確にし，実習の心構えをもつ ◎実習生として求められるマナーを身につける（挨拶，服装，言葉遣い，時間厳守）	
	事前オリエンテーション	実習目的の明確化・共有化	◎実習計画書を検討する ◎実習プログラムについて検討する	実習施設の実習担当者と実習生の二者で行う．可能であれば実習指導教員も含め三者で．
		施設概要および運営方針の把握 実習中の留意事項の把握 施設の雰囲気の把握	◎施設の概要・運営方針の説明を受ける ◎実習にあたっての留意事項の説明を受ける ◎施設見学を行う	
実習前期	オリエンテーション	実習中の留意事項の把握	◎実習にあたっての留意事項を再確認する	
	日課の把握	日課の把握・施設の一日の流れの把握	◎日課について説明を受ける ◎日課に参加する	前期中に達成することが望ましいが，できなければ以後継続
	利用者に対する理解と支援	利用者理解・施設の業務内容の理解・介助技術の習得	◎利用者一人ひとりの障害特性について説明を受ける ◎利用者一人ひとりに合った方法でとコミュニケーションをとる ◎利用者一人ひとりに合った方法で介助（トイレ，移乗，食事，入浴，着脱，整容など）を行う ◎職員の動きや利用者の様子を観察する ◎作業，レクリエーションなど日中活動に参加する ◎作業，レクリエーションなど日中活動の意義について考察する	以後継続
	巡回指導（以後随時）	課題達成度の確認 実習計画の再検討・軌道修正 実習態度の評価	◎課題の達成度について話し合う ◎必要に応じて実習計画書の見直しを行う ◎実習態度を三者で評価する	実習施設の実習担当者，実習指導教員，実習生の三者で行う．
実習中期	日課の把握	日課の把握・施設の一日の流れの把握	◎日課について説明を受ける ◎日課に参加する	前期から継続
	利用者に対する理解と支援	利用者理解・施設の業務内容の理解・介助技術の習得	◎利用者一人ひとりの障害特性について説明を受ける ◎利用者一人ひとりに合った方法でとコミュニケーションをとる ◎利用者一人ひとりに合った方法で介助（トイレ，移乗，食事，入浴，着脱，整容など）を行う ◎職員の動きや利用者の様子を観察する ◎作業，レクリエーションなど日中活動に参加する ◎作業，レクリエーションなど日中活動の意義について考察する	前期から継続
	関連施設・機関に関する理解	福祉事務所や更生相談所など関連施設・機関との連携の理解	◎講義から関連施設・機関との連携について理解する ◎資料から関連施設・機関との連携について理解する	
	地域における役割に関する理解	地域における施設の役割の理解	◎講義から地域における役割について理解する ◎資料から地域における役割について理解する	
	職種間の理解	他職種の業務内容の理解・他職種との連携の理解	○他職種（看護師・栄養士・調理師など）による講義から業務内容や連携のあり方について理解する △他職種（看護師・栄養士・調理師など）体験を通して業務内容や連携のあり方について理解する ○施設で働く職員のチームワークについて理解する	以後継続

	ケースカンファレンス臨席	利用者支援検討方法の理解・会議の運営方法の理解	○ケースカンファレンスに臨席し，施設においてどのように利用者支援について検討しているのか理解する ○ケースカンファレンスに臨席し，会議の運営の実際について理解する ○ケースカンファレンスについて説明を受け，施設においてどのように利用者支援について検討しているのか理解する	
	面接事前オリエンテーション	ケースの理解	○ケース記録を閲覧し，利用者理解に努める ○ケースについての説明を受け，利用者理解に努める	面接が実施できない場合は，ケース記録の閲覧や実習担当者からの説明，利用者とのコミュニケーションなどにより情報を収集し，後期の支援計画の作成につなげる．
		面接時の注意事項の理解	○面接時の注意事項の説明を受ける	
	面接	面接技術の習得・面接記録の書き方の習得・ニーズの把握	○面接を行う ○面接内容の整理をし，記録を作成する	
	面接後のスーパービジョン	面接技術の習得・面接記録の書き方の習得・ニーズの把握	○面接記録をもとに指導を受ける ○面接技法について評価を行う	
実習後期	利用者に対する理解と支援	利用者理解・施設の業務内容の理解・介助技術の習得	○利用者一人ひとりの障害特性について説明を受ける ◎利用者一人ひとりに合った方法とでコミュニケーションをとる ◎利用者一人ひとりに合った方法で介助（トイレ，移乗，食事，入浴，着脱，整容など）を行う ◎職員の動きや利用者の様子を観察する ◎作業，レクリエーションなど日中活動に参加する ◎作業，レクリエーションなど日中活動の意義について考察する	前期から継続
	職種間の理解	他職種の業務内容の理解・他職種との連携の理解	○他職種（看護師・栄養士・調理師など）による講義から業務内容や連携のあり方について理解する △他職種（看護師・栄養士・調理師など）体験を通して業務内容や連携のあり方について理解する ○施設で働く職員のチームワークについて理解する	中期から継続
	施設の機能の整理	施設の機能や役割の整理	◎施設の機能や役割について，これまでの実習で学んだことを通して整理する	施設の機能をふまえて，支援計画の作成に取り組む．
	支援計画の作成	アセスメント技術の習得 支援計画作成技術の習得	◎アセスメントシートを完成させる ◎アセスメントシートをもとに指導を受ける ◎支援計画を作成する ◎支援計画の作成を通して，利用者の自立支援について考察する ◎支援計画をもとに指導を受ける ◎どのような視点が足りなかったか，支援計画を作成するにあたり不足していた知識は何かなど，アセスメントおよび支援計画について評価を行う	面接が実施できなかった場合でも支援計画を作成してみる．支援計画の作成は実習施設の様式で行い，実習施設で作成した支援計画と照らし合せて指導を受ける．なお，後期の初期に支援計画を作成できた場合は，内容を考慮し，可能であれば実施してみる．
	反省会	課題達成度の確認 今後重点的に学習すべき点の理解	◎課題の達成度について話し合う ◎今後の課題について考える	実習施設の実習担当者と実習生の二者で行う．可能であれば実習指導教員も含め三者で．
実習後	事後学習	課題達成度の点検	◎実習先からの評価を踏まえて実習全体をふりかえり，実習指導教員と話し合う ◎実習の成果について検討し，今後の課題について確認する ◎自己の成長と自己覚知について検証する	
		実習体験の言語化	◎実習ノートを見直し，実習報告書を作成する ◎実習報告会で，自分の実習体験を報告し，他者の報告を聞くことにより，自分の実習内容を多面的に理解する	

（注）◎：基本的に達成するべき項目，○：達成することが望ましい項目，△：できれば達成に努力する項目

介助を行うことは，実習全体における課題である．

　また，職員の動きをよくみることによって，利用者とのコミュニケーションのとり方や介助の方法を学ぶと共に，施設の業務内容の理解に努める．職員の動きだけではなく，利用者の様子もよくみて，利用者理解を深める．

　施設で行われる作業やレクリエーションといったプログラムは，ただ参加するだけで

はなく,「なぜ行うのか」「どのように利用者支援につながっているか」といったプログラムの意義の観点から考察するよう心掛ける。

巡回指導においては,実習生,実習施設の実習担当者,養成校の実習指導教員の三者で,これまでの実習で学べたこと,実習計画書の達成状況や今後の課題について確認し合う。いわば中間評価となる。その際,実習計画書の内容が実習生の想いや力量および施設の実態に合致していないということが確認されれば,内容を見直し,軌道修正を行い,新たな実習テーマや具体的課題の設定を行うことも重要である。

実習中期は前期のプログラムに加え,「関連施設・機関に関する理解」「地域における役割に関する理解」「職種間の理解」を通して,地域における役割も含めた実習施設の機能,実習施設と他施設・機関との連携の実際,および他職種との連携の実際等について,より広い視野で学ぶ機会を想定している。

利用者支援はソーシャルワーカー一人で行うものではなく,他職種や他施設・機関との連携のもとで行われること,つまり多職種協働で行われるため,チームワークについて理解する。それと共に,各職種の業務内容を把握し,スムーズに他職種との連携を図る力を養う。また,可能であればケースカンファレンスに臨席し,どのような情報をどのように職員間で共有し,利用者支援について検討しているのか,どのようにカンファレンスの運営を行っているのかを理解する。

この時期,個別支援計画作成に向け,一人で良いから特定の利用者と深くかかわる機会を設け,利用者理解を深める。そして面接事前オリエンテーションで面接指導を受けた後,面接を行う。面接に協力してもらう利用者は,実習生の力量を勘案し,利用者本人の了解を得た上で決定する。なお,面接が実施できない場合は,ケース記録の閲覧や実習担当者による説明,利用者とのコミュニケーション等から情報を収集し,個別支援計画へとつなげる。面接後のスーパービジョンでは,面接技法の評価やニーズを的確に把握できたか等について指導を受ける。

実習後期は実習の最終段階に入り,実習の総まとめとして支援計画を作成するが,事前に十分アセスメントを行い,個別支援計画の作成につなげる。アセスメントや個別支援計画の作成は施設の様式で行い,施設のものと照らし合せながら指導を受けることが望ましい。個別支援計画の作成に先立ち,施設の役割や機能について確認する。これまでの実習プログラムにある日課の把握や利用者理解,関連施設・機関の理解,地域における役割の理解,職種の理解をふまえて,総合的に施設の機能を整理する。アセスメントや個別支援計画作成が困難な場合は,利用者とのコミュニケーションから利用者理解を深めるよう努める。そして施設の機能を念頭に,支援計画を作成し,利用者の自立支援について考える。

最後の反省会では,実習生と実習施設の実習担当者の二者,可能であれば養成校の実習指導教員も含めた三者で,課題の達成度について話し合い,今後の課題を考える。

実習後は実習のふりかえりを行う。実習施設の評価と自己評価を照らし合せて実習の

成果について検討し，実習体験を言語化することにより自分の実習内容を多面的に理解する。言語化の具体的な内容としては，実習指導教員との面談や実習報告書の作成，実習報告会が挙げられる。自分の実習体験を「語る」「書く」だけではなく，他者の実習体験を「聴く」「読む」ことで，自分が体験してきたことをいろいろな角度から見つめ，深く考察することができると考えられる。実習期間中に生じた疑問や自分自身の課題は，必ずしも実習中に解決するものばかりではない。実習後の学校での授業等の学びの中で意識しながら考察することも必要である。また，実習を経て自分を改めて見つめ直し，自己覚知を深めるとともに将来に向けた専門職としての意識の向上に努める。

■福祉実習モデルの作成経過

　まず，種別共通の実習課題として提示された8項目（第7章参照）について，障害者施設における具体的な実習課題を提示し，実習課題を達成するために必要なプログラムは何かを検討した。プログラムについては，実際に学生が体験した実習プログラムやテキスト等からピックアップしたプログラムを抽出した。これらのうち，さらに実習課題の達成に最低限必要であると思われる項目を再抽出した。次に，時間的経過（実習初日から最終日）に沿って，どの項目をどの時期に行うかの検討を行った。こうして障害者福祉施設の実習モデルの大枠が完成した。

　その後，実習時期を5つに分けることや，プログラムだけでなくねらいや具体的内容も併記するといった種別共通事項をふまえて，組み立て直した。実習前のもっとも大きなプログラムは事前学習であり，実習課題の達成に向けて，事前学習に必要なことを検討した。その後，障害者福祉施設の実習モデルの試行に協力してもらった施設からの意見や，実習施設・機関を対象に行ったアンケートの回答をふまえて，項目の整理や修正を重ね，図表7-6に示す実習モデルとなった。

　今後も施設での検証を重ねると共に，社会情勢の変化に呼応すべく，障害者福祉施設実習モデルをよりよいものへと修正していきたいと考えている。

■推薦図書

杉本敏夫監修，津田耕一・植戸貴子編著『障害者ソーシャルワーク』久美出版，2001年
　　――障害者福祉の基本理念を押さえた上で，契約制度の中で障害のある人々の支援をどのように展開すればよいかを事例研究を交え，実践的に紹介している。また，障害特性やコミュニケーションのとりかたについても解説している。

松端克文『障害者の個別支援計画の考え方・書き方――社会福祉施設サービス論の構築と施設職員の専門性の確立に向けて――』日総研出版，2004年
　　――障害者福祉施設の実習モデルにも組み込んだ，アセスメントや個別支援計画の書き方が説明されている。実習生には内容的に難しい面もあるかと思われるが，利

用者理解の視点など，改めて考えさせられる内容も盛り込まれている。

坂本洋一『図説　よくわかる障害者自立支援法第2版』中央法規出版，2008年
　——障害者自立支援法の概要および具体的内容を分かりやすく解説している。図表を多く用い，視覚的にも分かりやすく解説している。また，資料としてサービス内容の一覧表が掲載されている。

6　児童福祉施設

■福祉実習モデルの目的・ねらい

　ここでは特に児童福祉施設の中でも，児童養護施設・情緒障害児短期治療施設・児童自立支援施設を中心とする入所型児童福祉施設を中心として，福祉実習モデルの目的・ねらいについて述べる。

　児童福祉施設には，何らかの理由で親と一緒に生活できない子どもたちが入所している。その入所理由は多岐にわたるが，現在の児童養護施設では親の死亡で入所している子どもはほとんどおらず，親の離婚や就労，精神疾患，放任，養育拒否，虐待などの理由から家庭で生活できない子どもたちが大半を占めている。

　自分の意思と関係なく，家庭で親と一緒に暮らせないでいる子どもたちは，どのような気持ちを抱いているのだろうか。私たちは，彼らの気持ちをどこまで理解できているだろうか。理解するまでにいたらなくとも，理解しようとどこまで努力できているのだろうか。児童養護施設をはじめ，情緒障害児短期治療施設・児童自立支援施設などの児童福祉施設では，彼ら子どもたちを理解しようとすることから，すべてがはじまると言ってよい。

　そのため実習においても，まず「子どもを知る」ことからスタートする。学生たちにとって，子どもとかかわる前後で「子ども」のイメージはずいぶん変わるようだ。実習前では，子ども時代を自分も経験してきたということもあり，比較的簡単に子どもを理解できて，彼らとすぐにかかわれるようになるだろうと思うようである。しかし現場実習に入り，いざ入所児童とかかわってみると，自分が頭の中で思い描いていた子ども像と違い，彼らにどのように言葉をかけたらよいのかも分からずに，子どもたちとうまくかかわれなかったりすることもある。子どもから辛辣な言葉を言われ，落ち込んでしまう学生もかなりいるようだ。

　特に児童養護施設をはじめとする生活型施設では，ほとんどの学生は子どもが居住する施設に「泊まり込み（宿泊）」をして実習に臨むことになる。この泊まり込み（宿泊）実習で学生たちは，真剣に子どもたちと向き合うことを余儀なくされる。自分が暮らしている「家（施設）」にいきなり他人がやって来て，「今日から実習だから1か月よろしくね」といわれても，誰でも受け入れられないのは当然で，そのため学生たちはまず子どもからさまざまな「試し行動」の洗礼を受けることになる。「この人はどんな人であ

るのか」「自分を本当に受け入れてくれる人なのか」といったことを確かめるため，子どもたちはわざと心無い言葉を投げつけてみたり，乱暴な振る舞いをしてみたりする。こうした言動にどう応えてくるかをみて，子どもたちは実習生を「試す」のである。その際，子どもの懐にポンと入り込める学生もいれば，自分をさらけ出すことに抵抗があり，子どもと打ち解け合うのに時間がかかる学生もいる。そのため心身ともに疲れ果てて，その日1日を終えることも少なくない。

　学生たちにとって，こうした経験は，かなりハードなものとなるが，しかしその代わり，施設で生活することで，子どもを理解する上でかけがえのない経験を得ることができるようだ。学生たちは子どもたちと共に生活し，真摯に向き合う中で，"ソーシャルワーカーとして"自分自身が子どもたちにどのような援助ができるかを具体的に考えていかなければならない。それこそが，社会福祉士実習には非常に大切なことなのである。

　福祉実習モデルの目的は，このようにときに子どもたちと笑い合い，ときに彼らから傷つけられたりしながら，子どもたちと向き合い，施設のスタッフたちの指導を受けつつ，家庭で生活できない子どもたちを"ソーシャルワーカーとして"理解しかかわっていく方法を学ぶことにある。その際，子どもを理解することは，ただ単に子ども一人に焦点をあて，彼らの気持ちや行動を理解するというのにとどまらないことも留意しておいてほしい。本当に子どもを理解するためには，その家族のことも理解する必要がある。また，それだけではない。学校での仲間関係や，地域社会で彼らがどのように接してこられたのかまで，ソーシャルワーカーは把握しておくべきなのである。子どもを取り巻く環境を理解してはじめて，私たちは子どもに適切にかかわっていくことができる。このことは，何度，強調しておいても良いだろう。

　以下では，「子どもと適切にかかわる方法を学ぶ」ために，モデル研究会で考案した福祉実習モデルについて具体的に述べていくことにしよう。実習中に自分の目標がみえなくなったりしたときには，これを指針として自らのポジションをもう一度確認したり，事前に立てた「実習計画書」の修正に役立てたりして，実りのある社会福祉士実習にするためのツールとしてもらいたい。

■福祉実習モデルの提示

　入所型児童福祉施設の福祉実習モデルは，図表7-7のようになる。

　まず，実習前には子ども家庭福祉「全般」に関する基本的な知識だけでなく，自分自身が行くことになる「各々の」実習施設についても，知識を習得しておく必要がある。その上で，実習施設と実習生間で行われる事前オリエンテーションに向けて，目標や課題を明確にし，実習計画書を作成しなければならない。

　実習前期では，実習施設の理解や一日の流れの把握はもちろんのこと，利用者とのかかわりを通して，「利用者の理解と支援」について学んでいく。具体的には，以下のものが課題として挙げられることになる。

① 児童とのコミュニケーションの取り方を考える。
② 児童の年齢（同年齢・異年齢）に応じた接し方について考える。
③ 生活指導・学習指導・あそびを通して子どもとのかかわり方を考える。
④ 行事への参加を通じて子どもへの接し方を考える。
⑤ 愛着障害を内在する児童との接し方について考える。
⑥ 子どもの権利擁護に即した生活指導について考える。
⑦ 親と子どもとの関係について考える。

　これらの課題は，日常生活場面で子どもとかかわり接していくなかで，ソーシャルワーカーの役割に気づいていく大切な部分である。そのため，1か月の実習期間中は，これらの課題とつねに向き合いながら，関連するプログラムをこなしていくことになる。一例としては，子どもとのかかわりにおいて「子どもの権利擁護に基づいた援助方法」について考えたり，「個人情報の取り扱いや守秘義務」に関して理解したりするといったことが挙げられるだろう。また「ケアワーカーとソーシャルワーカーの業務内容」の違いを理解し，「ファミリーソーシャルワーカー」や「臨床心理士」との適切な関係について学んでいくことも大切である。こうした課題は，実習施設の実習担当者，実習指導教員，実習生の三者で行う実習巡回指導を通じて点検され，そのことが実習前に立てた「実習計画書」を見直し，修正するきっかけになることもある。
　実習中期では，実習前期の課題を継続しながらも，実習内容をさらに進めていく。具体的には，「厨房実習や事業運営費に関する講義を受ける」ことで，「他職種との関連や連携」を学んでいくことになるだろう。また，「地域における施設の役割」についても，ボランティアとして施設に来る地域の人々とかかわったり，施設が行う地域貢献の手伝いをすることなどを通して理解できるようになるだろう。
　実習後期では，「職員間で信頼関係を構築する能力」を有することの大切さを知ることによって，実習の仕上げとしていくことになる。そればかりではなく，子どもの個々のケースについて「短期的・長期的な援助方針」を立て，実際に実施することができれば，社会福祉士実習としてより深みのあるものになるだろう。
　実習後には，実習について自己評価し，実習施設の評価をふまえて実習全体を反省することが重要である。さらに実習報告会を行い，他者の報告を聞くことで，自分の実習内容を多角的に評価できるようにしておく必要があるだろう。
　表中の「具体的内容」の欄をみてもらうと分かるように，すべての実習期間において各項目が，◎「基本的に達成すべき実習項目」，○「達成することがのぞましい実習項目」，△「できれば達成に努力する実習項目」の3段階に分けられている。これらを参考にしながら，それぞれの配属実習先の特色に合わせて実習に臨んでほしい。

■福祉実習モデル作成経過
　この福祉実習モデルは，配属実習施設のスタッフと学校の実習指導教員が協力し合い

ながら作成したものである。施設入所型児童福祉施設において社会福祉士実習として必要な基本8項目（「利用者理解」「機関・施設の理解」「職種の理解」「対利用者援助技術」「対スタッフ連携技術」「職業倫理・自己覚知」「実習態度」「（現場）実習担当者からの指導」）を確認し，それを学ぶためには，どのような内容を具体的に実習で行う必要があるのか議論した。

　入所型児童福祉施設の実習モデルで一番大切にしているのは，"ソーシャルワーカーとして"子どもと真摯に向き合うことである。これは，配属実習施設のスタッフと学校の実習指導教員が議論を重ねた過程において，つねに共有していた認識であった。児童福祉施設のスタッフとしてもっとも大切な点は何かと考えた時にまず浮かび上がってくるのはこのことなのである。

　児童福祉施設に入所してくる子どもの多くは，何らかの形で多くの大人たちに傷つけられてきた経験をもっている。彼らは一様に自己評価が低く，人との信頼関係を構築することが苦手である。そういった子どもたちを入所後あたたかく迎え入れ，困った時にはいつでも手をさしのべてあげることのできる環境を作り出していくこと，それは大変困難な仕事である。その際に必要となるのは，小手先のテクニックではなく，子どもたちと共に日常生活を送りながら，根気強く彼らと真摯に向き合っていくことなのである。

　実習においては，このことを十分に学んでもらいたいと考え，「利用者の理解と支援」の具体的項目が作成された。「利用者の理解と支援」に向けた実習プログラムのねらいは，子どもたちを理解し具体的な援助技術を身に付けることにあり，実習モデルの中心的な部分となっている。ただし「利用者の理解と支援」に向けた実習プログラムのねらいには，「利用者の家族理解と支援」が盛り込まれていることにも注目してもらいたい。

　現在，児童福祉施設では，家庭を巻き込んだサポート・プログラムが模索されはじめている。子どもたちにとって安全で安定した育ちの環境が必要不可欠であるという認識に立って，「子どもの最善の利益」と照らし合わせながら，家庭が安全で安定した育ちの環境となれるようサポートするプログラムが展開されるようになっている。子ども虐待に対しても，子どもを保護しケアするにとどまらず，家族を再統合し支援していこうとする試みが次第に行われるようになっている。子どもたちの抱える問題を解決するにあたり，家庭全体を視野にいれたソーシャルワークを行う人を「ファミリーソーシャルワーカー」と言う。近年では国の取り組みとの関連で，虐待の問題にあたり，家庭支援専門相談員というファミリーソーシャルワーカーが児童福祉施設に配置されるようになっている。

　また最近では，地域小規模児童養護施設が多く設置され，できるだけ家庭に近い制限の少ない形で子どもたちを養育している。ここには愛着障害を有している子ども，虐待等によって家庭への復帰が当分望めないであろう子どもや，保護者による面会がほとんどない子ども，自立生活援助を必要としている子どもなどが入所している。この施設のスタッフは，子どもたちを保護・養育しながら，子どもたちとその保護者が自らの家庭

図表7-7　社会福祉士実習モデル《児童養護施設・児童自立支援施設など入所型児童福祉施設》

時期	プログラム	ねらい	具体的内容	備考
実習前	事前学習	子ども家庭福祉に関する基本的知識の習得 施設の概要および施設に関する基本的知識の習得 職員の職種および業務内容の把握 社会資源の把握 利用者支援に関する基本的知識および技術の習得	◎子ども家庭福祉に関する基本的知識を習得する ◎関連する法制度に関する基本的知識を習得する ◎実習施設に関する基本的知識を習得する ◎職員や業務内容について理解する △地域における関連施設・機関やボランティアを把握する ◎援助技術関連科目の復習をする ◎ソーシャルワークの価値について理解する ◎ソーシャルワーカーの職業倫理・守秘義務について理解する ◎子どもの権利擁護について学び、自らの問題意識を高める ◎入所児童の背景や親と子どもとの関係について事例から理解する ◎ケアワークに関する基本的知識および技術を習得する ◎実習日誌や面接記録など、記録のとり方について学ぶ	様々な事例を文献から学び、子どもの入所背景や親と子どもとの関係について理解しておく
		実習のテーマ・課題の明確化 実習に臨むにあたっての基本的姿勢・態度の涵養	◎実習計画書を作成する ◎目標や課題を明確にし、実習の心構えをもつ ◎実習生として求められるマナーを身に付ける（挨拶、服装、言葉遣い、時間厳守）	
	事前オリエンテーション	実習目的の明確化・共有化 実習目的の明確化・共有化 施設概要および運営方針の理解 実習中の留意事項の把握	◎実習計画書を検討し、より具体的な実習課題の設定をする ◎実習プログラムについて検討する ◎施設の概要・運営方針の説明を受ける ◎実習にあたっての留意事項の説明を受ける ◎施設見学を行う	実習施設の実習担当者と実習生の二者で行う。可能であれば実習指導教員も含め三者で行う
実習前期	実習の心構え 倫理観	オリエンテーション 実習中の留意事項の把握	◎基本的社会性（挨拶、服装、言葉遣い、時間厳守、守秘義務）について実習施設の職員から講義を受け、実習にあたっての留意事項を再確認する ◎子どもに対する接し方について理解する ◎職員への質問の仕方について理解する	以後継続
		職業倫理・権利擁護	◎職業倫理について学ぶ ◎入所児童について権利擁護に基づいた援助とは何かを考える ◎守秘義務を理解した行動を習得する	以後継続
		スーパービジョン①	◎担当職員に適切な方法で質問をする ◎担当職員に適切な方法で自分の意見を述べる ◎担当職員に自分の実習テーマ・課題について助言を受ける	以後継続
	施設理解	実習施設の理解 一日の流れの把握	◎施設の沿革・規模・組織・入所児童の状況・職員構成・職務内容を確認し、理解する ◎施設の運営方針を理解する ◎施設の一日の流れを把握し、それに参加する △施設に関連した法制度を理解する	前期中に達成することが望ましいができなければ以後継続
	利用者に対する理解と支援		◎入所児童の名前を覚える ◎入所児童の現状把握をする	以後継続
		利用者の理解と具体的な援助技術	◎児童とのコミュニケーションについて考える ◎児童の年齢に応じた接し方について考える（同年齢・異年齢） ◎生活指導・学習指導・あそびを通じて子どもとのかかわり方を考える ◎行事等の参加を通じて子どもへの接し方について考える △愛着障害を内在する児童との接し方について考える ◎子どもの権利擁護に即した生活指導について考える ◎親と子どもとの関係について考える	実習施設の実習担当者と相談の上、これらの課題について事例研究ができるようであれば実施してみる
		ケース記録閲覧 利用者の家族理解と支援	△入所児童の入所理由についてケース記録を閲覧し理解する △入所児童の親の現状把握をし、理解する △児童の家庭復帰について考える	可能な時期にずらしてもよい。また、ケース記録閲覧が難しければ、担当職員の講義で補う
	職種間の理解	他職種の業務内容の理解・他職種との	◎ケアワーカーとソーシャルワーカー、またファミ	以後継続

		連携の理解①	・リーソーシャルワーカー，臨床心理士の業務内容を理解する ○施設で働く職員のチームワークについて理解する	
	巡回指導（以後随時）	中間評価とモニタリング 課題の達成度の把握① 実習計画書の見直し	◎実習が円滑に行われているか，これまでの実習期間をふりかえってみる ◎課題の達成度について確認を行う ◎必要に応じて実習計画書の見直しを行う	実習施設の実習担当者，実習指導教員，実習生の三者で行う
実習中期	関連施設・機関に関する理解	児童相談所など関連施設・機関との連携の理解	◎児童相談所などの関連施設・機関を見学し，関係や連携について考える △関連施設・機関と電話の応対を経験する ○同法人内での他施設（乳児院・保育所・母子生活支援施設・障害児者施設・高齢者施設）を見学し，関係や連携を理解する	以後継続
	地域における役割に関する理解	地域における施設の役割の理解	◎地域における施設の役割を理解する ◎施設に関係するボランティアの役割を理解する	以後継続
	職種間の理解	他職種の業務内容の理解・他職種との連携の理解②	○厨房実習を体験を通して，栄養士・調理師の業務内容や連携のあり方について理解する △事業運営費について担当職員から講義を受け，業務内容を把握する	以後継続
実習後期	利用者援助技術	入所児童と援助関係を形成する能力の習得	○入所児童との援助関係を形成する能力について考える ○入所児童の社会性と自立援助について考える ○入所児童の試し行為の理解と援助技術について考える △入所児童に必要な社会資源の活用について考える	実習施設の実習担当者と相談の上，これらの課題について前期の事例研究とも関連させてできるようであれば実施してみる
	スタッフ援助技術	スタッフと信頼関係を形成する能力の習得	○職員の間で信頼関係を形成する能力について理解する ○組織の一員として責任を果たす能力を習得する	前期から継続
		ケースカンファレンスへの参加	○ケースカンファレンスに参加し，個々のケースでどのような支援が検討されているかを学ぶ	
		スーパービジョン②	○援助技術の一つとしてスーパービジョンがあることを学ぶ	
	援助計画の作成	援助計画作成技術の習得	△入所児童の課題（短期・長期）について援助方針を立てる △親子関係調整の課題についての援助方針を立てる △家庭復帰についての援助方針を立てる	援助計画を作成し，可能であれば実施してみる
	反省会	最終モニタリング 課題の達成度の把握② 課題達成度の確認	○課題がどれだけ達成されたか，具体的に話し合い，実習終結に向けての確認を行う ○課題を達成しきれていない部分を把握し，今後の課題について考える ○課題達成度から実習評価について検討する	実習施設の実習担当者と実習生の二者で行う。可能であれば実習指導教員も含め三者で行う
事後学習	事後学習	課題達成度の点検 実習体験の言語化	◎実習先からの評価を踏まえて実習全体をふりかえり，実習指導教員と話し合う ◎実習の成果について検討し，今後の課題について確認する ◎自己の成長と自己覚知について検証する ◎実習ノートを見直し，実習報告書を作成する ◎実習報告会で，自分の実習体験を報告し，他者の報告を聞くことにより，自分の実習内容を多面的に理解する	

(注) ◎：基本的に達成するべき項目，○：達成することが望ましい項目，△：できれば達成に努力する項目

を再構築できる能力を身に付けることができるよう，サポートを行っている。

　このように現在，直接に子どもを対象とした支援を行うだけでなく，子どもと家庭をトータルに捉えた支援が行われはじめている。その意味で，「児童福祉」は今，「子ども家庭福祉」へと推移しつつある。それゆえ，子どもだけではなく，家族をトータルに理解し支援していくことが，児童福祉施設においては大切になってきているのである。このことも明確に打ち出して，家族の理解と支援を実習モデルに盛り込んでいくべきであるといった議論が活発になされ，これも実習モデルの中心的な部分となった。

もちろん「利用者に対する理解と支援」のあり方を学ぶだけではなく，より広い視点に立って，ソーシャルワーカー以外の職種，他の施設，施設がある地域と上手く連携をとっていくことも学ぶべきだと考えた。その結果，これらのことも明瞭に実習モデルにとりこまれ，学生たちが適切に学べるようになっている。このように子どもを取り巻く福祉の動向を見据えつつ，"ソーシャルワーカーとしての"知識，援助技術，スキルを身に付けることを目標にした実習モデルの作成を目指したのである。

■推薦図書

児童養護研究会『養護施設と子どもたち』朱鷺書房，1994年
　　――児童養護施設で子どもたちは，親と離別し生活している。そこで子ども自身，悲しみと葛藤を内在し，それを児童指導員・保育士にぶつけてくる。子どもと職員との人間同士の心の対峙，そこに，本当の人間援助がある。本書は，それを事例にて示し，児童養護施設の姿を社会に示そうとしたものである。

全国児童自立支援施設協議会『児童自立支援施設運営ハンドブック』三学出版，1999年
　　――児童自立支援施設における子どもとのかかわりは，言葉で表現しにくく，世間一般に理解されにくい面がある。また，福祉・教育・司法にまたがり複合化しているために，単一な視点で語れない面がある。本書は児童自立支援施設の実態を社会の人たちに認識してもらうのが目的で書かれている。

全国児童自立支援施設協議会『ふれあい物語①～⑮』三学出版
　　――本書は，家庭枠からはみ出した子ども，学校枠におさまりきらない子ども，そして，遂には社会枠を超えてしまった子どもたちが生活する児童自立支援施設の生活を通して，子どもたちがもがき，苦しみながら成長する過程を見守った事例集である。

遠藤和佳子・松宮満編著『児童福祉論』ミネルヴァ書房，2006年
　　――本書は，児童福祉に関する理念，法体系や実施体制について分かりやすく書かれており，現在行われている制度や施策についても理解できるようになっている。また，児童虐待や要養護児童のサービス，また障害児や保育，母子保健サービスにいたるまで詳細かつ適切にまとめられているため児童福祉全般を網羅できるであろう。児童福祉施設の現場実習に行くまでにぜひ復習もかねて熟読してもらいたい1冊である。

参考文献

岡本榮一・小池将文・竹内一夫・宮崎昭夫・山本圭介編『三訂福祉実習ハンドブック』中央法規出版，2003年。
宮田和明・川田誉音・米澤國吉・加藤幸雄・野口定久編『改訂社会福祉実習』中央法規出版，

1994年。

7 障害児福祉施設

■福祉実習モデルの目的・ねらい

　障害児施設のなかでも，福祉実習モデルで組み立てた施設は，知的障害児，肢体不自由児の通園施設である。

　障害児通園施設では，実習の受け入れのほとんどが保育士の実習であり，職員はほとんどが保育士であるが，他職種，たとえば理学療法士，作業療法士，言語聴覚士，臨床心理士などとの連携についてや，多岐にわたる障害について幅広い理解が求められ，そして保護者との関係など現場でのかかわりや動きが広範囲におよぶことから，社会福祉士の実習として何を行うべきか，実習生が学ぶべき点は何かなど学習課題はたくさんある。

　社会福祉の実習として基本的なことは，利用者を理解するということ，子どもと向きあうということからはじまる。子どもと向きあうというものの，スムーズにコミュニケーションがとれるわけでもなく，特に子どもたちは，さまざまな障害を伴い，症状の程度も違う。思うようにコミュニケーションがとれない。そのなかで，どのように一人ひとりと向きあっていくのかが問われることになる。

　最近の実習生の傾向としては，子どもは好きだがかかわったことがなく，ましてや障害児とのかかわりはほとんどないということがあげられる。このようななかで，コミュニケーションをとることや施設の日課に慣れることに実習時間の大部分を要していることもあり，提示している福祉実習モデルでは現場実習がはじまるまでの事前学習に重点をおいている。

　障害児を取り巻く制度についてや，障害児の特性についての理解，そして自分がそのなかでできる援助能力とはどのようなものか，まずは事前の学習を通してできるだけ多くの学びを深めていただきたい。

　また，障害児とのかかわりにおいては障害の症状についてもある程度の認識が必要になる。薬の服用の場合，服用の時間を間違えることなどが命取りとなる危険性も生じる。基本的な症状についてや子どもの特性などを理解して臨むことが大切である。

　これらを念頭に置いた上で，障害児福祉施設での実習において保育士実習との違いを明確にし，保育・療育面における学習はもちろん，保護者との関係や他職種の職員との連携についてや，他職種や関係機関・施設との調整について，それに伴うさまざまな制度や関係機関・施設の役割についての学習を行うことが重要となる。

■福祉実習モデルの提示

　障害児福祉施設の福祉実習モデルは，図表7-8のようになる。

図表7-8　社会福祉士実習モデル《知的障害児通園施設》

時期	プログラム	ねらい	具体的内容	備考
実習前	事前学習	障害者福祉に関する基本的知識の習得	◎障害に関する基本的知識（知的・肢体）を理解する ◎個別療育プログラムを理解する ○器具器材・教材について理解する	文献・資料および業者の器具・教材パンフレットを確認する
		施設の概要および施設に関する基本的知識の習得	◎知的障害児通園施設の法的位置付けを理解する ◎知的障害児通園施設の制度的役割を理解する	相互利用制度を知る 社会福祉法・児童福祉法（児童福祉六法・児童白書）
		職員の職種および業務内容の把握 社会資源の把握	◎職員や業務内容について理解する ◎地域における関連施設・機関やボランティアを把握する	利用者の実態を確認する 障害児（者）地域療育等支援事業を知る
		利用者支援に関する基本的知識および技術の習得	◎援助技術関連科目の復習をする ◎ソーシャルワークの価値について理解する ◎ソーシャルワーカーの職業倫理・守秘義務について理解する ◎権利擁護について学ぶ ◎実習日誌や面接記録など，記録のとり方について学ぶ	援助技術能力を確認する 専門職としての倫理観と視点で捉える
		実習のテーマ・課題の明確化	◎実習目的を明確化する ◎実習計画書を作成する ◎必要な文献・資料の検索，収集する	実習課題を具体化し，現場の課題事項をまとめる 具体的にできる課題目標・実習計画を基本として設定 文献・資料を確認する
		実習に臨むにあたっての基本的姿勢・態度の涵養	◎実習生として求められるマナーを身につける（挨拶，服装，言葉遣い，時間厳守） ◎利用者（園児・保護者）との接し方を理解する	
	事前オリエンテーション	実習目的の明確化・共有化	◎実習計画書を検討し実習課題を再検討する	計画に基づいたプログラムを確認する
		施設概要および運営方針の把握 実習中の留意事項の把握 施設の雰囲気の把握	◎施設の概要・運営方針の説明を受ける ◎実習にあたっての留意事項の説明を受ける ◎施設見学を行う	実習施設の実習担当者と実習生の二者で行う，可能であれば実習指導教員も含め三者で
実習前期	オリエンテーション 就業規則（実習規則）・倫理	実習プログラムの確認 実習中の留意事項の把握	◎実習課題の具体的進め方を確認する ◎実習上の留意事項を確認する ◎利用者（園児・保護者）の権利擁護に基づいた援助方法を学ぶ ◎守秘義務に基づいた行動，記録の取り方を学ぶ	計画に基づき実践する 専門職としてのかかわりを自覚する 現状と事前学習とを比較検討する
	利用者理解	利用者のニーズの把握	◎利用者（園児・保護者）のニーズに対する援助プログラムを学ぶ ○知的・肢体の障害児の特長を学ぶ	文献・資料の知識と実態を比較検討する
	施設の概要を理解	沿革・組織・役割・制度上の理解	○沿革，目的，役割，制度，組織，他機関との関係を学ぶ	相互利用制度・障害児（者）地域療育等支援事業を理解する
	各職種別業務の見学	職務内容の理解	○各職種の業務内容と役割を学ぶ △職種間の連携を学ぶ △ケースの記録・評価方法を学ぶ	福祉の仕事（オールガイドブック） ケース会議・IEP調整会議に参加する ケース記録・各評価表の内容を理解する
	巡回指導（以後随時）	実習プログラムの達成度の確認	◎実習の中間で総合評価し，問題点があれば計画を修正する ◎今後の実習に対して協議する（二者・三者）	実習プログラム進行状況を確認する 実習に対するモチベーションを高める
実習中期	援助計画作成	利用者のニーズの把握	◎利用者（園児・保護者）のニーズに対する問題点を考える ◎問題点を制度上・実態等と比較する	障害児を持った保護者心理を分析し援助方法を考える 児童福祉法・市条例等を理解する
	各職種別業務の見学	業務における問題点の確認	◎各職種の業務内容についての問題点を考える ◎職種間の連携における問題点を考える ◎ケースの記録・評価方法における問題点を考える	各職種の業務を法的に理解する 各職種の連携についての方法を確認する 記録・評価の方法が適切であるかを確認する

			△制度上における施設規準等と実態での問題点を考える △各職種の役割・業務における実態での問題点を考える	最低基準で適切な運営がなされているかを確認する 現状の業務を確認する
実習後期	実習指導教員による指導 （巡回または帰校）	援助計画の実践	◎これまでの実習内容を再確認し、援助計画を作成する ◎残りの実習に対して協議する（二者・三者）	実習プログラムの進行状況と実習内容について再確認する
	援助計画の実践	利用者の問題点の確認	○利用者の問題点に対する解決策を考える（短期・中期・長期） △制度改革を必要とする問題点の解決策を考える	社会福祉援助技術法による援助プラン 各制度・事業を確認して問題点を考える
	各職種別業務の見学	業務における問題点の確認	○各職種の業務上における問題点の解決策を考える △職種間の連携での問題点に対する解決策を考える △ケースの記録・評価方法での問題点に対する解決策を考える △制度上における問題点の解決策を考える △各職種の役割・業務の問題点に対する解決策を考える	施設長・児童指導員・保育士・事務員・医師・看護師・作業療法士・理学療法士・言語聴覚士・臨床心理士・栄養士・調理員等 解決策を具体的に挙げ実践（模擬的） ⇩
実習後	援助計画実践の検討	問題点に対する解決策の効果を検討	◎利用者（園児・保護者）のニーズと施設側のサービスの効果を検討する ◎適切なサービスが実施されているか検討する ◎保護者の生活の質を向上させることが可能か検討する	実践計画の効果に対して評価し課題を考える サービス提供内容に対する満足度を評価し課題を考える 保護者の家事援助計画に対する効果を評価し課題を考える
	各職種別業務と役割の再確認	各職種の解決策に対するプランの検討	◎各職種の業務内容に対する解決策の効果を検討する ○職種間の連携についての解決策の効果を検討する △ケースの記録・評価方法についての解決策の効果を検討する △制度上の施設規準等と実態での解決策の効果を検討する △各職種の役割・業務の実態での解決策の効果を検討する	解決策の効果を評価し課題を考える ⇩ 措置費制度・障害児（者）地域療育等支援事業の課題を考える
	事後学習	課題達成度の点検（実習全体のふりかえり）	◎実習先からの評価を踏まえて実習をふりかえり、実習指導教員と話し合う ◎実習の成果について検討し今後の課題について確認する ◎自己の成長と自己覚知について検証する	
		実習体験の言語化（実習報告会）	◎実習ノートを見直し、実習報告書を作成する ◎実習報告会で、自分の実習体験を報告し、他者の報告を聞くことにより、自分の実習内容を多面的に理解する	

（注）◎：基本的に達成するべき項目，○：達成することが望ましい項目，△：できれば達成に努力する項目

　障害児福祉施設の福祉実習モデルのポイントとしては，実習に臨む前の事前学習で知識としての習得をしっかり行い，現場での実習では利用者理解を中心に，事前学習での知識が実際にどのようなものであるのか，また専門職はどのように行動をしているのかについて学ぶこととしている。

① 実習前

　障害の症状や特性について理解しておくことと，障害児施設の役割や機能についてや利用者を取り巻く社会福祉制度について文献などから学ぶこととする。特に，障害児は児童福祉と障害者福祉とを併せた法制度から成り立っていることを理解しておく必要が

ある。
　また，利用者にかかわっている職種にはどのようなものがあるのか，それらの職種はどのような業務を行っているのか，そしてどのような連携をとる必要があるのか理解しておく。
　②　実習前期
　施設の職務内容を理解し，利用者理解に努める。具体的に障害の症状や特性を把握する。
　そして，他職種の業務内容や関係施設・機関や人的・物的な社会資源について，ケース会議や保護者との面談場面の出席から理解を行い，障害児に対する支援について考えることとする。
　③　実習中期
　利用者のニーズを把握し，支援（援助）計画を作成する。障害児やその家族，また他職種の職員から情報を収集し，障害児やその家族が抱えている問題やニーズを把握し，支援（援助）計画を作成する。
　④　実習後期
　支援（援助）計画の実践を行う。実践を通して，利用者が抱える問題点の再確認を行い，適切なサービスが提供されているのか考える。また，制度上の問題点や施設が抱えている問題点についても考えることとする。
　⑤　実習後
　達成課題のふりかえりを行い，障害児やその家族の支援について適切に対応できたのか，また，障害児やその家族を取り巻く環境や社会福祉制度についての問題点は何か整理を行なう。
　そして，社会福祉士としての業務内容や役割について整理を行い，自己覚知について検証することとする。

■福祉実習モデルの作成経過

　障害児福祉施設の福祉実習モデルについては，プログラム案の作成にはいたったが，現場の実習場面での試行については一部分の項目を行っただけで修正を加え提示をしており，今後も引き続き実践し検証していくこととしている。
　実習中はどうしても，子どもとのかかわりだけに集中してしまい，施設の日課に慣れ，職員との関係を築くことに時間がかかりすぎていたこれまでの実習生の様子や，また，保育士の実習との混乱から，社会福祉士の実習として何を行うべきか，学生が学ぶべき点は何かといった議論を現場の施設の職員と養成校の教員とで繰り返し行ってきた。そして，事前学習にできるかぎりの学習を済ませて実習に臨んでほしいとの想いから，実習生にとっても実習指導教員にとってもこれまで以上に多大な時間と労力を要することになるといえるが，幅広く多くの内容を盛り込む経緯にいたった。

また,「内容が詳細すぎて,紙上では取り組めそうな課題であるが,実際にはどこまで実施可能であるか見当がつかない」との現場からの声も上がっている。これらのことをどう解決していくか,今後の課題は残っている。

　社会福祉制度の改正は目まぐるしく行われており,現場の施設・機関では次から次へとその改正の対応に追われている毎日である。2005年,障害者自立支援法が制定され,2006年10月から障害児施設でも契約による一部のサービスの提供が可能となり,現場の施設・機関では利用者の保護者との面談に追われ多忙な業務内容となっている。

　子どもたちは自分のことについて認識ができているわけではなく,まして,障害の症状が早くから明確になっているわけではない。子どもの発達過程をみてゆっくり判断する必要がある。そのようななかで,早い段階からサービス内容を考えないといけない現実は保護者も施設側もとまどうことが多いのである。

　今後,社会福祉制度の改正をふまえた事前学習や実習の課題について,さらにモデル内容を組み立てなおす必要性があると思われるが,現時点では,この実習モデルをまずは実施し,今後改善をしながら分かりやすく充実した内容のものへと組み立て直していくことにしている。

■推薦図書

石部元雄・上田征三・高橋実・柳本雄次編著『よくわかる障害児教育』ミネルヴァ書房,2007年
　　――障害のある子どもの教育について基本的な知識を盛り込んだものである。障害児教育の歴史や障害児の発達特性とその教育方法や支援方法が詳細に記されている。また,今後の障害児教育の課題が挙げられ,支援者としてどのような視点から支援が考えられるのか,幅広く学べる内容となっている。

前川喜平・三宅和夫編著『障害児・病児のための発達理解と発達援助』(別冊発達22)ミネルヴァ書房,2002年
　　――子どもが発達する過程とその支援方法について,子どものQOL向上を目指した生活指導書として記されている。また,それぞれ障害の特性に応じた援助方法について,特に,障害を抱える子どもたちにとって重要となる医療的なケアの特徴と併せて詳細に記されている。

白石正久『発達の扉(上)――子どもの発達の道すじ』かもがわ出版,2003年
　　――子どもの発達過程について写真で分かりやすく書き記されており,子どもの発達過程について理解する入門書としてお勧めである。

白石正久『発達の扉(下)――障害児の保育・教育・子育て』かもがわ出版,2004年
　　――発達障害を抱えた子どもたちの保育を通して,そして子どもたちが学童へと成長していく中での教育や子育てのあり方について書き記されている。発達障害の理解と発達過程についての理解をさらに深めるものである。

佐々木正美『気になる連続性の子どもたち　ADHD LD 自閉症』子育て協会, 2000 年
　　——発達障害の子どもたちの特徴についてわかりやすく記されている。薄い冊子版であり, 読みやすい内容である。
佐々木正美監修『TEACCH ビジュアル図鑑　自閉症児のための絵で見る構造化』学研研究社, 2004 年
　　——自閉症児が自分を取り巻いている環境や情報を理解し, 自主的に行動ができるように, アメリカで研究・開発された TEACCH プログラム内容をイラストで分かりやすく説明し, 場所や作業ごとにポイントをおさえて記されている。

8 精神科病院

■福祉実習モデルの目的・ねらい

　現在, 精神医療は大きな変革期にある。「入院医療中心から地域生活中心へ」を基本理念とする精神保健医療福祉の改革ビジョンのもと, 精神医療の再編がはかられている。精神科病院においては, 長期入院者の退院促進やかれらの高齢化等, 地域における支援へ結びつけていくために解決すべき課題は多い。また, より身近な地域での治療を保障するため, 通院治療を重視するよう診療報酬が改定されたことから, 精神科診療所が増加し, 精神科デイ・ナイトケアを実施する医療機関はかなりの数にのぼる。さらに, 社会復帰のための地域資源が不十分ななか, 病院を経営する医療法人が社会復帰施設を併設する場合も多く, 医療施設における精神保健福祉士の役割は多様化しつつある。本モデルは, このような医療機関のうち, 特に, 精神科病院において実習を行う場合を想定している。

　精神科病院に所属する精神保健福祉士は, 入院中はもちろんのこと, 受診前や退院後も含め, 利用者の生活全般にかかわる支援を行う。多岐にわたる業務のすべてを学生が実習で網羅することは難しい。そのため, 本モデルは, 精神科病院における利用者の生活を共感的に理解し, 基本的な「かかわり」について学ぶことを, 実習の中核的な目標に置いている。

　実習生の多くは, 実習ではじめて精神科病院の内部に入ることになる。利用者とのかかわりや職場状況にとまどうこともあるだろう。あるいは,「なぜここにいるのか」を自問したり, 自らの価値観が揺さぶられるような体験をするかもしれない。さまざまな場面で, 自らが感じることをしっかりと見つめて自分をふりかえる。そして, 利用者と生活の流れを共有しながら, かれらを取り巻く状況や, かれらを理解するためのかかわり方について考える。本モデルが意図するのは, 実習生が配属実習中にこのような過程を経ることで, 卒業後, 精神保健福祉士として利用者との援助関係を活用していくための基盤を築くことである。

　もちろん, 病院における精神保健福祉士の役割やその援助の視点を学ぶことも, 実習

の大きなねらいである。実習生は、実際に、精神保健福祉士が個々の利用者と関係を作り、支援を進める過程を、観察して学ぶことができる。また、医師や看護師、作業療法士などの専門職と協同して行われるチームアプローチの実際を知ることになる。多様な実践活動にふれることによって、精神保健福祉士がもつ援助の視点や、チーム医療の中で果たす役割について、理解を深めてもらいたい。

ただし精神保健福祉士の業務の実際を理解するには、病院機能や医療的側面をはじめ、関連法規、地域の社会資源等に関する幅広い知識を習得することが不可欠である。また、面接技術やケースワーク、グループワーク等の援助技術に関しても、現場で実践的に用いるためには、理論を身に付けて、日頃のかかわりの中で点検していくことが重要である。

これら実習に関連する知識や技術の基本は、現場実習その他の学校の授業で学んでいる。そこで普段からの学習を重視し、実習に向けてこれらを確認していくことが、配属実習中に、実際の現場でどのように知識や技術が用いられているのかを学びとっていくための大切な準備となる。

■福祉実習モデルの提示

図表7-9に精神科病院における実習モデルを示す。

本モデルは、配属実習が180時間以上の場合を想定し、実習期間を実習前、実習前期、実習中期、実習後期、実習後に分けている。しかし、配属実習中のプログラムについては、実習生の進度や病院の予定等により柔軟に捉えられてよい。

ここで、モデルの各段階について述べていく。

まず、実習前には、精神科病院で実習するにあたり、基本的な知識・技術の習得に努める。

事前学習として、授業で学んだ精神保健福祉に関する基礎的知識を再確認すると共に、病院の概要等について学ぶ。また、精神保健福祉士としての価値や倫理、権利擁護の重要性について理解しておくことが求められる。そこで、倫理綱領を確認したり、自らの価値観や障害観等を再考しておくと良いだろう。

実習計画書を作成する際には、自らの実習テーマについて掘り下げて考え、それを達成するための実習課題をできるだけ具体的に記述する。同時に、実習の意義について考え、精神科病院で実習を行う動機について言語化しておく。

さて、実習前期の主な目標は、治療の場としての病院を理解することにある。まず病院の概要および機能について、全般的な理解を進める。そして、各部署の業務を把握しつつ、できるだけさまざまな治療・援助プログラムへ参加する。また、この段階では、病院全体の中で相談室業務の概要を理解するよう努めたい。そのためにも、早い段階から、随時、院内勉強会等に出席し、医療的側面に関する知識を得たり、院内カンファレンスに参加することで、チーム医療の中での精神保健福祉士の役割や視点について理解

図表7-9　精神保健福祉士実習モデル《精神科病院》

時期	プログラム	ねらい	具体的内容	備考
実習前	事前学習	精神保健福祉に関する基本的知識の習得	◯これまで履修した関連科目の内容を確認する ◯障害と疾病を併せ持つ利用者の特性を理解する ◯精神保健福祉に関する法制度を理解する ◯援助技術関連科目の内容を復習する	「精神保健福祉論」「精神保健福祉援助技術論」「精神科リハビリテーション」「精神医学」「精神保健」等
		PSWとしての価値観・倫理観の確立	◯PSWの価値について理解を深める ◯ソーシャルワーカーの職業倫理・守秘義務について理解する	
		病院の概要および病院に関する基本的知識の習得	◯精神障害者の権利擁護について学ぶ ◯精神保健福祉施設・病院の位置付けと役割について理解する ◯精神科医療の歴史と現状について学ぶ	
		実習のテーマ・課題の明確化 実習に臨むにあたっての基本的姿勢・態度の涵養	◯実習計画書を作成する ◯社会人として求められるマナー、実習態度、コミュニケーション、および守秘義務等の重要性を確認する	
	事前オリエンテーション	実習目的の明確化・共有化	◯実習計画書を検討する ◯実習プログラムを具体化する ◯実習動機を確認する	「どうしてPSWになろうと思うのか」を言語化する
		実習中の留意事項の把握	◯実習にあたって留意事項の説明を受ける	
実習前期	オリエンテーション	実習中の留意事項の把握	◯実習にあたって留意事項を再確認する	
	病院施設の見学	病院の概要に関する理解	◯病院施設の沿革、病院の概要（運営方針、組織や職員構成等）を理解する	閉鎖病棟・保護室の存在を知る
		病院の機能に関する理解	◯各部署の業務内容の概要を把握する	
	相談室業務	PSW業務の概要の理解	◯講義からPSWの業務内容について理解する ◯職員の動きや利用者の様子を観察する	
	治療・援助プログラムへの参加	各種プログラムの内容、目的、機能の理解	◯実施プログラム（病院レク、OT、家族教室、行事、SST等）へ参加し、各プログラムの意義について考察する	
	院内カンファレンスへの参加（随時）	利用者支援方法の理解	◯病院においてどのように利用者支援について検討しているのか理解する	
		チーム医療の中におけるPSWの役割の理解	◯病院で働く職員のチームワークについて理解する	
	院内勉強会等への参加（随時）	医療的側面についての理解	◯疾病と治療、薬等について理解する ◯病院における医師の役割を理解する	
	ケースファイル・カルテ閲覧	記録の意義と方法の理解	◯ケースファイル・カルテの読み方、書き方を学ぶ	
	コミュニケーション（以後継続）	実習担当者、職員、利用者等との人間関係形成	◯利用者、実習担当者、職員とコミュニケーションをとる ◯利用者、実習担当者、職員と良好な関係を築くよう努める	できるだけ毎日終了時に実習担当者とふりかえりの時間をもつ
		体験の言語化による気づき	◯実習担当者とのふりかえりを行い、感じたことや考えたこと、疑問、質問等を言語化する	
	巡回指導（以後随時）	中間評価とモニタリング	◯これまでのまとめと評価を行う ◯今後の実習課題を確認する	実習施設の実習担当者、実習指導教員、実習生の三者で行う
実習中期	病棟実習	入院生活の理解	◯病棟で利用者と積極的にかかわる ◯病棟での日課を理解する ◯他職種業務を理解する	
		行動制限の体験	△閉鎖病棟/保護室を短時間体験する	
	個別面接への同席①	利用者理解	◯長期入院となっている利用者の話を聞く ◯ケースについての説明を受け、利用者理解に努める	
		面接技術の実践的理解	◯職員と利用者のかかわりを観察する	
	訪問同行	地域生活の理解	◯利用者宅等の訪問に同行し、利用者の生活について理解を深める	
	他機関訪問	関連施設・機関との連携の理解	◯関連施設・機関（市役所、保健所、作業所、地域生活支援センター等）を見学を兼ね訪問する ◯他施設・機関との関係や連携のあり方に	

			ついて理解する	
	記録	記録の書き方の習得	◎接した利用者とのかかわりや同席した面接について模擬的に記録を作成する	
実習後期	個別面接への同席②	事例を通したPSWの援助の視点についての理解	◎継続して面接に同席する ○ニーズを把握する ○アセスメントの実際を学ぶ ○支援計画の立て方の実際を学ぶ	模擬的にアセスメントシートや支援計画を作成し，指導を受ける
	反省会	課題達成度の確認 解	◎課題の達成度について話し合う ◎今後の課題について考える	可能であれば院内で報告会を実施し，実習体験・効果を発表する
実習後	事後学習	課題達成度の点検	◎実習先からの評価を踏まえて実習全体をふりかえり，実習指導教員と話し合う ◎実習の成果について検討し，今後の課題について確認する ◎自己の成長と自己覚知について検証する	
		実習体験の言語化	◎実習ノートを見直し，実習報告書を作成する ◎実習報告会で，自分の実習体験を他者に伝えると共に，他者の報告を聞くことにより，自分の実習内容を多面的に理解する	

（注）　◎：基本的に達成するべき項目，○：達成することが望ましい項目，△：できれば達成に努力する項目

を深めることが望ましい。

　多くの実習生にとっては，まずは実習現場に慣れることが実習初期の課題となろう。そこで自ら進んで，職員や利用者とコミュニケーションをとるよう努め，良好な人間関係を作っていくよう心掛けたい。

　また，1日を通して自ら感じたことや考えたこと等を，実習指導者とのふりかえりや実習日誌への記述の際に言語化することは，実習期間全体にわたる，大切な作業である。これを通し，経験したことに対する理解や自己覚知を深めると共に，対人援助職である精神保健福祉士を目指す者として，自らの考えや感情を言葉にして他者に伝えることの重要性を認識したい。

　実習中期は，利用者やその病院での生活について理解を深めつつ，病院と外部との関係性に目を向けていく時期である。

　まず病棟実習では，利用者とかかわりをもち，病棟での日課や他職種の業務等を把握しながら，入院生活について理解する（配属先の状況が許せば，プログラムには，保護室に短時間でも入ることで，その存在を体験的に理解することも挙げている）。また，実習生自身が直接に，特定の利用者から話を聴き，担当職員から説明を受けることで，徐々に利用者理解を深めていく。

　そして，協力の得られた利用者について，精神保健福祉士の行う面接に立ち会うことで，個別の事例に対する理解を深めると共に，職員の面接技術を観察する。その後，同席した面接の記録を模擬的に作成して，記録の書き方を実践的に習得する。

　さらに精神保健福祉士に同行し，利用者の自宅等を訪問することで，利用者の地域での生活を理解する。また関連施設・機関を訪問し，病院と他機関との連携についても理解する。

　実習後期には，面接への同席を継続しながら，より具体的に事例を通して精神保健福祉士の支援のあり方について学ぶ。

実習生が，一人ないし数名の利用者との個別面談に継続的に立ち会うことで，ニーズ把握やアセスメント等，ケースワーク過程の実際を理解する。そして，特定の利用者について，アセスメントシートや支援計画を模擬的に作成してみることで，実践的に援助過程を学ぶことができる（実習の最終段階で，実践力を高めた実習生が，自ら面接を行うことで利用者のニーズを把握し，アセスメントや支援計画の立案ができればもっとも望ましい。しかしながら，それが困難な場合も多いと推測されることから，プログラムは「実習生による個別面談」を含まない）。そして，実習生が作成したアセスメントシート等は，担当職員からの講評を受け，評価できる点や改善点等を確認する。
　配属実習の最終日には，実習報告会を開催する等，指導を受けた職員らの前で実習の成果を発表する。学びの経験をまとめ，報告することは，実習生にとって，達成したことや今後の課題について考えるよい機会となる。このような反省会のもちかたにはさまざまな形式が考えられるが，実習担当者のほか，複数の職員からコメントをもらうことができれば，実習生が多角的に自己をふりかえるのに役立つ。
　実習後には，実習中に学んだことを学校に持ち帰り，実習指導教員の指導を受けることになる。事後指導において，これを集大成し，実習体験を言語化することで実習生の自己覚知を深める。また報告書の作成や報告会での発表を通し，自己の成長を確認し，学びを整理すると共に，残された課題や自らの方向性について考えていく。
　なお本モデルは基本的なものであるので，実習生の希望や目標に応じてより複雑な内容が加味されてよい。あるいは病院の形態によっては，併設のデイケアや社会復帰施設での実習を加えたり，特定の病棟を中心にプログラムを組んだりといったことも考えられる。
　また，もし，配属実習が90時間の場合に本モデルを参照するならば，内容的には実習中期のプログラムを終える辺りまでが一応の目安となるだろう。その場合，実習後期のねらいにある，事例を通してケースワーク過程を理解することは時間的に難しい。そこで，早くから精神保健福祉士の援助の視点を意識化するよう努め，日頃のふりかえりの中で指導者に指導を受けること等でこれを補うようにしたい。

■福祉実習モデルの作成経過

　モデル研究会では，メンバーである精神科病院医療相談室勤務の精神保健福祉士と実習指導教員とがチームを組み，精神科病院実習のモデル作成にあたった。
　その際，まずは精神科病院の病棟を中心とした実習モデルを作成することになった。一口に病院実習といっても，病院の特色や受け入れ体制の違いから，特定の病棟やデイケアでの実習を中心とする場合や，併設の社会復帰施設での実習を含む場合等，さまざまな実習形態がある。また，精神科診療所は増加しているものの，現状ではデイケアを中心とした実習になることも多く，そこで実習を行う学生の数は精神科病院と比べると少ない。このようななか，「ミニマムスタンダード」としての実習モデルの確立を念頭

に置くならば、まず、精神科病院での病棟実習型を基本モデルとして作成し、これを実習生の状況によって応用可能なものとすることが望ましいと判断した。そのため、本モデルのプログラムやねらいは、概ね基礎的な項目を中心として構成され、実習生によってはミニマムを超える部分を加えて変更することをなかば前提としている。

　作成したモデルの原案を、実際の配属実習において試行した後、精神科病院に対する意見調査の結果等をふまえ、修正したものが、本モデルである。

　なお、このモデルの今後の課題としては、第1に、医療機関における実習形態を類型化した場合について検討すること、第2に、より進んだアドバンスレベルのプログラム内容についてモデル化することが挙げられる。

■推薦図書

住友雄資他編『精神保健福祉士実践ハンドブック——ソーシャルワーク過程の場面展開にみる"精神保健福祉士"の実践活動と理論』日総研出版、2002年
　——精神保健福祉領域のケースワークを中心とした援助技術が、事例と共に解説されており、理論をより実践的に理解することができる。

精神保健福祉研究会監修『我が国の精神保健福祉——精神保健福祉ハンドブック』厚健出版（各年版）
　——精神医療および社会復帰・福祉対策の現状や、精神保健福祉行政のあらまし、認知症やアルコール関連問題等の精神保健上の個別課題への取り組み等が、コンパクトにまとめられている。関連法令、通知等の資料を含む。

日本精神保健福祉士協会編『障害者自立支援法——地域生活支援の今後と精神保健福祉士の実践課題』へるす出版、2006年
　——新法が制定され、精神障害者福祉は新たな局面を迎えている。制度の概要とその課題について、精神保健福祉士の立場から論じている。

第 8 章

福祉実習 Q&A

　本章では，実習前・実習中・実習後に多くの学生が抱くと思われる疑問を取り上げて，それらに対する回答を Q&A 方式で提示している。実習で悩んだり迷ったりしたとき，質問項目と回答・解説を読みながら，実習を実りあるものとするための一助としてもらいたい。

「実習中，困ったことが起きた時，どう対処すればよいのだろうか？」

本章では，このように多くの学生が抱く疑問に対して，Q&A方式で解説をする。

「困った！」と言っても，内容はさまざまである。特に利用者との間で起こる問題について，その対応の仕方は領域によって違う（たとえば，子どもか高齢者か障害者か）だろうし，同じ領域でもそれぞれの施設・機関によって違うだろう。何よりも相手の性や年齢，背景にある事情やパーソナリティなど状況によって異なってくるので，絶対的な答えというものはない。結局のところ，時間がかかっても自分自身で考え行動しなければならないだろう。しかし実際には，それが難しい場合が多い。一方で，自分勝手な判断がトラブルを招くことにもつながりかねない。そこで，行動指針の一つとして，このQ&Aを参考にしてもらえればと思う。

また「Answerに従っておけば大丈夫！」で終わるのではなく，実習中あるいは実習が終了してからも，「その対応で本当に良かったのだろうか？」，「もっと適切なやり方はなかっただろうか？」といったように，一つひとつ実習担当者や実習指導教員と確かめていくのが大切である。

以上，自分自身で考えるための材料（たたき台）として役立ててもらいたい。くれぐれも固定化したマニュアル的な使い方だけはしないように注意しよう。

Q1．まもなくはじまる実習に不安な気持ちでいっぱいです

もうすぐ実習がはじまるのですが，実習に対して，とても不安な気持ちでいっぱいです。どうすれば良いでしょうか。

A. 実習は，不安になって当たり前です。ただ，漠然とした不安を抱いている場合は，不安内容を具体化しましょう。不安材料が具体化している場合は，それに対して課題を整理していきましょう。

利用者との関係が上手く築けるか，といったことに不安がある場合は，まずは積極的に声かけをしていくことを最初の課題としてください。無視されるかもしれません，「帰れ！」と言われるかもしれません，子どもであれば泣かれるかもしれません。それでもめげずにその利用者との関係のもち方を模索していくことをイメージしてください。声をかけ続けることのほうが良い人，何気なくそばにいることのほうが良い人，少し離れたところから様子をみることのほうが良い人など一人ひとりに応じた対応法があるので，さまざまなパターンを想定してみてください。最初は，声をかけやすい人，応答のある人から関係をもちながら徐々にその輪を広げていってください。なかには利用者から実習生である皆さんに積極的に話しかけてくれる方もいます。そのような利用者から関係を作っていきましょう。そして，少しずつ他の利用者にも目を向け，どのような関係の保ち方が良いかを考えていきましょう。わずか1か月間の実習ですから，すべての利用者と良好な関係を築くのは，ほとんど不可能ですので，可能な範囲で良いと思いま

す。

　職員との関係を気にしている場合は，何よりも明るく，元気に，笑顔で，大きな声で挨拶をすることです。まず，実習生である皆さんは積極的に挨拶することを心掛けてください。すべての職員の方にこのことを意識的に行っていれば，まず心配はいりません。勇気をもって挨拶をすることがまずは第一歩です。次に，職員から学ぶ，という姿勢が大事です。分からないこと，困ったことがある場合も不安や遠慮があると思いますが，積極的に質問してください。

　実習計画書のテーマや課題が達成できるかといったことに不安を感じている場合は，もう一度計画書を見直しましょう。そして，具体的にどのように取り組むのかをイメージしてみましょう。イメージし難い，あるいは具体的にどう取り組めばよいか分からない，ということであれば実習指導教員に相談しましょう。実習開始後，計画を実施することが困難な場合もあります。テーマや課題を変更することは可能です。実習に取り組みながら軌道修正し，新たな実習計画を立てれば良いのです。

　そのほか，1か月間乗り切っていけるかどうかといった不安もあるでしょう。案ずるより生むが易しです。困難な状況に陥った時は，冷静に落ち着いて行動することを心掛けましょう。そして，困ったことが生じた場合は，実習指導教員，実習先の職員に相談すれば良い，という気持ちをもちましょう。事前学習で学んだことを整理すると共に，実習先の情報（ホームページ，実習先が発行している機関紙など）をもう一度見直してみましょう。

Q2．実習に向けてのモチベーションが上がりません

もうすぐ実習がはじまります。そのことは分かっているのですが，どうしても実習に向けてのモチベーションが上がりません。

A． 　実習は，時間を消費すれば良いというものではありません。受け身ではなく，目的意識をもった主体的な学習態度が求められます。その意味で，実習への意欲の向上は不可欠です。実習への意欲が高まらない理由として，いろいろなことが考えられます。現実逃避や「楽勝」と気軽に考えているかもしれません。いずれにせよ，実習をどう捉えているか見つめ直してみましょう。

　何のために実習に行くのか，実習で何を学ぼうとしているのかを整理してください。実習を行っている姿をイメージしてください。また，友達同士で実習に向けての心構えやテーマ・課題，不安などについて話し合いを行って，お互い刺激を受けるのも効果的です。これらのことを通して，実習に向けての気持ちを高めていくことを心掛けてください。過剰に不安感を抱くのは問題ですが，ただ実習に行くだけ，といった消極的な気持ちでは，実りのある実習はできません。

> **Q3．職員が利用者を子ども扱いしており，疑問を感じています**
> 実習先の職員が成人の利用者を「○○ちゃん」「○○！（呼び捨て）」「○○（ニックネーム）」で呼ぶなど，まるで子ども扱いしており，疑問を感じています。

A． 利用者と職員の関係は，長年培われてできあがったものです。その場面だけをみて問題視するのは早計です。まず，なぜそのような接し方をしているのか，意味を探りましょう。しっかりとした根拠があるかもしれません。根拠が見出せず，単に親しみを込めて，ついつい，といったものであれば，それは問題です。まず，疑問に感じた職員の利用者への接し方にどのような意味があるのかを職員に聴いてみることです。根拠のある納得の行く返答であればそれで良いと思います。そうでない場合は，自らの想いを冷静に実習担当者に話してみることも重要です。あるいは，実習指導教員に相談してみるのも方法です。いずれにせよ，一人で抱え込まないで誰かに相談してください。

社会福祉は，利用者の自立支援を目指しています。ソーシャルワークも当然利用者の自立支援に向け，専門的にかかわっていきます。そう考えると，成人の利用者を子ども扱いするのは，自立を阻害することになってしまいます。「今，この利用者にはこのようなかかわりが必要で将来の自立支援に向けた重要な意味をもつ」といった場合を除いては，「○○ちゃん」「○○！（呼び捨て）」「○○（ニックネーム）」で呼んだり，子どものような接し方をしたりするのは好ましくありません。

皆さんは実習生として利用者とは短期間のかかわりとなります。短期間では，利用者との関係を築いていくにも限界があることは事実です。よって，実習生として，謙虚な態度で接することを心掛けてください。利用者を一人の人として尊重し，決して流されないようにしてください。子ども扱いしたり，馴れ馴れしく接したり，指示的な態度で接したりするのは利用者に対して失礼です。

> **Q4．利用者が突然意識を失いました。どうすれば良いでしょうか**
> 利用者と一緒に作業をしていたところ，利用者が突然意識を失ってその場に倒れこみ，全身にけいれんを起こしました。付近に職員も誰もいません。どうすればいいでしょう？

A． あわてず落ち着いて様子をよく観察しましょう。
てんかんの大発作（強直間代発作）かもしれません。舌をかまないようにタオルなどを口にくわえさせたり，呼吸がしやすいように顔を横に向けるなど緊急の対応をして，すぐに実習担当者など職員に連絡して指示を仰ぎましょう。

職員は利用者の既往歴や健康状態についての情報を把握しているので，以前より発作があり治療しているのであれば，適切な対応を周知しています。欠かさず服薬してい

て発作が頻回に起こっているようであれば，重積状態かもしれないので早急に医師の診断や指示を仰ぐ必要があります。

参考文献
山下格『精神医学ハンドブック——医学・保健・福祉の基礎知識』日本評論社，1996 年，144〜145 頁。

> **Q5．職員から個人的なつきあいを求められ困っています**
> 職員から実習時間外に1対1で食事やお茶，あるいはドライブなどに誘われています。どうすれば良いでしょうか。

A． これは実際に，特に女子学生に起こりうる事例です。男性職員から時間外に1対1で食事やお茶，ドライブに誘われるといったことなど，いろいろな場合が考えられます。なかには実習に関する話があるという名目で誘われることもあります。最近は，ネット上のソーシャルネットワークサイトへ誘われるなど，新しい事例も生じています。

学生としては，職員との人間関係を良好に保っておきたい気持ちがあり，指導を受ける実習生の立場では，断わるべきだと思っても断りにくいと思う人もいるでしょう。しかし，こうした場合は，はっきりと断らなければなりません。そして「個人的なつきあいは学校から禁じられています」ということをきちんと言っておきます。また，そのことを実習担当者に報告し，対応してもらうようお願いしましょう。それで上手くいかない場合は，実習指導教員に相談しなければなりません。

なかには実習担当者が多忙で，なかなか話し合いがもてない，あるいは学生から実習担当者に話がしにくいといったことで，対処が遅れる場合もあります。そうした場合には，学校の実習指導教員に早めに相談しましょう。

また，当の実習担当者その人から個人的なつきあいを求められることも考えられます。その場合はよけい断りにくく，また断ると実習評価が悪くなってしまうのではないかという不安が先立ち，学生が大きい葛藤状況におかれることもあります。こうした場合にも学生が一人で思い悩むことなく，すみやかに実習指導教員に連絡を取り，相談しなければなりません。

職員から個人的なつき合いを求められた場合には，こうした状況に立ちいたったことについて自分に非があるとか，自分の責任で処理しなければならないなどと，誤って思い込まないことが大切です。こうした問題は自分で抱え込まないで，実習先の実習担当者や学校の実習指導教員にありのままを打ち明け，早めに相談することが何より重要です。学校にまかせることが必要です。

Q6. 性的嫌がらせにどう対処すれば良いのでしょうか

性的嫌がらせと思われることに対して，どう対処すれば良いのでしょうか。

A. これも主として女子学生と男性職員の間で起こりうる問題です。性的嫌がらせにはいろいろなことが考えられますが，もっとも起こりやすいのは，職員が至近距離で学生の肩に手を置いて話をするなど，身体的接触が行われる場合です。いやだとか，気持ちが悪いなどと思いつつ我慢をしていると，そのような事態がしばしば起こったり，さらにエスカレートした行動につながるなどといったことも生じます。

実習生としては，職員と良い人間関係を作らなければならないとの思いがあり，関係をこじらせることにならないか悩む人もいます。しかし，こうした不快と思う相手の行為には，あいまいでなく，はっきりと「やめて下さい。お願いします」と言わなくてはいけないのです。

そして同時に実習担当者に相談しておくことが必要です。学生が当の問題職員に言うべきことが言えないような場合はなおさら，早急に実習担当者に対処をお願いすることが必要です。それで問題が収まらないようなら，学校と連絡を取り，実習担当教員にすみやかに相談しなければなりません。

そのほかに，利用者から実習生への性的嫌がらせと思われることが起こることがあります。相手が利用者の場合も，その場で，こうした問題行動に対する善悪の判断をきちんと伝えることが必要です。しかし，実習生にとってはそれが難しいこともあり，ただちに職員に報告し今後の対応を相談しなくてはなりません。その利用者の年齢，その人が抱えている問題や障害の状況によって，考慮しなくてはならないことは多様です。実習生だけで対応できる問題ではありません。

いずれにしても，利用者からの問題行動については，実習担当者に早急に指導を受ける必要があります。

Q7. 実習で一緒に学ぶ他大学の実習生との関係で悩んでいます

実習で一緒になった他大学の実習生との関係で悩んでいます。どうしたら良いのでしょうか。

A. 最近は同大学や他大学などの大勢の実習生と一緒に実習期間を過ごす場合が多くみられます。

学生同士の関係は悩むところですし，悩んでいる原因についても対処方法が違いますが，見た目は自分とは性格が違うような気がして，話しかけにくい感じはしますが，まずはこちらから話しかけてみるようにしましょう。同じように実習の学習をしているもの同士，実習に対しての悩みや不安は案外同じです。

また，実習先から「実習生同士仲良く行動するように」と言われているにもかかわら

ず，一緒の実習生は，会話もしたがらずにいる場合や自分とは全く性格が合わずかかわりたくないと思っている場合もあります。しかし，この場合も嫌がらず，まずはこちらからあいさつなど，声をかけてみることからはじめましょう。社会には自分と違う性格の持ち主や考え方の違う人は大勢います。これも実習の一つだと思い，話をしてみるようにしてください。

ただし，声をかけ続けてもあいさつも返ってこないし，相手の対応が悪かったりする場合や，実習業務にさしさわるような不当な扱いで悩んでいる（あなたに不利な影響を与える）場合は学校の実習指導教員に相談して指示を仰ぎ，施設・機関の実習担当者に相談をするようにしましょう。

自分以外の他の実習生がある学校から大勢で来ていて，そのグループの中に入れない場合があります。その場合も勇気を出して，声のかけやすい人に声をかけて話しをするようにしましょう。他学校での学習の様子や課題などの話を聞くことができ，良い情報交換となり，実習に対する意識も高まってきます。勇気を出して声をかけてみましょう。

また，悪気はないのですが，一緒の実習生が実習中に頻繁に近寄ってきて話しかけてくるなどの場合は，「実習中なので集中しましょう」と，しっかり相手に話をしましょう。それでも無理な場合は施設・機関の実習担当者に相談してみましょう。実習時間中は私語を慎み，実習に集中してください。業務以外の会話や実習中の情報交換などは休憩時間やその日の実習が終わってから行うようにしてください。

Q8．職員から他の実習生と比較され困っています

実習先の職員から他の実習生と比較され困っています。やる気がなくなりそうです。

A． 実習先の職員から他の実習生と比較されていて困っている場合ですが，人には相性などがあり，同じことを同じように行っていても，理解してもらえる人ともらえない人とがいる場合があります。

比較されている点はどういう部分なのか，直すためにどのようにすれば良いのか，まずは自分で考えてみましょう。そして，施設・機関の実習担当者に比較されている点は何かを尋ね，それについて自分で考えた改善すべき点について話をしてみましょう。

自分では気づかなかった部分を指摘されることもありますし，これまで分かっていたが直すことのできなかったこともあります。実習では学校での生活とは違い社会人として社会的マナーや態度をもって臨まないといけません。指摘を受けた部分を真摯に受け止め，改めていくようにしましょう。

また，同時に他の実習生はどのように行動しているのかみて，良い部分はまねてみることもしてみましょう。

万一，実習業務にさしさわるような不当な扱いで悩んでいる（あなたに不利な影響を

与える）場合は，まずは学校の実習指導教員に相談して指示を仰ぎ，行動するようにしてください。学校の実習指導教員からの指示で，比較する実習担当者以外の職員に相談をする場合も出てきます。まずは相談してから行動に移しましょう。

実習先のすべての方（利用者，職員）から比較されている場合は，きっと実習に集中できないような状態で深刻に悩んでいることだと思いますので，すぐに学校の実習指導教員に相談してください。

ただ，実習先の利用者や職員の中にはあなたが一生懸命取り組んでいる姿を必ずみている方はいます。直接あなたに声をかけることはないかもしれませんが，みている方がいますので，手を抜かず，あなたの持ち味は何かを考え，その持ち味をいかし，あなたができる最高の行動で取り組んでください。

> **Q9.「職員には内緒にしてほしい」と言われたのですが**
> 特別養護老人ホームで実習をしています。先日，ある利用者の女性から，「職員さんには内緒にしてほしいんだけど…」と話を切り出された際に，上手く返答できるか不安で，用事があることを伝えて，その場を離れてしまったのですが，職員さんには内緒にしてほしいということですし，このような時，どうすれば良いのでしょうか。

A. 「職員さんには内緒にしてほしい…」と言われる場面に遭遇した時，私たちの脳裏にはさまざまな思いがよぎると思います。たとえば，「自分を信じて打ち明けてくれているのかな」といううれしさと同時に，「もし，話す内容が自分一人の力ではなかなか返答できないような場合にどのように対応すればいいのか」という不安などが挙げられます。

では，このような場面に遭遇した時，どのように対応すれば良いのでしょうか。

ここで考えてほしいのは，実習生としての立場とは何かということです。実習生は，限られた時間の中で，利用者や職員に学習の場を提供され，日々の実習目標にてらして学習に励む立場にあります。一方，利用者や職員にとっては，これまでも，そしてこれからも暮らし続ける生活の場です。そのため，実習生と，利用者や職員とは立場が異なることを自覚する必要があります。

もちろん，利用者のさまざまな思いを受けとめる姿勢を貫くことは実習生としてふさわしい行為ですが，利用者との個人的な約束や内緒事のように，利用者と職員とのこれまでの援助関係の方向性を崩しかねない言動や利用者の気持ちを結果的に振り回すような言動に発展するようなことがあってはならないことです。したがって，実習生は，自分の勝手な判断で，利用者に言われた通りに，職員に内緒にして，利用者との間で内緒の話を展開させるような行為を行うことは避けなければなりません。

しかし，このような場合，実習生は，利用者の意にそわない行為を行うことについて，

戸惑いや罪悪感，違和感を感じるかもしれません。

　では，利用者の内緒話の内容が利用者自身の心身や生活に不利益をもたらすことであればどうでしょうか。あるいは，他の利用者や実習先全体の不利益に関連してくる内容であればどうでしょうか。実習生は，学習に励む立場であるだけでなく，実習先で見聞したことや考えたことを報告，連絡，相談する立場でもあります。

　そのため，実習生は，このような場面に遭遇した時，慎重に検討する姿勢が求められます。そして，この検討こそが，実習生の福祉専門職としての資質を考える機会になります。具体的に言えば，利用者の秘密保持や信頼関係の構築と，利用者の利益を守ることとの間でのジレンマ（2つの間で板ばさみになり，決められない状態）を少なからず経験することになります。

　なお検討した結果，対応方法に困れば，職員に相談した方が良いと思います。職員は，このような場面で，実習生と利用者との関係を崩すような言動を避けながら対処するように努めてくれますので，一人で抱え込まずに，利用者との間で交わされた内容について，職員に相談や報告することを勧めておきたいと思います。

Q 10. 実習日誌が上手く書けるか不安です

　実習では，毎日実習日誌を書かないといけませんが，上手く書けるかが不安です。上手く書けるようにするにはどうすれば良いのでしょうか？

A. 実習日誌を書く際に，実習生がもっともよく困ることとして，「書きたいことはあるが，それをどのように書けば良いのかが分からない」「言葉が思いつかない」など，頭に描いた内容を言語化する作業で苦労する場合が多いようです。確かに，何について書けばよいのかは，本書第5章第6節でも触れたように，今日1日の中で印象に残っている場面や，疑問に感じた場面について，客観的事実と評価に分けて記入するということを頭では理解できたとしても，それをどのように表現するのかは別の問題であるといえます。しかし，表現方法に困り，教科書や関連文献の力を借りて実習日誌を作成すると，マニュアル的な固い文章になり，実習生の声や想いの込められた文章からはおよそかけ離れたものとなります。

　では，どのようにすれば，頭で描かれた内容や胸の内の想いを言語化することができるのでしょうか。

　実習までにそれほどの期間がなければ，まず1つは，実習報告集に目を通してみることです。実習報告集は，先輩が実習終了後に作成した実習報告書が冊子にされているものです。多くの養成校で実習報告集を作っていたり，他の養成校からの実習報告集が保管されていることもありますので，実習指導教員にたずねてみるといいと思います。実習報告集では，実習の成果や考察，反省点など，先輩の率直な想いが込められていますので，それを1枚1枚熟読し，間接的にではありますが，実習生としての視点や観点，

感性に磨きをかけておくことが大切です。

　そして，もう1つは，実習がはじまった際に，教科書や関連文献を安易に利用して，実習日誌をきれいにまとめることに力を注ぐのではなく，実習日誌の作成の流れに従いながら，まずは，自らの言葉や表現で書いてみることです。最初は，書き慣れないため，苦労することもありますが，実習担当者や実習指導教員から助言を受けたり，実習内容にも深みが増してくると，実習日誌の中身にも良い意味で反映されてきます。したがって，毎日の目標をしっかりと設定し，可能な限り，観察力と洞察力（物事を見通す力や見抜く力）を働かせながら，その目標にそって実習にのぞみ，その成果や課題をふりかえった上で下書きしてから清書することが大切です。

　しかし，本来，実習日誌を記入するにあたっては，豊富な語彙力（用いる言葉の数の程度）と磨かれた感性は重要なポイントとして挙げられます。したがって，実習までにある程度の期間があれば，教科書や関連文献を熟読するだけでなく，新聞やニュースにも目を通したり，みることを通して，家族や友人と積極的にディスカッションを行うことも大切です。さまざまな情報源から，実習日誌の記入時に用いる言葉のヒントを得られることもありますし，家族や友人とのディスカッションを通して，人や物に対する多面的な見方や考え方を家族や友人から受けられることや，自らの中に眠っていた感性が呼び起こされることもあります。そのため，事前学習の一環として実践しておくことが大切であるといえます。

Q 11. 利用者の一つひとつの言動の意味が分かるか不安です

来週から老人デイサービスセンターで実習がはじまります。事前のオリエンテーションで，実習担当者から「積極的に利用者とコミュニケーションをはかって利用者理解に努めて下さい」と言われましたが，普段高齢者と接する機会のなかった私にとって，利用者の一つひとつの言動をみてもどのような意味が込められているのかが分からないのではないかと思い，不安です。どうすれば良いのでしょうか。

A．　「なぜ，この子はこのような行為をしてくるのだろうか」「なぜ，この人は何度もこのような話をしてくるのだろうか」。実習生は，実習中に，さまざまな世代や境遇をもつ利用者とかかわるにつれて，このような疑問を抱くことは決して少なくないといえます。そして，まずは，このような疑問をもつ視点を意識的にもつようにすることが大切です。次に，その疑問を解決するために，実習生として，どのような行動に移すのかという行動力と，解決に向けて収集した情報を活用しながら，どのような解答を導き出すのかという分析力を養うことこそが実習の意義であるといえます。

　ところで，私たちは，初対面の人とかかわる際に，相手に関心をもち，相手を理解するためには，どのような働きかけをするでしょうか。まずは，相手の生活歴や趣味，関

心事などの基本的な情報を収集することからはじまります。次に，相手の価値観や胸の内に秘められている想いを引き出しやすいような内面的な質問に移りながら，相手を立体的に観察する試みを実践する場合が多いでしょう。この流れは，実習の場面でも同じであるといえます。したがって，利用者の一つひとつの言動の意味について考える前に，利用者一人ひとりに関心をもち，多面的に理解するために，利用者に関する情報を収集することが大切です。

　では，どのようにして情報を収集すればいいのでしょうか。

　第1に，利用者と直接的にかかわるなかで，相手の言葉や表情，仕草，行動一つひとつを丹念に拾い上げ，大切に受けとめる姿勢をもつことが大切です。第2に，利用者と日頃かかわっている職員や家族からの話のほかに，ケース記録の中にも見逃すことのできない情報がありますので，職員や家族と積極的にかかわりをもち，実習先で許可が下りれば，ケース記録を閲覧させてもらうような探求心のある姿勢をもつことが大切です。第3に，各世代や各症状特有によって生じる言動もありますので，実習先での対象となる利用者の特性について，事前に，そして，実習中にも学習し続けることが大切です。

　このようにして，利用者の情報を可能な限り収集し，それぞれの情報と情報を結びつけながら，利用者がどのような世界で生活しているのかを分析，理解することを行う過程で，利用者の一つひとつの言動の持つ意味が少しずつみえてくるといえます。なお，この過程は，決して簡単なことではありません。したがって，断片的にでも良いので，まずは，できる範囲の中で精一杯取り組む姿勢で実習に臨むことが大切です。また，このような過程を経て，利用者の一つひとつの言動のもつ意味が理解できなかったり，複数の意味が想定できる場合には，職員から助言を受けることが効果的であるといえます。

Q 12. 実習計画書の目標や課題が達成できるかどうか不安です

実習前に実習計画書を作ってみましたが，本当に実習計画書の目標や課題が達成できるかどうか不安です。どうすれば良いのでしょうか。

A. 「実習計画書」は，配属実習に向けて自分が実習期間中に達成したいテーマや具体的課題を集約したものです。あなたが今までに受けたさまざまな講義や援助技術演習，研究演習（ゼミ）での学び，ボランティア活動など，日々を通じて積み重ねてきた事前学習から自分の関心のある課題を選択し，実習指導教員との面接を通して具体的な実習計画を立ててきたことと思います。

　この実習計画書は，"自分らしい"ものにしないといけません。これができていないと，実習に対して不安感が募ってしまいます。"自分らしい"実習計画書を書いているか，もう一度，考え直してみましょう。あなたが福祉に対してもっている想いを自覚し，形にしてください。それを，テキストからうつした文章ではなく，自分の言葉で書いてみましょう。そうすることで他の誰のものとも違う"自分らしい実習"を，しっかりと

模索してください。

　このことをしっかりしたはずなのに，それでも本当に実習計画書の目標や課題が達成できるかどうか不安であるなら，ぜひ実習指導教員に自分の不安な気持ちを打ち明けてみてください。もしかしたら実習計画がまだ十分に煮詰まっておらず，具体的なものになっていないのかもしれません。

　配属前には実習オリエンテーションに行って，実習先の実習担当者と実習計画書のすり合わせを行う時間があります。そこで実習計画書について，実習担当者にしっかりと説明しましょう。実習担当者とのコミュニケーションが不十分だと，実習計画書が実現できる具体的なものになっていきません。このこともチェックしてください。もし実習担当者とのコミュニケーションが十分でなかったと思うのなら，配属実習がはじまったら実習計画について実習担当者に再度相談しましょう。実習担当者から具体的なアドバイスがもらえると思います。

　しかし，現場実習がはじまってみていざ実習前に立てた計画を遂行しようとすると，あんなにも考えて自分が立てた実習計画書なのに，「どうも実現可能ではないなぁ」とか，「私の配属実習先ではこの課題は実施できないかもしれない」と不安に思うかもしれません。また，実習前には頭の中であまりに多くのことを期待しすぎて，現場実習に入ってみると気持ちばかり空回りし，自分が思っていたような配属実習の内容ではなく落ち込んでしまうこともあります。

　その時には，期待をし過ぎている実習計画書の目標や課題については，いったん横においきましょう。そして，自分の不安がどこにあるのかじっくりと考えてみましょう。まだ実習に慣れておらず，それどころでないかもしれませんが，焦らず，じっくりと実習に真正面から向き合ってください。いろいろと要因を考えてみて，やはり実現可能ではない実習計画書であると感じた場合は，学校の実習指導教員，実習施設・機関の実習担当者から評価をもらい，助言を受けるようにしましょう。もし修正が必要なら，思い切って実習計画書の修正をしてもかまいません。実際に実習に行って感じたことから具体的な課題を考えてみると，これまで考えもしなかったような問題意識が生まれ，より"自分らしい"実習になる場合もあるので，大丈夫です。

　「実習計画書の目標や課題が達成できるかどうか不安である」という悩みは，あなただけではなく誰にでもあります。それぞれの時期で不安な内容は違いますが，事前準備をしっかりして，配属実習先のことをよく理解して実習に臨んでください。そして学校の実習指導教員，実習施設・機関の実習担当者といったさまざまな人たちからのアドバイスをしっかり聞いていけば，必ず良い実習になります。せっかくの現場実習の機会なのです。少しでも多くのことを学んでいくように，ぜひ前向きに取り組んでください。

Q 13. 実習中,利用者と上手く関係がとれません

実習中,利用者と上手く関係がとれません。そんな時はどうすれば良いのでしょうか。

A. 社会福祉援助において,利用者との良好な関係づくりは,有効な援助関係を築くために欠かせません。実習生は,限られた期間の中で利用者とかかわることが求められます。そのため,「職員のように利用者とかかわることができない」,「どのように接すればよいか分からない」など,利用者との関係づくりの難しさを痛感する人が多くいます。しかし,利用者は,援助者との毎日のかかわりを通して,「この人になら お願いできる」という信頼をもって援助を受け入れることができるのであり,短期間の中で実習生が職員と同じように利用者と上手く関係をとることができないのは当然です。

そこでまず,実習では,利用者を理解するために,できるだけコミュニケーションをたくさんとるように努めましょう。高齢者の場合は,昔の遊びをしたり,小学校唱歌や演歌を一緒に歌ったり,子どもの場合は,今流行の歌やゲームなどの話をしたりすることで,会話が広がり,お互いの理解が深まることがあります。ケース記録や職員の方から得る利用者に関する情報がコミュニケーションをはかるきっかけになることもあります。

特に留意すべき点として,高齢者とのコミュニケーションでは,相手のペースに合わせて話を聴き,分かりやすい言葉を用いながら,それぞれの聴力に合わせてゆっくり,はっきりと話をすることが大切です。認知症などの症状により,自分の世界と現実とのズレに不安を感じている場合には,その利用者が抱いている世界を受けとめ,共感する姿勢が重要です。また,障害者(児)とのコミュニケーションでは,障害に応じたコミュニケーションの方法(筆談,身振り,手話,文字盤や福祉機器の利用など)を知り,利用者の表情や身振り,手振りからもその人が伝えようとしている思いや感情をしっかりと読み取る力が必要となります。

コミュニケーションを取る際には,話しやすい人とばかり接することのないよう配慮することも大切です。実習生が利用者の方々を観察しているように,利用者もまた実習生をよくみています。日頃の取り組みの姿勢が,利用者との関係を深めるきっかけにつながることも頭においておきましょう。

Q 14. 実習内容が相談業務ではなくほとんど介護業務です

特別養護老人ホームへ実習に行っているのですが,相談業務に関する実習はあまりなく,ほとんど介護業務を行っています。そのような時は,どうすれば良いのでしょうか。

A. 　　実習先の中には，相談援助のほか，高齢者や障害者に対する食事や入浴，排泄等の介護を提供する施設があります。施設によって，実習生が利用者の介助に全く携わらない実習を行っているところもありますが，ほとんどの場合，介護業務が実習内容の一つとして組み込まれています。

　その理由として，社会福祉士として相談援助を行う場合，本人や家族の言葉に耳を傾けつつ，目の前にいる利用者の状況を把握し，その人の生活を支えるための援助を短時間で具体性をもって見極める力が必要であることが挙げられます。たとえば，利用者が認知症の場合，その症状をふまえてどのような援助が必要であるかを考えるには，介護経験がないと難しいものです。そのため，介護業務を通した利用者理解の視点も身に付けておくことが大切なのです。実際，特別養護老人ホームの相談員になるにあたって，就職後一年目は介護業務を中心に行うという施設もあります。ケース記録などから入所までの生活歴をふまえつつ，利用者の日常のさまざまな生活場面にかかわり，コミュニケーションをはかりながら，一人ひとりをよく観察することで，その人の心身の状態にあった個別の援助を考えることができるのです。

　ただ，実習のほとんどが介護業務で，自分の実習目標とのずれが大きい時には，実習指導者や実習担当教員と相談の上，実習内容を可能な範囲で調整してもらう必要があるでしょう。

Q 15. 実習先の職員と関係がとりにくいのですが
実習先の職員と関係をとりにくいのですが，どうすれば良いのでしょうか。

A. 　　実習では，実習担当者のほか，たくさんの職員と接する機会があります。同じフロアで作業をしたり，廊下ですれ違ったり，また事務室で顔を合わせるなど，いろいろな場面でかかわる機会があるでしょう。そのような時，職員の言葉や態度から，「あの職員さん怖いなあ…」，「話しかけにくい職員さんだなあ…」といった印象を受けたり，「あの職員さんに嫌われているかも…」といった気持ちになったりすることがあるかもしれません。当然のことですが，顔が違うのと同じようにいろいろなタイプの人間がいます。職員と実習生もまたお互い人間同士ですから，時には職員と相性が合わないことや，職員に必要以上に気をつかうことがあるでしょう。そうしたかかわりの難しさを学ぶこともまた，実習での貴重な学びといえます。

　ただし，職員との関係ばかりに気をつかい，本来目を向けるべき利用者とのかかわりが二の次になってしまっては問題です。あなたが将来，その施設に就職することを考えているのであれば職員との関係も大切になってきますが，あくまでも実習のための指導をしている立場です。実習生として，元気に挨拶をする，分からないことがあれば尋ねたり，自分の理解が正しいかどうかを確認するなどして，臆することなく，職員と積極的にコミュニケーションをとるよう心掛けましょう。もし，実習を行う中で，職員との

関係に難しい状況があれば，実習指導教員に相談して下さい。

　実習では，「職員さんに挨拶をしても返事をしないことがある」，「職員さんは，いつも忙しくしていて，質問しにくい」，「実習中は，業務について特に指示もなく，放っておかれている感じがする」といった声もよく耳にします。職員は何よりもまず利用者への援助・かかわりを優先します。そのため，業務に入っている際には，実習生の挨拶の言葉が職員に上手く伝わらないことや，質問しにくいこともあるでしょう。また，実習では職員が手取り足取り指導をするわけではありません。毎日の目標のもと，自主的に考え，取り組む姿勢が求められます。もちろん自分勝手な判断で動けば良いという意味ではありません。何らかの取り組みを行う際には，実習担当者や現場の職員に事前の確認や事後の報告を行うこと，またその際，何らかの問題や分からないことがあれば，遠慮なく質問することが大切です。直接伺うことが難しければ，緊急でない限り，日誌やメモを通して質問するのも一つの方法です。

Q 16. 介護の経験がないのに，介護できるかどうか不安です

　介護の経験がほとんどないのに，実習で介護を行わなければなりません。できるかどうか不安になった時はどうすれば良いのでしょうか。

A．　実習において，利用者の食事，入浴，着脱，排泄，移動などの介助を行う場合，基本的な介護技術が必要です。しかし，多くの実習生は，介護の経験がなく，実際の場面ではとまどってしまいます。

　施設は実習生が最初から介護技術を完璧に身に付け，提供できることは期待していません。介護を行う際，どうしたら良いかわからない，あるいは多少でも不安に感じることがあれば，その都度，遠慮なく，近くにいる職員に対応の仕方を確認しましょう。実習生であっても，利用者の怪我や事故につながるようなことがないよう，安全，安楽，安心な介護を提供することは大前提です。それは同時に，自分の身体に負担のかからない介護を行うことにもつながります。もちろん，実習前には，主な介護技術や関連用語を理解したり，介護技術講習会に参加したりするなど，事前学習に努めてください。そして，実習中には，実際，職員の指導のもとで，具体的な介助方法を習得すると共に，利用者の心身の状況に合わせて介護技術がどのように提供されているかについても考えてみましょう。

Q 17. オリエンテーション時の服装は？

　オリエンテーションでの服装は，どうしたら良いのでしょうか。

A．　オリエンテーションでは，実習前における準備や実習にあたっての注意事項，実習内容の確認を行うだけではなく，実習指導者と実習生が顔合わせを行うとい

う機会でもあります。したがって，お互いの第一印象が今後の実習に影響しないとは限りません。オリエンテーションから実習がはじまっているという自覚と，実習先で自分はこれから学ばせていただく，という実習生としての立場を理解しておきましょう。

　服装については，基本はリクルートスーツですが，実習先によってはオリエンテーション時に介護指導やボランティアを行うところもあり，着替えを持参するように指示があったり，望ましい服装を指定する実習先もありますので，訪問日時を決める際の電話で聞いておくと良いでしょう。その際，「何でもかまいません」，「普段着でいいです」と言われた場合は，清潔感ある服装を心掛け，装飾品（ピアス，ネックレス，指輪など）はつけて行かないようにしましょう。また，髪型，爪，化粧などの身だしなみや持ち物についても細心の注意を払いましょう。

Q 18. 利用者から「連絡先を教えてほしい」と言われたのですが

利用者から「実習中お世話になったので，連絡をこれからもとりたい。携帯の連絡先を教えてほしい」と言われました。どうしたら良いのでしょうか。

A. 　実習において，実習生が利用者や職員の方と個人的な連絡を行うために連絡先を教えることはしてはいけません。実習生としては，利用者や実習先の職員との人間関係を良好な関係でとどめておきたいという気持ちはあると思います。しかし，実習はあくまでも援助関係を作ることが基本であり，個人的なかかわりを実習中も実習終了後も行うことは倫理的にも問題です。

　もしそのようなお願いをされた場合，必ず実習先の実習担当者あるいは実習指導教員に相談した上で，「個人的なつきあいを行うことは学校から禁止されています」とはっきりと連絡先を教えることはできないと伝えましょう。

Q 19. 利用者から個人的な頼まれごとをされたのですが

実習中，利用者から買い物を依頼されました。どうすれば良いのでしょうか。

A. 　利用者から個人的な頼まれごとをされた場合，実習生の判断で引き受けないでください。実習の業務は，あくまでも実習担当者の指示のもとで行われるものです。実習担当者に確認しないで，自分で勝手に判断し，行ってはいけません。利用者にいくら頼まれたからといって，勝手に自分で行動を起こすと，結果的に利用者とのトラブルに発展しかねません。たとえば，利用者の希望するものでなかったり，食べ物の場合，利用者が希望していても健康上の理由で医師から止められているものを購入してしまうことなどが挙げられます。そのため必ず実習担当者に確認しないと引き受けられないと伝えましょう。そしてその場ですぐに実習担当者，もしくは近くにいる職員の方に必ず報告し，指示を仰ぎましょう。

Q 20. 利用者から手紙をもらったのですが

実習中,ある利用者から「実習生さんのために書いた手紙です。だから受け取って」と言われました。どうしたら良いのでしょうか。

A. 実習中に利用者が,私物を実習生に渡そうとする機会は本当に多く見受けられます。作ったものだったり,食べ物だったり,あるいは金品だったりします。このようにいろいろありますが,物品や金品などに関してはどんな小さなものでも,まずは受け取らないでおくことがいいと思われます。実習生も嬉しいという気持ちでついつい受け取ってしまうことがあります。受け取るという行為は,その利用者と"特別な関係"になってしまうことを意味します。つまり,同様のことをすべての利用者に対しても行う必要があるということになるのです。

ただし,手紙など判断に難しいものもあります。また施設・機関によって手紙などの受け取りについて考え方も状況も異なる場合があります。そのような状況に出会った場合は,まず実習先の実習担当者もしくは実習指導教員に相談してみましょう。あるいはそのような想定が見込まれると判断される場合は,オリエンテーションや実習がはじまった早い段階で実習先に確認しておくのも1つの方法です。

もし,どうしてもうまく切り抜けられずに受け取ってしまった場合は,必ずすぐに実習担当者,もしくは近くにいる職員の方にもらったことを報告しましょう。また,利用者が私物を実習生に渡そうとしている現場を,直接実習担当者もしくは職員がみている場合は,必ず「どうしたら良いでしょうか」と尋ねた上で,受け取るのかそうでないのかの判断を仰ぎましょう。

Q 21. 実習先の職員からボランティアの依頼を受けたのですが

実習終了日に,実習先の職員から「とてもよくやっていたので,これからボランティアとして今後も来てもらいたい」とボランティアの依頼を受けました。どうしたら良いのでしょうか。

A. 実習とは,あくまでも学校と実習先との契約で実習生を送り出して実習を執り行うものです。言い換えれば,実習先と学生との個々による契約で実習が執り行われているわけではありません。ただ,実習終了後,実習生がボランティア依頼を受けることがよくあります。その場合は,まず自分にできるかどうかよく検討して,判断する必要があります。また,条件やボランティア保険の加入の可否は実習先によって異なりますので,ボランティア担当者とよく話し合って,判断することが大切です。自分で判断できない場合は,実習指導教員もしくは福祉実習相談室に相談してください。なお,就職やボランティアをする場合は,実習担当教員にもそのことを報告してください。

> **Q 22. 突発的な出来事に遭い，遅刻しそうなのですが**
> 　実習先に向かう途中で突発的な出来事に遭い，実習開始時間に遅刻する場合はどうすれば良いのでしょうか。

A. 　実習期間中にはいろいろなことが起きます。たとえば，実習先に向かう途中で事故に巻き込まれる，乗り合わせた交通機関が大幅に遅れて遅刻してしまう。また，実習先に向かおうと自宅を出る時に体調不良を起こすなどさまざまなことが予想されます。実習開始時間に遅刻することが分かった段階で，必ず実習先に連絡を入れてください。そして一言謝罪をした上で事情を説明して，どのくらい遅れるのか報告してください。そして実習先の実習担当者の指示に従ってください。それと同時に，学校の福祉実習相談室および実習指導教員にそのような状態になった旨を連絡してください。

　ただし基本的に遅刻をすることは，いかなる状況においても厳しく自分の中でしてはいけないと考えておく必要があります。急いで実習先に向かって事故を起こさないよう，またいつ何時交通機関が遅れるかもしれないと考えて，日ごろより余裕をもって自宅を出ることが大切です。また実習期間中には予期しない体調不良に見舞われることもあります。慣れない環境で緊張もありますので，規則正しい生活を心掛け，無理をしないよう体調管理に十分気をつかって過ごすことも大切です。

> **Q 23. 職員は忙しそうで，なかなか質問できません**
> 　実習がはじまって，まだ日は浅いのですが，実習時間中に，たびたび現場での実践方法について，どのようにしたらよいのか分からず困っています。オリエンテーション時には，実習担当者から，「分からないことはすぐに職員に質問するように」と指導されていたのですが，忙しそうで，なかなか質問できません。どうしたらよいのでしょうか。

A. 　実習の初期は，現場での実践方法についてどのようにしたらよいのか分からないということはよくあります。いざ実習に取り組んでみると，実習前に考えていたようにスムーズにできるとは限らないものです。そのような時，一度立ち止まって，まずは，自分でよく考えてみましょう。今，分からないことがどういうことなのかを分析してみて下さい。学校で学んだことを見直したり，今まで読んだ本を参考にしたり，実習で説明を受けたことなどをふりかえってみて下さい。答えを導く上でのヒントが得られるかもしれません。

　しかし，どうしても自分ひとりでは分からない場合もあるでしょう。その際，質問をしたくても，職員が忙しそうにしていると質問するのに気がひけるのもよく分かります。しかし，その時に黙って指示を待つようでは積極的な姿勢とはいえません。また，質問をしないことで，利用者に迷惑をかけることになるかもしれません。ぜひ，勇気を出し

て職員へ早めに質問をするようにして下さい。質問することによりその答えだけでなく，関連した内容について説明されることもあり，よりいっそう理解が深まります。

　ただ，職員の業務をできるだけ妨げないように，タイミングを見計らって質問するようにして下さい。そのほうが，十分に説明してもらえますし，職員が業務に集中していることに配慮することも大切なことです。また，質問する際にはできるだけ手際よく行い，内容がすぐ伝わるように心掛けることも大事です。

　将来，自分が職員になった時にも，他の職員に質問する機会はありますので，職員に適切に質問できるようになることは，そのための予行練習にもなるでしょう。

Q 24. 職員によって指導方法が違うと感じるのですが

　現在，特別養護老人ホームで実習しています。ところが，実習担当者の指導と，当日，実習していたフロアの介護職員の指導が異なっているように感じました。このように，職員によって指導が違うと感じた場合はどうすれば良いでしょうか。

A. 　実習生にとって，実習先の実習担当者と実習担当者以外の職員との指導内容が違うと感じることは，双方に気をつかってとても困ったと思います。では，なぜ，このようなことが起きるのでしょうか。さまざまな観点から考えてみましょう。

　まず，実習担当者と実習担当者以外の職員では，実習生に接している時間が異なることによって，指導に影響する場合があります。たとえば，実習担当者は，オリエンテーションの時からこれまでのある一定の期間における実習生の言動を通して，その性格や考えていること，望んでいることを理解した上で，指導を行うことができます。一方，実習担当者以外の職員は，数日間，もしくは，ほんの数時間という限られた時間の中で，あなたの言動を観察し，そこからみえてくる課題について端的に指導することもあります。このように，実習生と接している時間が異なることで，指導内容に影響する場合があります。

　また，それぞれの職種による価値観の違いが指導に影響することもあります。専門職には，それぞれ個人の価値観とは別に専門職由来の価値観があります。たとえば，福祉職は主に利用者の生活面に焦点をあてたかかわり方を重視する一方で，医療職は主に利用者の健康面に焦点をあてたかかわり方を重視する傾向があります。すなわち，それぞれの専門職の立場からの人やものに対する見方や捉え方の差異が，実習生に対する指導内容の違いに影響を与える場合もあります。

　さらに，同じ職種であっても，専門職一人ひとりの価値観や感性の違いも指導に影響することがあります。それは，専門職一人ひとりの「持ち味」と位置づけられることもあります。具体的にいえば，実習生が相談場面に臨席させてもらう際に，どの部分にポイントをおいてしっかりと観察，学習するべきかを複数の生活相談員が実習生にそれぞ

れ事前説明する内容について，共通点もあれば，相違点もあるといえます。この相違点は，専門職一人ひとりがこれまでの人生経験を通して得た価値観や感性にならっていることもあります。

このように，実習生としては，人によって指導内容が異なるように感じることに対して，混乱するかもしれませんが，それぞれの指導内容の違いにはその背景があることも考えてみて下さい。また，安易に，指導内容が異なると考えるだけでなく，それぞれの指導内容を多面的に見つめてみると，根本的な部分では重なっている場合があることも忘れないでほしいと思います。

ところで，実習担当者と実習担当者以外の職員の間で，あるいは，実習担当者以外の職員間で，指導内容に明らかに違いが認められる場合には，実習期間を通しての責任者として実習担当者に相談することが基本になります。しかし，実習担当者がそばにいない場合や，すぐに行動に移さないといけない場合には，当日の指導担当職員や実際に指導を受けた職員に，指導内容について相談をしてみて下さい。このような相談を受けて，実習担当者以外の職員も実習生のとまどいに理解を示し，指導内容を検討してくれることもありますし，実習担当者と指導内容について調整をはかってくれるかもしれません。

なお，実習生は，職員からの指導内容の違いに不信をもち，職員に相談する場合に，批判的な表現や態度にならないよう，十分に気を付けて下さい。前述のように，さまざまな理由によって指導内容が異なることがありますから，すぐに批判や不信をもつことは避けなければなりません。

Q 25. 実習が上手く進まず落ち込んでいます

実習前に面接技術に関する本を読むなど事前学習をしていたのですが，実際に実習がはじまると利用者の方とのコミュニケーションがなかなか上手にできません。アルバイトなどで人と接することには自信があったので，意外な結果で本当に落ち込んでいます。また，最近あまりうまくいかないことが続くので，自分はソーシャルワーカーに向いていないのではと思い，実習の中止まで考えてしまう時があります。このように落ち込んでいる時にはどうしたらよいのでしょうか。

A. 利用者とのコミュニケーションは，利用者の価値観や生活歴など，さまざまな要因によって，円滑にはかることがなかなか難しい場合があります。現場のソーシャルワーカーでも，毎回苦労しながら取り組んでいるものです。

実習生は，学ぶために実習をするわけですから，最初から上手くできないことをあまり気にせずに，そのできないことを明確化させ，日々の具体的な課題として設定し，一つひとつ上達するように取り組んでみることが大切です。

また，自分がソーシャルワーカーに向いていないと思ったり，落ち込んだりすること

は，実は現場のソーシャルワーカーでもあることです。そのような時は，まず落ち着いて，感情的にならずに理性的な判断ができるように心掛けましょう。必ずしも自分だけに問題があるとは限りません。1つの考えにとらわれるのではなく，現状をいろいろな視点から客観的に見つめ，何が問題なのかを整理し，考察してみて下さい。考察するなかで，何か気づくことができるかもしれません。

しかし，一人では解決できない場合もあります。対人援助職を中心として，きまじめな人が一人でがんばりすぎて，「燃えつき症候群」といわれる症状におちいる場合があります。このような場合を未然に防ぐためにも，早期に支持的なスーパービジョンを受けることが必要だといわれています（スーパービジョンについては，第5章第5節を参考にして下さい）。実習の場合は，実習担当者がスーパーバイザーになりますので，実習担当者に事情を説明して時間をとってもらい，スーパービジョンを受けて下さい。また，必要に応じて，実習指導教員にも状況を伝え，実習指導教員の指導も受けるように心掛けて下さい。

あなた一人がそのように考えているわけではありませんので，くれぐれも一人で落ち込んで，すぐに実習の中止まで考えることのないようにしてほしいと思います。先輩のソーシャルワーカーも経験して，何とか乗り越えてきた道の途上に，自分が立っていることを想像してみて下さい。

第9章

よく起こりがちな福祉実習トラブル事例

　本章では、実際に起こった事例を挙げながら、福祉実習で頻繁に起こりがちなトラブルについて述べられており、その問題点やその後の経過、対応方法について書かれている。実習前・実習後はさまざまなことが起こる。ここで挙げられているのは、あくまで1つの事例であることに気を付けてもらいたい。実習で困ったことがあったら、つねに臨機応変に対応していかねばならないし、自分だけで考えて動くのではなく、施設・機関の実習担当者や、実習指導教員とよく相談をすることが大切である。

この章では，福祉実習でよく起こりがちなトラブルについて考えます。ここでは，実習中に実際に起こったトラブルをもとに，エピソード（事例），問題点の整理，経過対応についてまとめています。なお，実習生のプライバシーの尊重のために，実際に起こったケースと内容を変えてある部分があります。
　トラブルは，できる限り予防することが望ましいですが，実際に起こった場合に備えて，対応の方法について考えておくことは必要です。実際に起こった場合の対応については，施設・機関の実習担当者や学校の実習指導教員等とよく相談してことにあたることが大切です。

事例1　かぜで実習を休むことになった

　実習が開始して7日後，A君は朝起きると，疲れを強く感じた。頭も痛い。熱を測ると39度ちょうど。これでは，実習にいけない。時計をみると，なんと実習開始時間である9時の2分前であった。あわてて実習先に電話で連絡をとり，実習担当者と相談した結果，高熱のため2日間休むということになった。彼は，もともと体力があるほうであったが，この時点で一気に疲れが出てしまったのであろう。

■問題点の整理
① 　実習生の体調管理が不十分であった。
② 　この実習生のようにもともと体力があるほうであっても，実習中の疲れをためたままにしてしまうと，やはり体調を崩してしまうことになる。
③ 　目覚まし時計を2つ以上使うなど，必ず起きるための工夫をすべきであった。

■経過対応
　学校の実習指導教員には，施設の実習担当者との話が終わってからすぐ，電話にて報告を行った。学校の実習指導教員からは，「早く良くなってください。これからは体調管理に気を付けてね」という励ましをもらった。
　実習指導教員は，施設の実習担当者に，この件をお詫びし，これからの指導についてお願いした。
　幸い，2日後に体調が回復した学生は，実習担当者に電話連絡し，実習に復帰する旨を告げ，休むことになったことを詫び，休んだ日の分について相談した。実習先の好意で実習日程を変更してもらい，休んだ2日間分は，予定での最終日後に2日間振り替えて実習することになった。

■留意点

　慣れない場所，実習中心の生活リズム，実習日誌を書く労力など，実習生にとっては疲れがたまりやすい条件がいくつかあげられる。まず日頃から体力的に不安のある学生は，家の近くを走る，スポーツに取り組む等の方法で，体力を増強することが肝要である。また，実習中は必要以上に神経を使わず，リラックスできる状況であれば肩の力を抜いておこう。睡眠時間を十分とるようにして，健康第一を心掛けるようにしよう。

> **事例2　細菌検査の結果が実習開始直前になっても届かなかった**
>
> 　利用者，実習先の職員，そして実習生自身の安全のために，細菌検査の結果の提出を義務づけている実習先が多い。B君は8月15日から実習開始の予定であった。彼の実習先は，学校から電車で3時間以上はかかる場所（彼の帰省先）にあった。
>
> 　実習担当者と相談したところ，検査結果は実習初日に持参するように言われ，3週間前に検査を実施することになった。彼は，学校の福祉実習相談室においてある郵送による検査キットを利用し，予定通り検査機関に郵送した。
>
> 　彼は，実習開始直前の8月13日になっても検査結果が下宿に届かないので，苛立ちを感じてきた。14日には下宿から帰省先に帰らなければならないのだ。そこで，夕方6時になって学校の実習指導教員に連絡をとり，事情を説明した。

■問題点の整理

① 郵送法で検査を行ったが，日程的にもっとゆとりをもって検査を行うべきであった。

② 実習先が帰省先の場合は，検査結果の郵送は帰省先の住所にしておくことが，この実習生には必要であったと思われる。

■経過対応

　8月14日，まず実習指導教員が検査機関に問い合わせたところ，検査結果ができており，施設へは，検査機関から直接ファックスしてもらうという方法を提案してもらった。その後，施設の実習担当者に連絡をとり，結果の用紙を当日持参することができないと思うので，結果をファックスにて送ることでお許しいただきたいとお願いをした。施設としては，結果が確認できればそれでよいということだったので，検査機関にお願いして施設の実習担当者宛に，検査結果をファックスしてもらった。

　学生からも事情を施設の実習担当者に話すと共に，検査結果の提出の準備が十分でなかったことをお詫びした。さらに実習のスタート時にこうした失敗があったことを取り返す意味でも，誠心誠意，実習に取り組むことを決意した。

施設と学校との長いつきあいもあり，連絡をとって事情を説明した時点で，施設の実習担当者からは快く許しの言葉があり，検査結果も「異常なし」ということで，8月15日から予定どおり実習はスタートした。

■留意点

細菌検査については，実習先が指定した提出日時に検査結果が間に合わなければ，実習が開始できなくなる場合がある。結果がなかなか届かないと，心理的にも落ち着かないであろうし，検査実施の手引きをよく読んで，その指示に従うことが肝要である。

トラブルの原因は学生本人の落ち度による場合ばかりではないが，このようなケースでは，実習生は，検査実施機関や学校の担当教員等と連絡をとり，誠意，意欲を実習先の施設・機関に示すことが大切である。

事例3　遅刻をしてしまった

実習生のCさんは，特別養護老人ホームにおいて約4週間の予定で実習を行っていた。実習開始から2週間が経って，業務の流れも把握でき，利用者や職員とも慣れてきた頃だった。

ある朝，Cさんは寝坊し，実習先に到着したときには職員の朝礼がはじまっていた。Cさんは，昨日は休日であったが，アルバイト先から頼まれ，夜遅くまで働いていたために寝過ごしてしまったのだった。

朝礼終了後，Cさんは実習担当者に呼ばれ，「時間を守ることは社会人としての基本です。気が緩んでいるのであれば，今日は利用者を任せることはできません」と注意され，帰宅するように言われた。

Cさんは帰宅後すぐに学校の福祉実習相談室に連絡し，遅刻したことと，そのために帰宅させられたことを報告した。

■問題点の整理

① Cさんは実習中に遅刻をした。
② Cさんは実習期間中にアルバイトをして，寝過ごした。

■経過対応

福祉実習相談室から連絡を受けた実習指導教員は，すぐにCさんに連絡をし，遅刻の理由や帰宅にいたるまでの経過を聞いた。実習指導教員はその日のうちに特別養護老人ホームに連絡し，実習担当者からも事情を聞いた。そしてCさんが反省をして実習の継続を強く希望していることを伝えた。実習担当者は，Cさんが今後は遅刻しないと約束できるのであれば実習を続けても良いと，実習の継続を認めてくれた。翌日，Cさんは

実習担当者に反省していることを伝え，今後は気を引き締めて実習を行うことを約束した。その後，Cさんは無事に実習を終了した。

■留意点

① 遅刻・欠席について——実習先と学校への早急な連絡

　遅刻や欠席をする場合は必ず実習先に連絡をしなければならない。無断での大幅な遅刻や欠席は実習先との信頼関係を損なうことになる。また，遅刻や欠席をした場合は，実習先との実習プログラムや実習時間などの調整が必要となる。実習時間などの資格取得に関連する事柄を調整するため，実習生が勝手に対処するのではなく，学校を通じた調整が望ましい。そのためには，Cさんのような学校への早急な連絡が大切である。

② 体調管理と環境調整

　実習中は，生活のリズムの変化や慣れない環境における緊張のため，体調を崩して遅刻や欠席をする実習生もいる。実習中は普段以上に自らの体調に注意し，気を配ることが大切である。また，実習に集中できる環境づくりも大切である。事例のCさんのように，実習中にアルバイトをして遅刻してしまった例もある。実習だけに専念できるよう，スケジュールの調整や，家族や友人などといった周囲の人の理解を得るなど，実習前からの環境の調整が必要である。

事例4　実習中に気象警報が発令された

　特別養護老人ホームで実習を行っている実習生Dさん。実習も後半にさしかかり，実習にも慣れてきたある日，いつものように起床し，実習先へ向かう準備をしていた。ふとテレビをつけてみると，実習先の地域に台風が接近しており，大雨警報が発令されていた。警報が発令されているため，実習先へ行くことが困難だと判断したDさんは，今日の実習は休みになったと判断し，自宅で待機することにした。

　その後，実習先から福祉実習相談室に連絡があり，実習生が無断欠勤しているとの苦情が入った。施設側の説明によると，実習生にはオリエンテーション時に施設が独自に作成した「実習に際しての心得」という，実習中の注意事項や実習の心得が詳細に書かれた冊子を配付しており，そのなかに警報が発令された場合の対応が書かれているとのことであった。冊子の中では「①午前7時現在，暴風警報が発令中の場合，午前中の実習は休みとする。②午前10時現在，暴風警報が発令中の場合，午後の実習は休みとする」との記述があり，今回は大雨警報のみの発令であったので通常通り実習を行う予定にしていたとのことであった。

　さっそく，福祉実習相談室が状況を把握するために学生に連絡を取ると，「警報が出ていたので今日の実習は休みになったと思っていた。実習先からも

> らった冊子については，よく目を通していなかった」と話す。

■問題点の整理
① 警報時の対応についてよく理解していなかった。
② 施設に連絡を取らず，自己判断に頼った。
③ 施設側が独自に作成した，実習に際しての注意事項等が記載されている冊子をよく読んでいなかった。

■経過対応
　実習指導教員からの指導を受け，オリエンテーション時に配付された冊子を熟読し，実習中の注意事項，実習に際しての心得を改めて確認した。そして，施設の実習担当者にお詫びし，欠勤した実習日の代替日を設けてもらうことになった。

■留意点
　実習も後半となり，施設にも馴染んできて気の緩みが出たのではないだろうか。実習では少しの油断が大事故につながるということを肝に銘じておかなければならない。実習に際して遵守すべき注意事項や緊急時の対応方法はオリエンテーション時，または実習前に必ず確認しておかなければならない。また，分からないことや判断に困った時は，施設の実習担当者に相談し，勝手な行動や判断はしてはならない。

> **事例5　入所児童から連絡先を聞かれた**
> 　情緒障害児短期治療施設で実習をする実習生のEさん。実習をはじめて間もない頃は，入所児童の度の越えた甘えや乱暴な行動などの試し行動に苦悩したが，実習を重ねるにつれて児童との関係も良好になり，Eさんのことを慕ってくれるようになっていた。特に中学生のIさんはEさんのことを「お姉ちゃん」と呼び，Eさんに好意を寄せていた。
> 　実習も終盤にさしかかった頃，Iさんが突然「お姉ちゃん，あと少しで実習終わっちゃうんでしょ。お姉ちゃんいなくなると寂しい。お姉ちゃんに話したいことや相談したいことがまだたくさんあるから，メールアドレスを交換しよう」と言ってきた。Eさんは実習前に学校や実習先からも，トラブルの原因となるので入所児童には連絡先を教えてはならないと事前に注意を受けていた。そのためEさんはIさんに対し，メールアドレスは教えられないと断わった。
> 　しかし，なおもお願いするIさん。「お姉ちゃんと私だけの内緒するから，絶対に誰にも言わないからお願い。私，お姉ちゃんしか話したり相談する人がいないから…お願い…」。今にも泣きそうなIさんの顔を見てEさんは「メー

ルアドレスくらいなら…」という心の隙が生まれ，携帯のメールアドレスの交換をした。
　その後，Eさんの実習が無事終了してまもなく，施設から福祉実習相談室に連絡が入った。
　最近のIさんの行動や言動からEさんと連絡を取り合ってるのではないかという疑いがあり，Eさんに確認してもらいたいとのことであった。早速，Eさんに確認したところ，メールで連絡を取り合っている事実が判明した。

■問題点の整理
① 事前に児童に連絡先等の情報は教えないように注意を受けていたにもかかわらず，連絡先を教えた。
② 実習が終了した後も，Iさんとメールを介して個人的に連絡を取り合っていた。

■経過対応
　学校の実習指導教員と実習生が施設にお詫びに行った。施設からは入所児童との個人的なメールのやり取りは施設との重大な約束違反であり，児童とのやり取りの中で，もし，トラブルや問題が生じた場合の責任の所在は誰にあるのか，問題解決は誰があたるのか，もう一度よく考えるようにとのお叱りを受け，この件に関しEさんがレポートを施設に提出することになった。
　後日，実習指導教員とEさんと施設と共に，今後のIさんの対応について話し合いを行った。Iさんの性格を考慮して，メールの返信回数を少しずつ減らし，自然に連絡がつかなくなるような方法で解決をはかることになった。
　その後，施設との連携のもと，EさんはIさんとの連絡を自然な形で終わらせることができた。

■留意点
　実習では，利用者と積極的にかかわっていくことは決して悪いことではない。しかし，特定の利用者だけ親密になったり，実習後に私的な関係をもってはならない。児童施設では入所児童が連絡先を聞いてきたり，物の貸し借りや無理な約束を迫ってくることはよくある。そういった場合は，きっぱりと「できない」と伝えることが大事である。
　Eさんの行動は決して悪気があってのことではないが，こういった場合もまず，実習生が守るべきルールとして連絡先を教えることができないことを伝え，その後実習指導者に報告し相談するのが良い。実習では，実習生の立場から判断することが困難な場面に遭遇することが多くある。そのような状況に直面した時は，勝手な自己判断をせず，必ず実習担当者に報告，連絡，相談する「報連相（ほうれんそう）」を実習中の基本的行

動として心掛けよう。

> **事例6　実習先との往復で事故に遭った**
>
> 　実習日に実習生のF君は朝寝坊をしたため，急いで自宅を出た。いつも自転車で実習先まで通勤しており，この日は自転車の速度をかなり上げて実習先に向かっていた。曲がり角にさしかかったとき，歩行者にぶつかりそうになり慌ててハンドルを切ったが，バランスを失ってしまい，F君はその場で転んで頭をぶつけてしまった。だがF君は，急いでいかなくてはという思いでひたすら自転車を飛ばしたため，実習先に何とか時間内に到着した。
> 　実習先の職員は，F君を見てびっくりした様子だった。両ひざは擦過傷で血がにじんでおり，あっちこっちに打撲のあとがあった。また頭も転んだときに切ったようで，額からも血が流れていた。

■問題点の整理
① 実習に向かう通勤の途中で実習生のF君は事故に遭った。
② 事故に遭った際，転んで頭をぶつけた。歩行者に怪我はなかった。
③ 実習先には何とか時間通りに着いたものの，F君は怪我を負っていた。

■経過対応
　F君は実習先に遅刻せずに到着したものの，実習先の実習担当者は，怪我などの様子をみてF君に学校へ連絡をとるように指示した。実習先でF君は応急処置を受けたが，頭もぶつけているため病院できちんと診察を受けたほうがいいと判断され，その日の実習は中止となった。
　F君は学校の福祉実習相談室に電話をかけ，通勤途中に歩行者とぶつかりそうになって自転車から落ちてしまい怪我を負った。遅れると思い実習先にそのまま行ったが，実習先の実習担当者から病院に行くよう指示があったので，これから病院に向かうと報告した。
　F君の報告を受けて，福祉実習相談室はF君に対し早急に病院に行くよう指示し，福祉実習相談室からF君の実習指導教員には連絡を取ることを伝えた。そしてすぐその後，実習指導教員に連絡をとり，学生が事故に遭ったことを報告した。
　実習指導教員は実習先に電話で連絡し，実習先の実習担当者から学生の事故直後の様子を聞いた上で，診察を受けた後の怪我の様子を再度学生本人に確認すると実習先に伝えた。実習先からは，ひとまず実習は中断し，怪我が回復してから実習を再開してもらったらいいという返事を受けた。
　F君の怪我の状態は特に深刻ではなかったものの，頭を打っているため精密検査を受

ける必要があり，2, 3日入院することとなった。

F君は，検査入院で特に異常がみつからなかったため，事故から3日後に退院した。退院後，F君は実習指導教員に連絡を取った。そして実習指導教員とF君とで話し合った結果，退院して2日後には実習を再開できることが確認された。実習指導教員は，実習先にF君が実習が再開できる状態になったことを報告し，事故発生から5日後に実習が再開されることが決まった。

実習再開前日，F君は実習先の実習担当者に直接連絡して勤務開始時間等の確認を行い，翌日，予定通り実習が再開された。

■留意点

実習期間中は何が起こるか予測がつかないことがある。体力に自信のある実習生でも，急な体調不良で実習を休まなくてはならない状況になることもある。実習先での事故も同じである。普段通いなれた道を通っていても何が起こるかわからないのである。F君は朝寝坊をして慌てて家を飛び出した様子であり，自転車でかなりのスピードを出していたと思われる。そうなると注意力が散漫になり，事故につながる可能性が高くなる。普段から時間に余裕をもって出かける必要がある。

また実習先によっては，通勤途中の事故にかなり注意を払っているところもあり，公共の交通機関以外の交通手段を極力避けてほしいといわれることもある。このような事故を防ぐためにも，普段よりもさらなる注意を払いながら通勤してほしい。

また，万が一事故に遭った場合，事故当初は身体の不調を訴えることがなくても後から出てくる場合もあるため，慌てて事故現場を立ち去らずに，まずは実習先ならびに学校の福祉実習相談室に連絡をしてほしい。

事例7　利用者から物をもらってしまった

実習も1週間目を迎えたある日，児童養護施設で実習を行っている実習生のG君は施設内の廊下で利用者のJ君に「ちょっと来て」と呼び止められた。近づいていくと，J君は「これ預かっていたのを渡すわ。じゃ俺，学校に行って来る」と言い，G君に袋を渡して立ち去っていった。一瞬の出来事でG君は事情がよく分からず，ひとまずもらった袋の中身を確認すると，なかにキーホルダーと手紙が入っていた。手紙は利用者のKさんからだった。

手紙を読んでみると，KさんがG君に対して個人的に好意をもっている内容が書かれていた。

■問題点の整理

① 実習生G君は，実習先の利用者のJ君から突然袋を渡された。

② もらった袋を返すにしても，J君はすぐさま学校に出かけてしまった。
③ もらった袋の中身を確認すると，利用者のKさんからの手紙とキーホルダーだった。
④ Kさんからの手紙は，G君に個人的に好意をもっている内容だった。

■経過対応

　G君は，これは大変なことになってしまったと思った。学校では，実習先で利用者がものをあげるといわれた場合，基本的に受け取らないようにするよう指導されている。またもらった手紙の内容からは，Kさんが個人的に好意をもっていることも分かった。

　G君はどのように対応したらいいのか困った。J君はもう学校に行ってしまったし，もらった袋を返すこともできない。Kさんに直接返すべきなのだろうか迷った。

　そこでG君は，すぐさま実習先の実習担当者に，J君から袋を受け取り，なかにKさんからのキーホルダーと手紙が入っていたことを報告した。そしてどのように対応すべきか相談した。

　実習担当者は，今回についてはKさんの気持ちもあるだろうし返すことも難しいと思われるので，ひとまずキーホルダーも手紙も受け取っておくよう指示した。そしてG君は，キーホルダーをもらったお礼だけをKさんに伝えて，手紙の内容についてはふれないようにするよう指導を受けた。また他の利用者たちと同じように，これまで通りKさんにかかわっていくように指示された。

　G君は，他の利用者たちと一緒にテレビを観ていたKさんに声をかけ，「キーホルダーとお手紙ありがとう」と簡単にお礼を述べた。Kさんは，何も言わずうなずいた後，外で遊んでいた利用者たちのところへ駆け寄った。

　お礼を述べたその日の実習担当者との反省会で，G君はKさんにお礼を述べたことを実習担当者に報告した。同様に，実習指導教員には，利用者から手紙とキーホルダーをもらって，実習担当者に相談したこと，そして実習担当者から，もらったお礼だけを利用者に伝えるよう指示されたことを報告した。実習指導教員は，「もしそのことで実習が難しいと感じることがあれば，必ず実習担当者，実習指導教員に相談するように」と伝えた。

　G君は，自分のとった行動があれでよかったのか，実習を続けていくのが難しくなったと感じることもあり，実習指導教員に電話で相談したり，実習先では一日の反省会で実習担当者に相談したりした。実習担当者は，G君の気持ちを受容しながらも，「あまり意識しないように，他の利用者と同様にかかわるよう心掛けてみてください」とアドバイスした。

　その後，Kさんからは何もなく，数日たってG君の方もあまり意識しないでかかわりをもてるようになり，そのことについての相談もなくなっていった。

■留意点

　実習期間中に利用者が実習生に私物を渡そうとするケースは本当によく見受けられる。実習生も利用者のそのような行動に対して，ついつい自分が受け入れられているのかと考え，うれしいという気持ちになってしまうことも多い。

　しかし，もう一度考え直してみてもらいたい。特定の利用者から物をもらうという行為は，他の利用者とも同じ関係を築かなくてはならないことになる。そして，物を受け取った時点で，利用者と実習生の枠組みを超えた関係になってしまうということを注意しておいてもらいたい。枠組みを超えた関係になってしまうと，援助関係を築くのが大変難しくなってしまうのである。実習生は利用者と"仲良くなる"ことではなく，"信頼関係を築く"ことが大切である。物を受け取るという行為が一体どんな影響を及ぼすことになるのか，十分注意を払うことでこのような問題を極力避けることが可能となる。

　しかしG君のケースのように，思わぬ形でこのような問題に直面することがある。このような場合は，すぐ実習先の実習担当者に報告してほしい。もしすぐにつかまらなければ，そばにいる職員の方でもいい。とにかく早急に報告することで，利用者と実習生との間の問題にせず実習先全体の問題としてとらえ，実習先の方針に従った対応を行っていくことが大事である。

事例8　個人情報の扱いについて注意された

　実習生のH君は社会福祉協議会で実習を行っていた。実習がはじまってから3日目，実習担当者から，社会福祉協議会が主催したボランティア養成講座参加者へのアンケート結果をパソコンに入力するように指示された。そのアンケートには参加者の年齢や性別，居住地域などが記載されているため，扱いには十分に注意することと，分からないことがあれば実習担当者や他の職員に質問することも併せて指示を受けた。

　アンケートにはボランティア養成講座に参加した住民のボランティアに対する考えや，社会福祉協議会への要望が書かれており，H君にとって大変興味深いものであった。ある住民のアンケートには，ボランティア養成講座に参加した動機やその背景にある家庭の事情，社会福祉協議会への期待・要望などが詳細に書かれていた。H君はこのアンケートについて考えたことを実習日誌に書こうと思い，内容をメモした。それを見ていた実習担当者に「関心をもってくれたことはうれしいが，アンケートの内容を勝手にメモすることはいけない。メモを取る前に私に一言かけてほしかった」と言われ，個人情報の扱いにもっと慎重になるようにと注意を受けた。H君は自分のしたことが個人情報の漏洩につながることだとは考えていなかったために驚いたが，地域住民との信頼関係を構築するためには，個人情報の適切な管理も専門職の重要な義務であると実習担当者から説明され，納得をした。

> 後日，実習担当者から福祉実習相談室に電話があり，H君がアンケートの内容をメモしていたことを注意し，その意味を説明したが，実習指導教員からもH君に社会福祉専門職における守秘義務や個人情報の扱いについて指導してほしいとの連絡があった。

■問題点の整理

H君は実習担当者の許可を取らず，個人情報とみなされるアンケートの内容をメモにとった。

■経過対応

福祉実習相談室から連絡を受けた実習指導教員は実習担当者に連絡し，事情を聞いた後，H君へ連絡をした。実習指導教員は，H君がメモについて注意を受けた意味を理解していることを確認できたので，今後は個人情報の扱いについて十分注意することと，分からないことがあるときや判断に迷ったときは必ず実習先の職員の指示を受けるよう指導した。

■留意点

個人情報の適切な管理や守秘義務は，社会福祉専門職として大切なことである。実習生においても専門職としての認識をしっかりともち，個人情報を取り扱わなければならない。個人情報についての考えや管理方法は実習を行う施設・機関によって異なるため，個人情報を取り扱うときは必ず実習先の指導に従い，分からないことは必ず確認することが大切である。

第10章

福祉実習体験者からの
ワンポイントアドバイス

　本章では，実習を終えた先輩が自身の実習をふりかえり，そこから得られた学びや気づき，反省点を，実習生に向けて具体的にかつ分かりやすく解説している。実習生は，自身の福祉実習先に関連した節だけに目を通すのではなく，すべての節を熟読し，実習生としての心構えや姿勢，視点について理解してほしい。

アドバイス1　福祉事務所

■事前に取り組んでおけば良かったこと

　事前学習では，その地区のことだけを予習すれば良いと思い，インターネット等で実習地区のことだけしか調べなかった。しかし近隣の施設まで見学に行った時，周辺地域も調べておけば良かったと反省した。それは医療・福祉・交通などの相互利用は予想をはるかに超えていたからだ。

　実習前半は，支援運営課で地区の生活保護実施状況や最低生活費，他法・他施策の生活保護世帯に対する措置と費用負担等を実際に訪問することによってどう対処すべきかを考えさせられた。また，高齢者の生活保護世帯を訪問し，家族のあり方や地域とのかかわり方を学んだ。それに病院の医療ソーシャルワーカーにも話を聞くことができた。経済的，心理的，社会的問題等にどのように対処していけば良いのか，仕事の難しさや本人をはじめいろいろな人々の相互理解が必要だとも感じられた。

　後半は，地域保健福祉課での日替わり実習であった。介護保険，高齢者，身体障害者，知的障害者，精神障害者，母子児童，DV，家庭児童相談等である。施設見学は授産施設で，就労者と共に作業をしたこともあった。実習が多方面なので，担当者（主に係長）もそれに伴って替わる。だから以前は違う業務担当をしていた方々が多い。税務，社会福祉協議会，保健師などとさまざまである。必ずしも専門職ばかりが配置されているわけではないが，第三者的な立場でみることもでき，人間関係も幅広いと感じられた。

　実習前は，福祉事務所とは生活保護を中心とした現業機関としか考えておらず，周囲に位置する児童福祉や障害者関連などのかかわりは細い線としか思っていなかった。そこで，行政が発行をしている「市政だより」をはじめ，ボランティア活動情報誌や地区の回覧板など地域に根づいたものもたくさん眼を通しておけば，もっと視野が広がったと思う。

■取り組んでおいて良かったこと

　福祉事務所では，さまざまな人々とかかわっているため，特定の領域の専門知識があれば良いというのではない。現場では，医療や自己破産，趣味や住宅事情，地元の歴史や個人情報保護など多方面においての会話がなされる。よって付け焼き刃の学習では，言葉のキャッチボールがしにくいので，コミュニケーションも取りにくくなる。そこで，広く社会で何が起こっているかを知っておく必要がある。新聞を読んだり，事前に地元の状況について調べておいたりすることで，コミュニケーションがとりやすくなる。

　また，次の予定に備えて法律を読んでおくことは大切である。福祉小六法で十分なので，再確認という意味で読んでおくと良いだろう。

　編入生である私は，2年間で卒業単位を取得しなければならなかった。入学以前は福祉関係の書籍は，ほとんど読んでいなかった。しかし可能な範囲の科目を履修し，セミ

ナーやボランティアなどに参加していくと同時に，各科目のレポートに関する文献や映像を参考にすることによって自分の視野が広がっていった。また新聞の切り抜きを項目別に整理しておけば，キーワードがみつけやすいかもしれない。自分自身の引き出しを多くもつことは，今後の仕事でも役立つだろう。

■実習中に困ったこと

訪問先には自転車を利用することが多かった。8月の暑い時期に長い橋を渡ったこともあった。だから体調管理は十分にしておくべきだ。また，服装については，会社訪問の際に着ていくように整えればよいだろう。ただ女性の場合，自転車を利用することを考慮しなければならない。見学先によっては男性の場合，ネクタイ着用を禁止されるので，その都度指示を仰げばよい。

■困った課題をどう克服したか

実習中に困ったことや疑問に思ったことは，なるべくその日のうちに解決した方が良い。しかし後から気づくこともあるので，その時は担当者に仕事に支障がないかと尋ねてからまとめておいたことを質問した。これは後半に地域保健福祉課に移動しても，前半の支援運営課について疑問が発生すれば，そちらの担当者に尋ねていった。係は分かれているが，どこかつながりがあると再認識した。また各担当者の方々には，多忙な中にも実習しやすい環境づくりをしてもらっていたので，課題の解決法はみつけやすかった。

■実習生へのメッセージ

実習報告書提出の際，実習指導教員から「もっと分かりやすい文章で」という指導を受けた。「分かりやすい文章」とは，どういうことなのか。四字熟語やカタカナ英語の乱用をしているわけでもない。それに，なぜ福祉関係者に対しての報告書にこのような指導を受けるのかが理解できなかった。しかしこの「分かりやすい文章」という言葉を繰り返しているうちに，私はあることを思い出した。それは「外国人との会話」である。

一見，接点がないようだが，両者にとても重要な共通点があると思われた。私は以前，仕事で外国人留学生とかかわったことがあった。英語が堪能でない私は日本語が少し理解できる留学生に対して，身振りや簡単な英単語の列挙でコミュニケーションを取っていた。そこから学んだことは，「重要点を簡潔に伝えること」であった。

今回の実習は教職課程を履修していた私にとって，福祉行政全般を学習できて良かった。しかしどこの福祉事務所に配属されても，全員がこのような視野を広められる実習ができるとは思わないで欲しい。担当者やその他の各関係者の理解があってこそ，こういう実習が体験できたのだ。そして，何よりも優る社会資源は人のつながりであると感じた。

就職先は高齢者福祉関係だったが，この全般的な実習はいろいろな面で役立っている。高齢者本人のさまざまな疾病や障害，それに家族関係と問題は複雑である。それに2006年4月の介護保険改正に伴って，利用者や家族の方々に説明しなければならないことも多かった。そういう時，講義や実習で培ったものが発揮できると思われた。

実習報告書で指導を受けた際の「分かりやすい文章」は文字にするだけでなく，読み手に合わせたもので伝えなければならないと実感した。

アドバイス2　児童相談所

■事前に取り組んでおけば良かったこと

事前に取り組んでおけば良かったと思うことが2つある。1つ目は実習先である児童相談所が設置されている地域にある他の児童関連施設や機関についても調べておくということである。児童相談所については，その機能や法体系については関連書籍やホームページをみたり，パンフレットなどを集めたりして学習したのだが，そこで終わってしまっていた。実習中にはもちろん児童相談所の機能や職員の役割などについての説明もあったが，その児童相談所の管轄内の児童関連施設を交えての講義も多く行われた。その地域にある児童関連機関や施設について，どのようなものがあるのか，それはどのような機能をもっているのか，ということについて広く調べておくことがより深い理解を助けることになり，また，問題意識をもって講義に参加することを可能にすると思う。児童相談所は児童福祉ネットワークのパイプ役である。児童相談所それ自体のことと合わせて，これらをふまえた事前学習が必要であると思う。

2つ目は問題意識や疑問をもつ，そして事前にたくさんの質問を用意しておくということである。そのためにはもちろん事前学習をしっかりとすることが前提である。児童相談所の実習では講義形式でさまざまなことについての説明を受けるという時間が多かったので，はじめのうちは一方的に聞くという受け身の姿勢になってしまっていた。実習日誌にも「的を射た質問ができるともっと良いですね」とか「違う視点に立って考えてみるとどうでしょうか」などのコメントをもらった。このままでは学びが少ないし，1つの講義や，見学，活動における一場面も多角的に考える必要を感じたので，児童相談所にある本を借りて読んだり説明を受けたりする際には，なんでも"なるほど，そうなのだ"では済ませずに，"どうしてそうなのだろうか"とか"この部分はどういうことなのだろうか"などともっと問題意識や疑問をもつように心掛けた。受け身にならず，自分から進んで少しのことからでも何かを学び取るのだという意識と行動が大切ではないだろうか。

■取り組んでおいて良かったこと

児童福祉関連の法体系や，実施体制などについての事前学習をしっかりと行った上で

実習に臨めたことが良かったと思う。児童福祉法や，児童虐待の防止等に関する法律などにも目を通し，改正点などあればそこを重点的に学習したことで，講義の中で児童虐待について取り上げられた時も，すっと理解できたり質問も活発にできたりと充実した講義とすることができた。児童関連において，最近問題としてよく取り上げられる児童虐待や不登校問題，引きこもり問題等については，おそらく何らかの形で実習の中で取り上げられると思われるので特に事前学習が必要だと思う。

また，児童とかかわるような経験をしておいたのも良かったと思う。実習では，児童相談所内の一時保護所にいる児童や不登校児童，発達検査で来所した幼児など，さまざまな場面で児童・幼児と活動する機会があった。私は，以前からボランティア活動や地域の活動などで幼児や児童と一緒に活動することがあった。このように，児童と触れ合ったり，活動を共にしたりする経験があったため，子どもがどのようなことに興味を示すのか，どのような行動をとるのかということをある程度知ることができていたと思う。それがこれらの実習の際に非常に役に立った。またこのような経験を通して，子どもの行動を観察する目も養われており，子どもの表情やしぐさ，態度に注目しながら活動することができたと思う。さらに，子どもの観察だけでなく職員の対応の仕方なども観察しておくことは非常に有益であると感じた。自分の行動をふりかえったり，次にどのようにしたら良いかを考え行動したりする際に参考になるからである。

■実習中に困ったこと

児童相談所には，おおむね一時保護所という施設が設けられている。そこでは，棄児・家出児童等の緊急保護，処遇決定のための行動観察，短期の集中的な心理療法・生活指導等を行う短期入所指導が目的とされている。よって，この一時保護所にはいろいろな事情を抱えた児童が入所している。心理的な問題を抱えている児童も多く，たとえば初対面にもかかわらず身体をすり寄せ，甘えてくる児童や，ひどく自己中心的な児童，反応がほとんどない少女など，実にさまざまな子どもたちが入所していた。

私は，今まで出会ったことのないような，心理的な問題をも抱えた子どもたちを前に，どのように接して良いのかとまどってばかりで，職員のすることを見てそれについて行動することしかできなかった。ゲームをしていて，いつもルールを無視し自分に都合のいいようにしないと気が済まない子に対してどのように注意したらよいのか，話しかけてもまったく反応のない子に対してどうすれば良いのか，などと困ってしまった。自分の反応や行動はこれで良いのだろうかと考えれば考えるほど分からなくなり，悩むことが多かった。

■困った課題をどう克服したか

自分で考えていても分からなかったので，素直に職員に自分の悩んでいること，どうしたら良いのか分からないという想いを打ち明けた。職員は，とても真剣に話しを聞い

て下さり,「ストレートと変化球の投げ分け,そしてそのための観察」というアドバイスもして下さった。それからはこのアドバイスに基づき,まず児童や職員の行動,反応,表情などの観察をさらに注意深く行うことにした。

　職員と子どものやり取りをみていると,たとえば職員がストレートに厳しく注意するところと,冗談っぽく指摘するところとを上手く投げ分けていることが分かった。それに対して子どもの方も,厳しく言われても納得しているようだったり,冗談っぽく言われて笑いながらもしっかり言うことを聞いていたりと,かみ合っている感じがした。観察を通して適当な場面での適当な対応が可能になるのだな,と思った。

　しかし実際に自分で行うのは難しく,克服とまでは行かなかった。それでも,自分なりに観察をした上での対応をしてみたり,反応がまったく無い子に対しても,ずっと横でその子と同じことをする,同じ時間と場所を共有するのでも良いのではないかと考え,そのように行動してみたりと,職員からのアドバイスや自分なりの考えを生かして,一時保護所での活動に取り組むことができたと思う。

■実習生へのメッセージ

　実習生へのアドバイスとして,まずは事前学習を十分に行ってほしい。そしてそのためにも,実習において自分が何を学びたいのかというポイントを明確にしておくことも必要である。事前学習・自己意識の明確化といった,実習への準備を事前にどれだけ行うか,ということが実習からの学びの深さに大きくつながるものと思われる。

　また,当然のことながら,その実習先で学ばせていただいているという謙虚な態度で実習に臨むことが必要だと思う。そうじや雑務などを率先して行うこともよいだろう。そして,この貴重な実習の場を提供していただいているのだから,その分,少しのことからでも何か学び取ろうという意欲をもって積極的に取り組んでほしい。そうすればきっと充実した有意義な実習となることだろう。

アドバイス3　社会福祉協議会

　社会福祉協議会は地域福祉推進の中心的役割を担っており,地域によってさまざまな事業を行っている。私の実習先の市社会福祉協議会も高齢者や障害者へのさまざまな事業をしており,独自のサービスも提供している。

　12日間の実習内容としては,朝その日実習の事業や訪問先の説明を受けて内容を把握した後,支援員に同行して相談業務や介護業務等々,支援場面をみるというものが主であり,各事業を数日ごとに回っていった。事業によってはコンピュータ入力やファイル綴じなど,情報管理のための事務作業も行った。

■事前に取り組んでおけば良かったこと
　実習での漠然とした全体の目標だけでなく，「この事業ではこういうことをみたい・したい」という細かい目標も考えておくべきであった。社会福祉協議会のいろいろな事業がみられれば良いとは思っていたが，細かい目標を立てていなかったため，短い実習期間では言われたことをスケジュール通りにこなすだけで精一杯になってしまっていた。実習を終えてみて，時間がなかったり日程が合わなかったりして，興味のある部分を十分にみたり，話を聞いたりできずに残念なこともあった。私のように多事業を短時間で回る場合，前もって具体的に考え，できるなら実習先に事前に相談しておくと良いと思う。

■取り組んでおいて良かったこと
　実習に先立って準備していたことといえば，①一般的な社会福祉協議会や福祉全般についての勉強，②実習先の事業内容を調べておく，ということである。
　①一般的な社会福祉協議会のこととしては，役割やあり方，望まれるところなどを主に本を読み勉強した。また，福祉の専門用語や利用者への接し方等も，普段の授業をふりかえったりして頭に入れておいた。②については，主にパンフレットやインターネットから調べたが，同時に市の事業や他の社会福祉協議会の事業にも目を通しておいた。これらのことをしていたことで，短時間の説明でも事業の流れを把握し，理解することができたし，「特にここをみよう」という視点をもって実習に臨むことができた。また，現場と教科書等での支援の仕方や考え方の共通点や相違点もよくみることができた。

■実習中に困ったこと
　実習中に困ったことといえば，大きく分けて2つある。
　1つ目は，疑問に思ったことを質問する場がなかなかもてなかったということである。短い時間で事業を回るために時間的な余裕もあまりなく，毎日のように担当者が変わるため，後で聞くこともできずにいた。また，実習前に学校で「質問や希望といったことを日誌に書いて伝えるのも1つの方法」ということは言われていたが，実習先からは「日誌は1週間ずつまとめて提出して。最後にまとめて返すから」と言われていたため，日々の疑問の解決のためには活用しにくかった。
　2つ目は，在宅サービス利用者にどう接して良いのか分からない，ということであった。訪問する前にどういう人でどういう支援をしに行くかということは聞いていたが，それだけでは実際の人柄までは分からず，支援に同行しても様子をみているだけになってしまいがちであった。

■困った課題をどう克服したか
　質問する場がなかなかもてなかったことに関しては，昼食時や移動時，その他時間の

ある時に，職員とコミュニケーションをとるように心掛けることで解決していった。質問以外にも世間話から普段の様子までいろいろと話かけることで打ち解けることもでき，少しの時間でも何気なくいろいろな話を聞くことができた。特に職員の仕事への考え方や，現在の職についた経緯などを聞くと，将来のことを考える良い刺激にもなった。

　利用者にどう接していいか困った時には，支援員と利用者のやりとりをみてどうかかわっていけばよいかを考えながら，少しでも利用者とコミュニケーションをとるよう話しかけた。しかし，実習生が行ったことで利用者の普段の生活を変えてしまってはいけないとも思い，積極的に接するだけでなく，表情を豊かにし，話を聞くようにするなど，同じ空間をどう過ごすかという雰囲気作りも大切にした。

■実習生へのメッセージ

　短い期間の実習であったし，実習したのは福祉の現場であったが，そこで感じたことやみたことは，福祉の分野に限らず生かすことのできる良い経験になった。実習中は大変で1日が長く感じるかもしれないが，終わってみればきっとあっという間に思えると思う。より納得のいく実習にするためにも，積極的な姿勢で実習に臨み，いろいろなものを得ることができる柔軟な頭をもつよう心掛けてほしい。そして何より，人とのかかわりを大切に，多くの人と接しいろいろな話をし，物事をいろいろな目線からみてほしいと思う。

アドバイス4　　特別養護老人ホーム

■事前に取り組んでおけば良かったこと

　私は，福祉実習の中で，特別養護老人ホーム・在宅介護支援センター・ショートステイ・デイサービス・ホームヘルプサービスなど実習先のすべての事業に参加させてもらうことができた。そのなかで，施設サービス・在宅サービスという大きな二本柱のサービス形態の特徴やそれぞれの機能をもっと明確に勉強し，理解していればより良い実習になったように思う。

　ホームヘルプサービスは，援助内容が直接生活援助（身体に直接ふれて行う入浴や排泄などの介助）と間接生活介助（買い物や洗濯などの日常生活の援助）に分けられている。実際ヘルパーに同行すると，あるケースでは掃除の援助のみを行い，契約時間などを書いた用紙に行った援助の種類と時間を細かく記入し，それ以外の援助は一切行わず，決められた時間の中で契約した援助をすべてこなすことにとても驚いた。そして，教科書では学べない地域の高齢者の方の暮らしぶりを実際にみて，体感することもできた。

　またデイサービスでは，高齢者の方ばかりではなく，障害者の方が利用する曜日が設定されていた。そのため障害者分野の法的制度や，現状などの話を職員の方から聞く機会を設けてもらった。しかし，支援費制度の概要や制度の問題点など知識として知って

いれば，もっと有効にたくさんの話を聞くことができたのではないかと思う。

　私の場合，施設サービス（特別養護老人ホーム）の実習が前半2週間にあり，後半2週間では在宅サービス（デイサービスやホームヘルプサービスなど）の実習があり，分かりやすく大別されていた。このように，事前にスケジュールは分かっていたので，実習前から意識して事前学習に励んでおけば良かったと感じる。

■取り組んでおいて良かったこと

　高齢者福祉施設に実習に行くということで，先生の薦めもあり，介護保険制度に関する本を1冊購入し，熟読した。実習に行くにあたり，少しでも知識はあるほうがよいので，読んでおいてよかったと思う。特にホームヘルプサービスに関しては，介護保険制度の中で時間や支援内容が定められているので，実際に同行する際に，受ける説明も分かりやすく感じた。

　また，他に私が行ったことは，実習先のデイサービスセンターに月2～3回程度話し相手のボランティアに行ったことである。ボランティアということで，深く考えずに地域の高齢者の方と話をし，一緒にレクリエーションを行った。施設の雰囲気を味わい，普段あまり接する機会のない高齢者の方々とのかかわり方を学習する上で，良いきっかけになった。さらに，実習は，とても緊張するので緊張感を和らげる意味でもボランティアなどで施設にふれることは良い経験になったと思う。

　私は介護予防教室（実習先の施設が地域の方々に向けて介護や介護予防・認知症など高齢者に関する事柄を提供し，身近に感じてもらうために開催している教室）に参加した。ほかにも，デイサービスでは，配食サービス（市に委託され，独居高齢者や高齢者夫婦の世帯へ食事を提供するサービス）にも同行させていただいた。両方共に，実習内容には組み込まれていなかった。私はこれらのサービスを学校の授業やゼミで習っており，興味があったということもあるが，事前に市役所で自分の住んでいる市の福祉サービスを調べて知っていた。偶然どちらのサービスも提供している施設だったので，実習担当者の方にお願いし，見学や実際に参加させてもらい，とても勉強になった。

　施設と地域との関係や行政との関係が見える良い機会になると思うので，市の福祉サービスを調べることもお勧めである。

■実習中に困ったこと

　福祉実習中に困ったことはたくさんある。そのなかでも，一番困ったことは実習日誌をつけることである。私の場合，毎日実習日誌をつけることは苦痛ではなかった。しかし，ただの感想文や実習目標と合致しない記録のように，正確な「記録」を書けないことで悩むことが続いた。後から，読み返す機会ができた今になって，本当に読みづらい実習日誌にしてしまったと後悔している。

　他にも，利用者の方とのコミュニケーションのはかり方も困ったことの一つである。

特に，特別養護老人ホームでは，それぞれの階ごとに身体重度の方や認知症の方などさまざまな利用者が大勢いる。1週間ほどの期間で，各階の利用者の名前や様子を理解した上で，コミュニケーションをはかるのはとても大変だった。ある人に通じた声かけが，すぐ横の方にはまるで通じないということが日常茶飯事で，十人十色という言葉が本当に当てはまると痛感したことを鮮明に覚えている。

■困った課題をどう克服したか

実習日誌については，実習中に何度か実習担当者の方と面談があり，面談の中で書き方や表現の仕方の指導を受ける機会があった。タイムスケジュールを書く欄についても，ただ淡々と時間の経過を書くだけではなく，「自分が何をしたか，自分はどう考え行動したか」も記録することが後々見直した時に役に立つと指導を受けた。1日の目標なども，小さい身近な目標から実習が進むにつれて，実習のまとめになるようなものに視点を変えていくようにと実習中盤頃にアドバイスを受けた。面談以外でも，自ら進んで声をかければ実習担当者の方も忙しい中，相談や実習中に私がしたいことなどの希望を聞いていただけた。実習担当者の方との関係は実習中とても大切だったと思う。

前述した利用者の方とのコミュニケーションのはかり方については，実習中に自分を担当している現場の職員の方に対応方法やその利用者がどういった方なのかを聞き，実習1日1日の中で疑問を残さないようにした。また，教えてもらったことを実践するだけでなく，職員の方のコミュニケーションの方法を観察し，自らのものとして吸収するようにも心掛けた。

■実習生へのメッセージ

社会福祉実習では，学校の授業やゼミでは習えないような現場での雰囲気や技術が学べると思う。そのため，授業とは違う大変な苦労もたくさんあるが，実習指導教員や実習担当者の方々，施設の利用者の方々とより良い関係を自ら築けるように努めて，実りある実習をみなさんが経験して欲しいと思う。

アドバイス5　心身障害者デイサービスセンター

私は心身障害者デイサービスセンターで実習を行った。実習は大きく2つに分けて行われ，前半はデイサービス事業，後半は通所事業のグループに入らせてもらった。

■事前に取り組んでおけば良かったこと

実習に行ってから思ったのは，その分野に関する知識や法律，サービス内容や疾病等についてもっと勉強するべきだったということである。実習前，私は自閉症についての本を読んで行った。しかし，実習先はどちらかと言うと重度の身体障害をもつ利用者が

多く，自閉症についての知識を役立てることはほとんどなかった。もっと実習先について下調べし，どのような知識が必要となるかを考え勉強しておくべきであったと感じた。

■取り組んでおいて良かったこと

実習前に取り組んでおいて良かったと思うのは，ホームヘルパーの資格を取り介護技術についての知識を得ていたことである。私は実習直前に資格を取り，実際の介護経験をほとんど積むことなく実習に参加したため自信をもって介助を行ったり，得た知識をフルに活用することはできなかった。しかし，ふとした瞬間に職員が行っている動作をみて「あの時習ったあれが，そうなんだ」と思うことはできた。何の知識ももたずに実習に行っていれば何も感じずみていただろう場面に，そういうことを感じることができたというのは大きな学びだったと思う。

■実習中に困ったこと

困ったこととは少しニュアンスが違うのかもしれないが，私が難しいと感じたことと失敗談を書きたいと思う。

実習前半のデイサービス事業では，利用者とのコミュニケーションが難しいと感じた。気さくな方が多く，利用者から話しかけてきてくれることが多かったが，相手から振られた話題の裏側にある「本当に話したい内容」というものに私はなかなかたどりつけなかった。別の機会に同じ話題を他の職員と話しているのを聞いて，「本当はその内容が話したかったのだな」と気づかされることが多く，相手の話を聞き取るということはとても難しいことだと感じた。

実習後半に入った通所事業での実習中，私はなかなか食べ物を口に入れようとしてくれない利用者の食事介助の際に，他の職員から聞いた方法でその利用者の気をそらしながら食事介助を行った。結果として，その方法でその利用者はいつもよりスムーズに食事をしてくれた。それで私は満足してしまったのだが，実習先の職員から「その方法は，教えてくれた職員とその利用者の関係の中で生まれてきたものではないのか」と言われ，はじめて自分がやったことに対して目にみえる結果ばかりを得ようとしていたことに気づいた。

また利用者と職員が親しげな態度で接していたりしていたとしても，それは長い時間をかけて築き上げてきた関係のなかで生まれてきたものであり，ごく短い期間しかいない実習生たる自分がまねをして良いものではないのだということにも気づかされた。

■困った課題をどう克服したか

利用者とのコミュニケーションでは，相手の表情に注目するようにした。上手く話を引き出せるようになったかは分からないが，相手の話をより深く理解したいという気持ちを持てるようになった。

食事介助の失敗については，その後同じ利用者の食事介助に入る機会があり，「どれだけ食べたか」ではなく「どんな様子で食べているか」に注目するようにした。それまでは「食べてもらわなければ」と焦って介助を行っていたが，気持ちを切り替えることで落ち着いて介助を行うことができた。「どんな様子で食べているか」に注目することで，「どうして今日は食べられないのだろう」ということを考えられるようにもなった。この「どうして」を考えるということは，その利用者についてより深く知るきっかけになったし，より深く知ることでどんなニーズをもつ人なのかを推し量ることができるようになった。

　どちらの件に関しても，利用者の表情や仕草を注意してみることが大切となった。ごく当たり前のことであるが，その当たり前のことを実行することの難しさを感じる出来事であった。

■実習生へのメッセージ

　現在私は"現場"で働いている。働きはじめて思うのは，実習中ほど利用者とじっくりかかわる時間がないということである。だから，これから実習に行く方々には利用者とじっくりかかわってきてみて欲しいと思う。

　また，自分のかかわり方に不安や疑問を感じたときには周囲の職員の様子を観察し，参考にしてみれば良いと思う。そうすることで職員一人ひとりによってかかわり方に個性があることを実感できるだろうし，さまざまな職員のかかわり方の良い所を学ぶことができる。大切なのは独りよがりにならないこと，1人の職員のやり方に偏ってまねをしてしまわないことだろう。

　また，実習中には身辺介助に注目しがちになりがちだが，「なぜこの利用者にはこういう対応・サービスを提供しているのか」「どういう背景があってこのサービスを提供するにいたったか」という部分にかかわる質問は社会福祉士としての実習には大切なことだと感じる。

　より多くの利用者や職員とかかわりさまざまなことを感じることで，1つでも学びを得てきて欲しいと思う。

アドバイス6　児童養護施設

■事前に取り組んでおけば良かったこと

　私が，福祉実習をはじめる前に取り組んでおけば良かったと思うことは，自分の実習する予定の施設だけでなく，関連する他の様々な施設にも実際に行き，ボランティアや見学をさせてもらうということである。私の場合，福祉実習中に施設で行われている特別なプログラムに関する紹介をされたことがあった。その際，他の施設ではどのような取り組みがされているか，どのような違いがあるか，利用者にとってこのプログラムは

役に立っているかなど，他の施設での取り組みと比較して考えてみたいと感じたことがあった。

　福祉施設の種別は同じでも，各施設によって支援の方針や方法，形態等はそれぞれ違ってくる。さまざまな施設に実際に行き，それぞれの支援の方針や方法，形態に実際にふれ，理解しておくことで，福祉実習中に利用者とかかわる時にもし迷ってしまった場合，一つの方法だけではなく，さまざまな角度から利用者に対する支援の方法を考えていくことができる。自分自身の考えの幅や，利用者への支援の幅を広げる為に，実習先の施設以外の施設へもボランティアや見学に行かせてもらうということは，大切なことではないかと私は考える。

■取り組んでおいて良かったこと

　私が，福祉実習をはじめる前に取り組んでおいて良かったことは2つある。まず1つは，自分の実習する予定の福祉施設がどのような人を対象にしていて，どのような役割をもっているのか，施設独自の方針はどのようなものがあるか等，自分が実習する予定の施設の基本的な情報を十分に理解しておいたことである。このように施設や利用者に関する基本的な情報を理解しておくことは，福祉実習がはじまってから利用者と信頼関係を築く上でのヒントになったり，施設の取り組みや地域との関係について等，施設や利用者について現場をみた上でより詳しく知りたいと考えた時，施設の職員と対等に話すための基礎的な知識になったりする等，実習生にとってさまざまなメリットがあると考えられる。

　もう1つは，事前に実習先に行き，利用者や職員と積極的にコミュニケーションをとり，良い人間関係を築いていくためのきっかけを作っておいたことである。私にとって，福祉実習を行う上で職員や利用者との人間関係がうまく作ることができるかどうかということはもっとも不安なことであったが，事前に利用者や職員とコミュニケーションをとっておくことで，職員の考えや施設の方針等を聞かせてもらえたし，利用者それぞれの特徴や性格を事前に知っておくことができたので，福祉実習に対する不安が少し軽減された。このように，自分自身の不安を軽減させ，より良い福祉実習につなげていくためにも，職員や利用者と良い人間関係を築き上げていくためにも，利用者への支援の方法を自分なりに考えていくためにも，可能であればぜひ事前に実習先に行き，実際に職員や利用者とコミュニケーションをとることを勧めたいと思う。

■実習中に困ったこと

　私は実習中，さまざまな場面で，さまざまな困難と出会った。そのなかで，私が特に困ったと感じ，悩んだことが2つある。まず1つは，実習中，自分が具体的にどのような行動をすれば良いか分からなくなったことである。私の場合，特に実習をはじめてすぐの時期は，自分が今，何をすべきなのか，どのように利用者とかかわれば良いのかが

分からず，ただその場で立ちつくし，何もしないでいることがしばしばあった。

　もう1つは，利用者とうまく良い人間関係を築けなかったということである。私は実習中，「次は誰とどんな事を話そうか？」「どのようにすれば自分は嫌われないか？」など，頭の中でさまざまなことを考えながら利用者とかかわることが多かった。なぜなら，「福祉実習を通して何かを得なければならない。利用者に対して良い援助を行わなければならない」という理想が自分の中で特に大きかったからだ。しかし，そのようなことを考えれば考えるほど，利用者とかかわること自体がつらくなり，良い人間関係が築けなくなった。

　このように私が実習中，困ったことと出会う際には，いつも自分の不安な気持ちや福祉実習に対する理想が伴っていたように思う。

■困った課題をどう克服したか

　私は，前に述べたように，実習中さまざまな困難と出会ったが，さまざまな人の力を借り，克服していくことができた。私の場合，自分が実習中，どのような行動をとれば良いか分からなくなった時，その都度，積極的に施設の職員に質問するようにした。施設の職員から具体的に，自分が今すべき行動について教えてもらえたり，アドバイスをもらえたりしたことで，迷うことなく利用者と適切にかかわっていくことができた。また，積極的に質問をするという姿勢で実習を続けているうちに，少しずつ自分で今どのような行動をとるべきなのかがわかるようになり，自分自身で利用者への支援の方法を考えられるようになった。

　また，利用者と良い人間関係を築けなかった時，私は同じ時期に実習をしていた仲間や大学の先生や施設の職員に自分の考えを話し，相談をするようにした。相談をするようにしてから，「ありのままの自分で利用者とかかわる。実習生の自分にできることには限りがあるが，自分にしかできない実習をしよう」というように，少しずつ自分の考えを変えていくことができた。すると，少しずつではあるが利用者とかかわることが楽しくなり，さまざまなことに対して自分から積極的に行動ができるようになった。また，何よりも自分は1人だけで実習に臨んでいるのではなく，さまざまな人に支えられながら実習をしているのだという実感をもつことができ，少しずつ自分に自信をもてるようになり，自分の周りの人に感謝ができるようになった。

　このように福祉実習を行う上で，迷うことや困ったことがあった時，それらを信頼できる仲間や実習指導教員，施設の職員等に積極的に質問したり，相談したりすることで，私は自分にとって充実した福祉実習にすることができた。自分以外の人間の考えを聞くことは，自分の考えの幅が広がると同時に，自分が行う利用者への支援の幅が広がるということにもつながる。そして困ったことを共有することで，お互いに新たな勉強にもなるし，何よりも自分の中だけで困ったことを抱え込み，福祉実習自体が嫌になってしまうということを防ぐことができる。福祉実習において迷うこと，困ったことがあれば

具体的に言葉に出し，自分以外の人間の力を積極的に利用するということは自分のためにも，利用者のためにももっとも大切なことなのではないかと私は考える。

■実習生へのメッセージ

　これから福祉実習に臨まれる皆さんは今，福祉実習に対する不安でいっぱいだと思います。そのなかで，皆さんに忘れないでほしい事柄が2つあります。1つは利用者とかかわる時，「人を一人の人間として尊重する」ということ，もう1つは「自分を支えてくれている人に感謝する」ということです。これらの事柄は，私が福祉実習を経験してもっとも大切だと感じた事柄です。どちらの事柄も言葉で言うことは簡単ですが，実際に福祉実習がはじまると，日々の実習をこなすことに一生懸命になり，忘れてしまいがちになる事柄だと思います。しかし私がそうであったように，この2つの事柄について意識するだけで，確実に自分の考え方や行動，利用者への援助方法が変わり，自分自身に自信がもてるようになり，皆さんにとって充実した福祉実習の経験につながっていくと思います。

　最後に，これから皆さんが経験する福祉実習は楽しいことばかりではなく，つらいこと，困ること，迷うこと等，さまざまなことが起こると思います。しかし福祉実習を経験することは，人とかかわることの難しさや楽しさ，自分の無力さや社会福祉現場の現実等，学校の講義で学んできたことよりも，もっと複雑で難しい現実を身をもって学ぶことができるだけでなく，自分自身を見つめ直し，大きく成長することができる良い機会になると思います。

　皆さんが充実した福祉実習を経験することができるようお祈りしています。

アドバイス7　盲児施設

　社会福祉士の現場実習は夏季休暇中，盲児施設に1か月間の実習であった。実習先には視覚障害のある子どもだけでなく，聴覚障害・知的障害・肢体障害・内部障害など，いくつかの障害がある重複障害の子どもが生活している場であった。

　実習内容としては日中の生活の流れに沿った，移動の際の誘導や食事介助や排泄介助，子どもと一緒に遊ぶことが中心であった。その中で危険につながらないように配慮することはとても重要なことであった。普段私たちが生活しているなかで，それほど注意していないことも大きな事故につながるのである。階段の途中で遊んだり，暴れたりする子どももいたので，階段の昇降は最後まで不安で緊張する場面であった。

■事前に取り組んでおけば良かったこと

　障害の特性がさまざまだったので，一人ひとりに合った遊びや興味のあることを含めて一緒に楽しめるようなモノを用意して実習に臨めれば良かった。目が見えないので音

で楽しめることや感覚を刺激するなど遊びを通しての工夫を考えていれば，もっと有意義な実習になったと思う。

■取り組んでおいて良かったこと

　何か特技や遊びがあれば役に立つと思う。子どもに接するにしても，高齢者に接するにしても自分が何か1つでもできることがあれば，そのことで喜んでもらえたり，利用者の方にとっても刺激になるだろう。

　もちろん障害について，注意しなければならないことや施設の理解も必要である。

■実習中に困ったこと

　一番困ったことはコミュニケーションをはかることが難しい子どもと接することであった。声をかけても反応が分からない重度障害の子どもと触れ合うことが，はじめのうちはどうしたらよいのか分からず，とまどうこともたくさんあった。しかし接しているうちに表情・反応などそれぞれの方法で伝えていることを感じたのである。

　ほかには子ども一人ひとり，着替えにしても食事にしても移動にしてもその子どもに合った個別の援助のやり方があり，それぞれに援助方法が違うことであった。また，それぞれの子どもがどこまでできるのかを把握し，見極めることも大変であった。甘えてできることでもできないと言って，手伝ってもらおうとする子どももなかにはいるようであった。甘えてもらえれば，かわいいとの思いからやってしまいそうになるが，そこで本当にこの子どもはできないのか，それとも甘えているだけなのか考えることも必要であった。同時に子どもの力を伸ばすことも大切なことであった。

■困った課題をどう克服したか

　困ったときにはその場にいる職員の方に聞くことが，やはり一番良い方法である。しかし，忙しそうにしていたりタイミングを逃したりと，なかなか聞けないこともあると思うので，その時は実習日誌にて質問しても良いと思う。少しでも疑問に思ったことや質問などは積極的に聞き，すぐに解決した方がより良い実習になると思う。

　また，実習をしているうちに少しずつではあるが，この子どもは何が好きなのか，嫌いなのか，何をすると楽しいのかなどの快・不快といった反応がなんとなく分かってくる。その反応を大切にし，自分なりに安全な範囲で遊びを通して引き出していくことも大切なことだと思うので，積極的にかかわることである。

■実習生へのメッセージ

　たくさんの子どもがいるなかで，実習生を独占したがる子どももいるが，甘えてきた子どもだけに接するのではなく，遊んでほしくても声をかけられない子どもにも目を向けてほしい。私の場合は，実習時間に中学生の子どもとあまり接する機会がなかった。

最初のうちは挨拶をしても返事が返ってこなかった。しかし毎日声を掛け続けることで，いろいろな話をしてもらえるようになった。また，独占欲が強く，他の子どもと遊ぼうとすると機嫌が悪くなったり，おもちゃを独り占めしたりする子どももいた。その時は，きちんと説明し時間を決めたり「これが終わったらおしまい」というように区切りをつけたりすることで，自分だけのモノではないことを分かってもらうよう心掛けた。ほかにも方法はあると思うので，子ども自身が納得できるような方法をみつけることが大切である。

　私は現在，重症心身障害児・者施設で働いているので，子どもは少ないが一人ひとりのサポート方法があることや気を付けていないとちょっとしたことで骨折の原因になるなど注意しなければならないことは同じである。生活の場となるので，日中の生活が充実したものになるよう，余暇活動にマッサージをしたり遊びを取り入れている。今もまだ入所者の方の好きなことなど分からないことがたくさんあるので，これからも日々の触れ合いの中で少しずつみつけていきたい。

　コミュニケーションをはかることが難しいので，怒ったり泣いたりしている理由・原因が何か分からないこともある。伝わらないことでもっと怒るといった状況もあるが，何か伝えたいことがあるから怒ったり泣いたりすることで表現しているのである。その思いを汲み取ることで徐々にその人の伝えたいことが分かってくると思う。感情がストレートなので，楽しいことやうれしいことがあると表情が全然違うのである。

　また，実習中にはそこまで考えていなかったことだが，車椅子や就寝時の姿勢などの正しいポジショニングはとても大切なことだと感じるようになったのである。姿勢が少し変わるだけで，食事の進み具合も違い本人にとってもしんどい姿勢や楽な姿勢となっているのである。

　食事にしても遊びにしても自分が楽しんでいるかによって，雰囲気も変わってくる。1人でも明るい人がいれば全体が楽しい雰囲気になると思うので，実習を楽しみながら，たくさんのことを学び実践することが，さまざまなことにつながっていくと思う。

アドバイス8　知的障害者更生施設

■事前に取り組んでおけば良かったこと

　実習前にはいろいろな書籍を読み，基本的な知識を得ておくことが不可欠である。実習先で職員に質問をする際に，中途半端な知識ではなく，質問に付随するしっかりとした知識をもっていれば，質問を受けた相手も答えやすく説明がしやすい。私は，事前の勉強が少なかったため，ひとつの疑問を解決するのに時間がかかってしまうことが多かった。質問に答えてもらっても，言葉の意味がよく分からないので，調べてからまた同じような質問をしたり，専門用語を説明してもらいつつ返答をもらうなど，時間がかかった。

また，大まかな障害の種類や特性は理解していたが，もう少し障害の特性や事例を調べておけば，早い段階で利用者一人ひとりを深く知れたかもしれないと反省している。さらに，同じ種別の施設で既に実習を行った先輩や友人に実習の話を聞かせてもらったり，昨年度以前の実習報告集を読むことも実習前にしておけば良かったと感じる。

■事前に取り組んでおいて良かったこと

　実習に行くと，利用者はもちろんのこと職員とのやりとりは必ずある。私は学校生活を送るなかで，できるだけ相手の立場と自分の位置をよく考えてその場にあった話し方を心掛けていた。アルバイトなどを通して，上手に話す練習をしてみてはどうだろうかと思う。目上の人と接することに慣れておくと，実習開始後コミュニケーションが取りやすくなり，自分の考えや想いをスムーズに伝えることができるのではないだろうか。実習中，話し方に気を付けていても，普段の癖は出てしまうもので，普段から目上の人と接しておくことで，相手との距離や話の間などの取り方が上手くなり，利用者や職員と良い関係を保てるのではないかと思う。

■実習中に困ったこと

　①　実習日誌について

　実習中，不安を感じることや気になることの１つに実習日誌の書き方が挙げられる。今改めて自身の書いた実習日誌を開いてみると，最初の１週間ほどは日記調で綴られており，評価を気にするような決まりきった文章を書いていた。また，日々の目標も難しいものをあげがちだったり，他の実習生と自分の日誌の出来を比べて焦ったりした。授業などで日誌の書き方はある程度教わっていたものの，実際に書いていくとなると，どのようにまとめればよいか困ることが多かった。

　②　積極性について

　私は実習開始前から実習生の立場というものをとても気にしていたため，手間を取らせては悪いからとか，この質問や疑問は尋ねてよいものなのかなどと考え，実習開始当初は質問もあまりできず，職員や利用者の動きを少し離れてみることしかできなかった。緊張もあり，変に遠慮をし，利用者や職員にどのように思われるかを気にするあまりに，主体的に動けなかった。

　しかし，職員などからみれば，積極性に欠けていると判断されてしまい，やる気のない学生と捉えられてしまう。そう思いながらも，上手く動けない自分に対してジレンマを覚えた。案の定，実習開始から１週間ほどして「もっと質問を職員にして，利用者に自分からかかわってくださいね」と注意を受けた。利用者ともっとたくさんかかわりたい気持ちや積極的に動きたい気持ちはあるものの，それが表面に出せないことで悩んだ。

■困った課題をどう克服したか
　① 実習日誌について
　日誌を読んでくれる人が読みやすいように作成するのは大事なことだが，実習は誰のために，何のためにしているのかを考えた際，自分には自分なりのやり方があるということに気づいた。それから少し気持ちが楽になり，徐々に自分らしい日誌を書けるようなった。目標は，本当にシンプルかつ次につながるものにした。実習施設の利用者数が多かったこともあったが，私は長い間日々の目標の中に利用者の名前を覚えることを挙げていた。実習中はいろいろな出来事が起こり，書きたいことがたくさんあったが，内容は1つに絞った。その出来事に関しての事実と流れ，周囲がどう動き対処したか，自分はその出来事をどのように解釈し，どのように思い感じ，そのような考えにいたったのはなぜかを一連の流れで書いてみると，考察が深まり日誌内容も充実したものとなった。
　② 積極性について
　遠慮をしたり気を使いすぎる傾向がある人は，はじめてのことなのだから分からなくて当然，とまどって当然といった気持ちを抱いてもよいと思う。私も気持ちを切り替えるよう心掛けた。ただ，勘違いをしてはいけないのは，分からないからとか，知らないからを言い訳にして手を抜くのではなく，肩の力を少し抜くことも，必要ということだ。そして，相手の話をしっかり聴く，アドバイス受け止める，さらに疑問があれば聞いてみる。その姿勢が大切だと感じる。
　職員から積極性に関して注意をもらってから，日に日に利用者とかかわる時間を多くもつようになり，その分質問もたくさんするようになった。職員が忙しく手をわずらわせてしまうのではないかと不安で，質問がなかなかできない場合は，朝礼後やグループでのミーティングなどでまとめて聞くという方法をとった。その際に自分の意見や考えなども交えて話すことで会話も弾み，さまざまな情報を手に入れることができ，いろいろな職員の意見も得ることができた。

■実習生へのメッセージ
　まず，日誌はその日のうちに書くことをお勧めする。体験したことを新鮮なうちに考え，文章にした方が後でその詳細を思い起こしやすい。また，文章を書くことが苦手な人は，言葉を上手につなげることや，考えをまとめて文章にする練習をしておくと良いかもしれない。一日の実習を終え疲れている中，日誌を書くことは根気のいる作業ではあるが，ぜひがんばって書いてほしい。
　私は，今でも仕事で落ち込んだ時などは，実習日誌を読んで初心に戻ることができる。なぜこの職に就きたいと思ったのか，どんな想いをもって仕事に取り組むのか，実習の時，感じたこと学んだことが日誌をめくるたびに蘇ってくる。文字として残っている日誌は，実習をがんばった証となると同時に自信にもなるので，大切にしてほしい。そし

て，皆さんも夢を叶える途中にふと原点に返る手段として日誌が活用できるよう，よいものに仕上げていってほしいと思う。

　次に，実習で一番大切にしてほしいのが，利用者とのかかわりである。会話が途切れてもいい，ぎこちなくてもいい，とにかく話す，自らかかわっていく，失敗を恐れずに行えば何日かするとかかわりが自然体でとても楽しいものに変わるだろう。どうしてもかかわり方が分からなければ，職員の動きをよくみる，そして何より利用者の動きをよくみて，その人を知ろうという，理解しようとする姿勢を示すことだ。

　最後に，職員の中に一人は自分の理想のかかわり方をしている人や尊敬できる部分をもつ人をみつけることができると思う。私は，実習を担当してもらった職員がお手本だった。あの人のようになりたいと思う気持ちが現場で働きたいという気持ちをさらに膨らませ，好きな仕事に就くことができた。実習を通して人と人がかかわることの大切さ，難しさを学んだ。この経験は，福祉の世界で生きていく上での大きな糧となっている。皆さんの実習も実りあるものとなるよう願っている。

アドバイス9　　保健所，精神障害者地域生活支援センター

■事前に取り組んでおけば良かったこと

　ジェノグラムやエコマップは理解しているつもりではあったが，実習中にいざ書こうとすると，思い出しながら書くために時間がかかりすぎた。ジェノグラムやエコマップは，授業で理解するだけではなく，身の回りの人を例にとって自分で何度か書いて，慣れておくべきだったと感じた。

■取り組んでおいて良かったこと

　実習したいと考えている実習先へ，事前にボランティアなどでかかわることは実習をスムーズにすすめる上で，有効だと思う。私は常時のボランティアは無理だったため，祭りやイベントに参加した。これだけでもスタッフや利用者の方と顔見知りになることができ，実習をはじめる上で自分の気持ちが楽になった。

■実習中に困ったこと

　いざ，実習がはじまると，実習先に迷惑をかけてはいけないと緊張する一方，実習目標や実習計画を達成するために積極的にならなければいけないと思い，妙に固くなってしまうこと，あるいは，利用者と信頼関係を築かなければと焦り，自分自身を追い込んでしまうことがあった。スタッフが気を使ってくれるとよけいに自分自身がなさけなく感じ，実習に行くことが辛くなる時があった。

■困った課題をどう克服したか

　利用者との信頼関係は，たった2週間や4週間で築けるわけがないし，自分のできることをすればそれでよいのだと考えを改め，開き直った。そして，まず大事なことは，体調を崩さず，休むことなく最後まで無事に実習を終えることだと自分に言い聞かせた。すると，焦りも軽減し肩の力も抜けて，「何かをする」ことだけが支援ではなく，利用者と時間・空間を共有することからすでに支援ははじまっているのだという大切なことを学ぶことができた。その結果，楽しく実習を終えることができた。辛くなった時は，原点に立ち戻ることも大切だと感じている。

■実習生へのメッセージ

　「実習内容」の部分が毎日同じになってしまい，何を書いたらいいのかわからない，あるいは書くことがない，ということをよく耳にする。内容にはっきりとした違いのある場合は誰でも書きやすいだろうが，利用者と同じ場所で話をしてかかわることが続くと，毎日の内容が「話をしてかかわる」のみになりかねない。

　しかし，「話をしてかかわる」内容においても，時間を細かく区切ると顔ぶれも異なるだろうし話題も異なるはずである。あるいは，同じ人と話をして過ごした場合にも，「内容」の部分に書くつもりで話をすれば，話題や表情などに関しての細かい観察をするのではないだろうか。後から思い起こすことは大変だが，短時間で区切って考えると，毎日が同じ内容ということは起こらないはずである。どのようなことが「実習内容」の部分に含まれるかを考えてみることによって，内容の幅が広がるだろう。このために小さなメモ帳を必ずポケットに入れ，疑問や感じたことはもちろん，こまめに記録することが大切である。しかし，利用者の前では書かないことと，絶対に落とさないようにする注意が必要である。

　実習なのだから失敗はつきものである。しかし，「笑顔と礼儀正しさ」という武器が実習中の大きな味方になってくれるはずである。実習に行かれる方には，ぜひ真面目に，そして，自分のできる限りの実習を行って欲しいと願っている。

第11章

福祉実習先からの
ワンポイントアドバイス

　本章では，福祉実習先の実習担当者が，実習生が実習前後および実習中に留意するべき点を具体的にかつ分かりやすく解説している。実習生が見逃しやすい点や陥りがちな点を実習担当者が提示し，それぞれの専門性，実習指導経験をふまえながら述べているので，実習生は自らの視点や発想を広げることに役立ててほしい。

アドバイス1　事前学習の大切さ

「事前学習」はきわめて大切である。それはなぜか。ほとんどの場合，実習では「知っていることしか見えない」からだ。

たとえば，障害者福祉施設の実習では利用者と共に作業活動を行うことがある。ここで，その場にいる職員が作業をしながら利用者に話しかけている様子を想像してほしい。職員は，利用者と並んでテーブルに向かい，一緒に軽作業をしている。職員は利用者の話を聴いて，うなずいたり，時々言葉をかけている。この光景から，あなたはどのようなことに気づくだろうか。

もし，あなたに現場経験とバイスティックの7原則に関する基礎的な知識があれば，職員が利用者に対して受容的で非審判的に応じていることに気づくだろう。しかし，はじめて現場を体験する実習生がこれに気づくことは難しいと思う。かくして，目の前で展開されている職員のプロフェッショナルな対応は，実習生の記憶に残ることなく，実習日誌に記録されることもないまま消えていくことになる。

では，あなたに知識があれば，現場でこれに気づくことができるだろうか。これに対する答えはイエスでもありノーでもある。気づくことができるかどうかは，知識がすぐに取り出せる状態になっているかどうかによるからである。

現場では，さまざまなことが次々に起こる。目の前で起こっていることを確実に捉えるには，知識がすぐに取り出せる状態で頭の中に整理されていなければならない。上の例で言えば，バイスティックの7原則を知っていても，現場で職員と利用者が会話しているのを見て関連づけられる状態になっていなければ，どのような原則が応用されているのかには気づかないということだ。これでは，せっかく学習したことが実習の現場で役に立っていないことになる。

事前学習は，実習前に新しい知識を得ることを目的として行われるという見方がある。確かに，事前学習を進めていく過程で新しい知識が得られることはあるだろう。新しい知識を実習開始までに知ることで，実習はずっと充実する。しかし，それを事前学習の到達目標だと考えてはいけない。

事前学習は，先に述べたように，実習の現場で必要となる知識をすぐに取り出せるような状態で頭の中に整理しておくことを目標にしてほしい。それが困難な場合でも，実習を行う上で必要な視点が得られるレベルまでは学習を進めておく必要がある。ここでいう視点とは，言い換えれば「用語とその意味を知ること」である。実習には，最低限その領域で使われている用語をおさえた上で臨んでほしい。たとえば「受容的」「非審判的」などの用語とおよその意味を知っていれば，面接を「受容的かどうか」「非審判的かどうか」という視点で観察することができるだろう。視点をもっているとは，そういうことである。

ところで，事前学習の対象は2つある。それは，すべての社会福祉士・精神保健福祉

士が共通して身に付けておくべき基盤的部分と，実習対象領域に固有の部分である。後者の例としては高齢者福祉施設での実習における高齢者の介護に関する知識・技術などが挙げられる。現場実習を行うには，基盤的知識と領域固有の知識の両方が必要になる。これらについて，実習までに学習してきたことを網羅的に確認しておくことも事前学習を行う時には意識しておいてほしい。

アドバイス2　マナーについて（挨拶，服装，言葉づかい，時間厳守など）

　実習受け入れ施設の職員が集まると，必ずといって良いほど話題になるのがマナーである。「実習に取り組む前に，社会人としてのマナーが守られていない」といった声がよく聞かれる。

　実習は，現場の経験を通して学ぶ場であるから，実習前に利用者支援が十分に納得できているとは思っていない。むしろ，実習を通して学んでいって欲しいと考えている。しかしながら，1人の社会人として身に付けておくべきマナーについては，実習前にクリアしておいて欲しいものである。

　もしみなさんがスーパーマーケットなどの店長でアルバイトを採用する場合，「面接に遅刻をする」「挨拶をしない」「敬語が使えない」「きちんと返事ができない」「だらしない格好をしている」などといった態度の人を採用するだろうか。

　たとえ，商品知識をもっていたり，レジの経験などがあったとしても，採用には躊躇するのではないだろうか？　そして，面接のあとに，こんな言葉を発するのではないか。「採用以前の問題だよ！」と。そう，これは実習以前の問題なのである。

　実習に入ると，利用者の顔と名前を覚えたり，日課を把握したり，作業やレクリエーションに参加したり，食事や入浴の介助をしたり，面接に同席したり，支援計画を作ったりとやってもらわなければならないことが山ほどある。それに伴って指導することも山ほどある。

　そんな慌ただしい毎日の中，「明日は遅刻しないでくださいね」「挨拶は大きな声で言ってください」「目上の人には，敬語を使いましょうね」「返事は相手に伝わるようにはっきりとしてください」「決められた服装（制服）をきちんと着用してください」などということを繰り返し注意することは，時間がもったいないと言わざるを得ない。

　私たちは，もっともっと大切なことをいっぱい伝えたいのである。もっともっと専門的なことをいっぱい学んで欲しいのである。

　さらに言えば，これらのマナーが守れない学生を受け入れることは，現場としては利用者支援や運営上に悪影響を及ぼす可能性がある。たとえば，児童福祉施設などでは，手本となるべき実習生が利用者の悪い見本となってしまいかねない。高齢者福祉施設などでは，敬語を使えず失礼な発言をしてしまうと，サービスへの苦情として扱われてし

まうかもしれない。つまり，日常の業務に加えて大きな不安材料を抱え込むことになるのである。

では，実習以前の問題（社会人としてのマナー）に少し自信がない人はどうしたら良いのだろうか。

できれば，なんとかして事前に身に付けてきておいて欲しい。家族や友達などに協力してもらい，挨拶，敬語などの練習をし，日常生活で習慣化しておいて欲しいものである。実習以前の問題をクリアしておけば，実習にスムーズに入っていくことができるはずである。逆に，これをクリアできないと，本来の専門的支援などの習得が後ろにずれ込むこともありえる。

つまり，実習以前の問題をクリアしておくことが実習の成否のかぎであるといっても過言ではないであろう。

アドバイス3　自分の意見・考えをまとめてみる

「質問したいのはやまやまなんだけど，何を質問したらいいのかわからない」といった時，どうしたら質問ができるようになるのだろうか。

文章の頭に機械的に「なぜ？」をつけて聞けば質問というわけにはいかない。また，「とにかく何か質問しないと申し訳ないから」といった使命感，義務感のようなもので無理やりひねりだして聞くというのもいかがなものかと思われる。

では，どうしたら自分の中から質問が浮かんでくるのか。湧き出てくるのか。

それには，まず，「自分はこのように考える。こう思う」という自分の考えを整理することが大切だと思われる。

1つ例を挙げてみよう。

> 「私は，以前ボランティアとして，自宅近くの施設で作業支援の補助をしていました。そこでは，クッキーや陶芸作品など自主製品を作っていましたが，ここではいわゆる内職のような請け負い仕事ばかりをしています。
> 自主製品づくりの方が納期に追われずそれぞれの人のペースでできるし，売れたときの儲けも多いように思うのですが，なぜこのような作業をやっているのですか？」

下線の引かれたところは，学生の意見・考えである。そこから質問へつなげるという方法をとっているのである。自分の意見・考えがまとまれば，その確認作業が質問になるのではないだろうか。「私は，このように考えますが，それでいいのでしょうか？」「私は，このように思うのですが，なぜ，私の考えと違っているのでしょうか？」という風にするのである。

つまり,「何を質問したら良いのか分からない」という人は,「自分なりの意見・考えが浮かんでこないし,まとまっていないので,質問できない」ということではないだろうか。

では,自分の意見・考えは,どのようにして生み出せばよいのだろうか。

私は,とにかく「自分の体験と実習現場を比較して考えてみる」という手法が身近で分かりやすいと思う。

前述の例のように,現場の経験があればその時の状況と比較すれば良いし,現場経験などがない場合でも,アルバイトや幼少の体験,日頃の生活などと比較すれば良いだろう。

> 私は,以前,手作りパンの店でアルバイトをしていました。おいしいと評判の店で行列ができるくらいよく売れていました。時給もよく楽しい仕事でした。
> それに対して,ここでは,内職のような仕事ばかりしていて大変だなと思います。1つの製品を仕上げても1円とか2円にしかなりませんし,納期に追われていつも慌ただしいように思います。
> パンを作るのは,設備などの関係で無理なのかもしれませんが,クッキーとかおいしいものを作れば売れるでしょうし,儲けもかなりあると思いますが,なぜこのような作業をやっているのですか。

質問することは,難しいことのように思われがちだが,実は,非常に身近なところから手を付けていけば,自分らしい生きた質問ができるようになると思う。

アドバイス4　福祉実習をはじめるにあたって

誰しもはじめて実習に臨むものにとっては,心配はつきまとうものである。受け入れ施設の職員にすれば日常ごくあたりまえのことでも,実習生にとっては時には不安の主因になっていることがある。しかし,基本は実習生自身が体験することである。実習中の心配事や不安については,その都度,職員に助言を求められるとして,ここでは実習に入る前に意識しておけば少しは気分も楽になり,利用者・職員ともスムーズなスタートが切れると思われる点を児童福祉施設を例にいくつか紹介したい。

① 大人（対人援助者）として

施設で生活する子どもたちは,「自ら望んで施設にいるのではない」。つまり,自分および自分の家族に何らかの要因が生じ,施設生活を余儀なくされている子ども達である。そして,子どもたち自ら「施設を選べない,大人（職員）を選べない」なかで与えられた境遇に必死で馴染もうとしている。あるものは自分の気持ちを封じ込めてでも…。

ある日，実習生Ａさんがやってきた。子どもたちは誰しも「Ａさんに自分の境遇を何とかして欲しい」とは思わない。では，Ａさんが実習を通して子どものたちに影響を与えることはあるのか。

　それは，Ａさんの「元気」を分けることと，子どもたちが余儀なくされている施設生活を，たとえ短期間の実習であっても，その間「楽しんでいる姿」をみせることである。

　楽しんでいる姿とは，「掃除・洗濯・作業」と子どもたちが日ごろ積極的でない日課に実習生自らが率先してテキパキと取り組むことである。そして，自分のところが終わればすぐに「終わりました。次何をすればいいですか」と職員に問い，即，取りかかることである。

　元気の素は，大きな声で，笑顔で「おはよう」「ハイ」「ありがとう」と応えることである。そのためには，日ごろから練習しておくことも大切である。

　子どもたちはＡさんをみて「施設生活の何がそんなに楽しいのか」と思いながら，Ａさんの元気な姿を目の前にしてほんの一瞬でも自身に置き換えて受け止めてくれれば，Ａさんの影響は非常に大きいものとなる。

　② 子どもの視点

　夏休みの朝，ラジオ体操の時間のこと。職員が体操の進行に合わせて，子どもたちに「かかとを上げて」とか「ひじを曲げないで」と指示をする。実習生も同じように体操をしている。子どもたちは，職員の指示の声を聞き体操の姿勢を直しながら，「実習生はどんな体操をしているのか」をみている。

　実習２日目の朝，実習生のＢくんは，日ごろの宵っ張り生活が抜けず，あくびをしながらだらだらと体操に臨んでいた。その姿を子どもたちは見逃さなかった。一人でも目撃すればその情報は午前中に，たちまち子どもたち全体に伝わる。

　午後の自由時間に小学生間で小さなケンカがあった。そこに居合わせたＢくんが仲裁に入ったが，子どもたちはＢ君の言うことを聞かず，逆にケンカそっちのけでＢくんに「何やおまえ」と食ってかかった。Ｂくんの言っていることは間違っていなかったが，子どもたちは，Ｂくんのラジオ体操の残像のため「実習生はだらしない体操でもいいんか。俺らだけさせられるのか」という感情が表に出た。

　結局，職員の登場となったが，職員も普段は喧嘩両成敗で済むところが，実習生の言動が子どもたちに，「大人に対する不満，不信感」にいたらないように配慮を加えなければならないことになった。

　③ 流れがあっての指導（点から線へ）

　実習生のＣさんは学校の指導もあって，実習前に目標を立て，しっかりした目的をもって実習に臨んだ。

　実習３日目，気になる女児が職員に注意されているところに出くわした。Ｃさんはその注意（点）に対し，「おかしい。注意する必要はないのでは。この子には，その注意は逆効果ではないか」と学校で教わった被虐待児童への対応の知識に照らしても納得で

きず，ついその場で職員に自分の想いをぶつけた。職員は，Cさんに席をはずしてもらい，女児への指導を終え，子どもにかかわる貴重な時間を割いて，Cさんに助言することになった。

この子は確かに被虐待児童で，今日の出来事だけをみるとCさんの思うような疑問も間違いないが，子どもにかかわる時は，点でなく過去〜未来（線）にいたる発達の視点で「今この子にとって何が必要か」を頭に置くことと，Cさんの視界にないところでのいきさつも加味しての今の注意・指導もある。職員は専門知識を基本に，子ども一人ひとりに，またグループワークに適した知恵を駆使して助言指導を行っている。

実習生が疑問をもったり，質問を投げかけるのは大切なことであるが，それは職員の指導中にではなく，一段落して子どものいないところで，職員の指導の意図を問うことで学校で学んだ知識を，実習体験を通して実践場面で活用できる知恵に高めることも実習の大きな成果になる。

④　個人情報

施設は，同じ時期に同じ実習校から実習生を受ける。特に夏休みは実習校，実習生が重なる。施設は，実習生を分散して受け入れる。実習校が同じでも，対象児童や生活空間を変えた配属先になる。

実習生は，施設生活やそこで暮らす子どもたちの生育歴や家族事情にふれることになる。実習中の講義カリキュラムにも組み込まれている。そうした個人の事実に接したとき，往々にしてその子どもの事情に驚き，その想いは実習生同士で情報交換したい，誰かに話したい誘惑にかられる。

「実習を通して知った個人情報はそれを外に持って出てはいけない」。このことは「守秘義務」として大人の責務である。たとえば，休日の帰宅中の車中や休息に入った喫茶店でも話題にしてはいけない。なぜなら，その話題にしている子どもの関係者の誰が聞いているとも限らない。加えて自分の家族に対しても同様である。また，一般に「守秘義務」というと，知り得た他人の個人情報をところ構わず言いふらしたり，文章化しないとされるが，実習生としてはそれに加えて，自分の情報も子どもに告知することのないように細心の注意を払う必要がある。

実習も進み子どもたちと親しくなってくると，実習生の誰しもが，子どもたちから得た情報（不確定・未確認）や自己の情報について，ついつい口元が緩みがちになってくるものであるが，のちに取り返しのつかない結果になることもあると肝に銘じることである。

たとえば，実習生が「その子との関係性の中では話しても大丈夫」と判断しても，後日その子を取り巻く交友関係に情報が漏れて，実習生自身や実習生の自宅が被害にあった例もある。

アドバイス5　実習計画に挙げたことを現場でみつけるには

実習生から次のような質問を受けたことがある。

「実習計画で，利用者のニーズを知る，という課題を設定した。利用者の課題を知る有力な方法のひとつは面接だと考えた。そこで，まず実習先で面接がどのように行われているかを知ろうと職員の動きを観察したが，面接が行われている様子はまったくなかった。この施設で面接は行われていないのではないか」。

学校の授業と実習の体験は1つに結ばれている。しかし，実習生からは「学校で習ったことが，実習先では行われていない」という声を聞くことが多い。実習生がそのような認識をもつ理由は，学校の授業では技術などの外見と実質が一致しており，かつ体系的に整理して示されているのに対して，現場では，それらがばらばらにされ，かつ混然とした状態で用いられているからだ。

この実習生は，現場では面接が行われていると考えた。そして，面接が行われているところを観察しようとしたのだが，それをみつけることができなかった。なぜみつけることができなかったのか。この実習生と面談したところ，面接の外見と実質を一体のものと固定的に捉えていることが分かった。

学校では，一般的に面接をする場所として面接室を想定し，クライエント，ワーカーなどの役割を決めて演習を行う。しかし現場では，相談内容にもよるが面接室以外で面接を行うことがある。もちろん，どこで面接を行う場合でも，面接者が守るべき倫理や用いる技術は同じである。それが見えにくいのは，現場で行われている面接ではその外見と実質が一致していないことがあるからだ。この実習先では，地域から通っている利用者が作業活動を行っている時，横に並んで座った職員が一緒に作業をしながら生活状況を確認し助言を行っていた。実習生は，まさにその実習生が参加しているその作業活動の場面で利用者に対して生活支援を目的とした面接が行われていたにもかかわらず，外見的には職員と利用者が一緒に作業をしているようにしかみえなかったために，面接は行われていないと思い込んだのだった。この実習生は，実習指導者から施設で行われている支援にはこのような外見と実質のずれがいろいろな場面でみられること，実質に着目することで，現場には実習で体験すべきことがたくさんあることについて助言を受け，理解することができた。

実習先はまさにソーシャルワークの現場である。そこではソーシャルワークが行われているはずだ。一見，ソーシャルワークとは無関係にみえることも，角度を変えて観察すればソーシャルワークの価値観・知識・技術を用いていることがみえてくるだろう。

実習計画書に書いたことや，体験したかったことの多くは，このように角度を変えてみるだけで発見できると思う。加えて言えば，そこで行われているのが誤ったサービスであった場合でさえ，それは教材になる。そんな場面に出会ったら，誤りを回避するに

はどのような方法があるのかを教科書に戻って考えてみることができるからだ。きっと実際的な学習ができるだろう。

アドバイス6　実習中にモチベーションが低下しそうになったら

　モチベーションの低下は実習中にも起こりうる。実習中にモチベーションが下がってきた時の対処について考えてみよう。

　実習中にモチベーションを低下させることになる原因はいろいろ考えられる。実習生の相談を受けていると、実習計画書とはまったく異なるプログラムを示されたり、体験したかったことができなかったり、誤ったサービスが行われているのを見た時に、モチベーションが低下することが多いようだ。

　ここでまず確認しておきたいことは、「実習先は教科書ではない」ということである。実習生が身に付けるべきことは教科書や授業の中にある。実習先がどうであれ、実習現場は教材ではあるが、決して教科書ではない。もちろん、実習先で学ぶべきことがあればそれは意欲的に学ぶべきだ。しかし、現場には、さまざまな理由でサービスが本来あるべき状態で提供されていないことがある。そうしたことまで現場で見聞きしたまま学ぶのでは、その職場の職員研修にはなっても、専門職としてどのフィールドでも共通する価値観・知識・技術を身に付けるという実習の前提からは外れてしまう。

　実習の主体者はいうまでもなく実習生である。したがって、実習先で提示されるプログラムをそのままなぞるような実習はしなくてよい。これは実習先の提示するプログラムや実習指導者の指示に従わなくてよいということではない。プログラムや指示に従うことは、それが不適切なものでない限り必要である。プログラムや指示には、その実習先で得るべきことがたくさんつまっている。実習生はこのプログラムに沿いながら、自分自身の実習計画に基づいて、目標を満たすのに必要な体験を抽出していけば良いのである。

　モチベーションの低下には、実習を支持してくれる人に相談するのが最良の対応策である。まず、学校の実習指導教員である。実習指導教員からは、実習で本当に得るべきことを見極め、効率的に実習を進めるにあたって必要な助言を得られるはずだ。次に、実習先の実習担当者である。実習担当者は実務家であると同時に、ほとんどの場合、実習体験の先輩でもある。自分自身の経験とその実習先の事情も含めた実質的で有意義な助言が得られるだろう。その他、学校のシステムにもよるが、実習指導を専任的に行っているところ（福祉実習相談室など）があれば、そこの担当者に相談してもよい。

　コツは複数の相談相手をもち、うまく使い分けることである。実習で出会う課題は多岐にわたる。相談相手ごとの視点の違いによって有効な助言を得られることも多い。モチベーションの低下も、相談してみれば案外乗り切れるものだ。課題を感じたら、ぜひ試してみてほしい。

アドバイス7　モチベーションを維持する方法

　実習先が希望通りではない時，丹念に書き込んだ実習計画書とはまったく異なる実習内容だった時，体験したかったことができなかった時，現場で明らかに誤ったサービスが行われているのをみた時など，実習に対するモチベーションが著しく低下することがある。実習に対する期待が高いほど，事前の準備を十分にしているという意識が高いほど，モチベーションの低下を強く感じるようだ。そんな時，どうすれば良いのだろうか。
　実習開始時のモチベーション低下に対処する方法を考えてみよう。
　まず，実習の進め方について整理しておこう。
　社会福祉援助技術現場実習・精神保健福祉援助実習でどの実習先に配属されても共通して学ぶべきことは，ソーシャルワークのさまざまな分野に共通して必要となる「価値観・知識・技術」である。あらかじめ教科書や授業で学んだ価値観・知識・技術を現場で体験的に習得することが実習の中心になる。体験したことは，もう一度教科書に戻って確認することで，応用可能なものとして身に付けられる。その意味で，実習は「教科書にはじまり，（体験を経て）教科書に戻る」という手順で進められる。実習にあたっては，このことを念頭においておこう。
　さて，「実習先が希望通りにならなかった」というのは，実習開始前に実習生が訴える不満の代表的な例だ。「どうして希望通りにならないのか」。多くの先輩たちもまた，この不満に悩まされてきた。
　しかし，それは客観的に考えると不満をもつようなことではない。ただそういう状態にあなたが置かれたというだけだ。不満によってモチベーションを下げ，思考停止してしまうのは得策ではない。
　みなさんは，ソーシャルワークの勉強をしている。ソーシャルワーカーの仕事は，事実を冷静に捉えることからはじまる。不満を感じたら，まず頭を冷やそう。大切なことは，これからの展開を冷静に検討することである。先にも述べた通り，どの実習先でも学ぶべきことは共通している。実習で学ぶべきことはソーシャルワークのさまざまな分野に共通して必要となる「価値観・知識・技術」である。これらは，実習先を問わず学ぶことができる。現在の実習先でこれらをどのようにして学ぶかを考えよう。きっと実習先が希望通りにならなかったことがさしたる問題ではないことに気づくだろう。
　ただし，領域やその実習先に限って求められる知識・技術については，事前に準備していたところと異なる実習先に配属された場合は新たに学び直す必要がある。これだけは，やり直す以外にない。しかし，ここは考え方を変えて臨もう。
　社会福祉援助では，しばしば「価値転換」という技術が用いられる。やり直すことは2つのことを学ぶ機会を得られたということでもある。新しいことを学ぶことは，視野を広げることでもある。「実習先が希望通りにならなかった」ことによって結果的に視野が広がる。そればかりか，この不満を乗り切る体験があなたをソーシャルワーカーと

して一回り成長させてくれるだろう。

アドバイス8　主体的・積極的に動く，指示待ちにならないために

　実習受け入れ先のそれぞれの機関・施設の職員は，学生のみなさんや福祉の現場にこれから就職しようと考える人のために実習担当としてさまざまな工夫を行っている。またそれは，私たち現場で働いているものの大切な仕事でもある。特に，実習担当者は日々の忙しい仕事に加えての「実習担当」ではあるものの，できたら学生のみなさんと一緒に充実した実習にしたいという気持ちをもっている。
　しかし，実習を終えた学生の感想を聞いてみると，「実習中にもっと積極的に意見や質問を述べた方が良かった」「ちょっと資料を読んで待ってて，と言われて自分のことを忘れられた時があった」など，実習担当者の気持ちと学生の気持ちが通じあっていないと思われる時がある。
　このテーマに挙げた「主体的・積極的に動く」というのは，大変抽象的な言葉かもしれない。何をどうしたら主体的で，主体的でないのか。実習では，言われたことはちゃんとするのがあたりまえのことであり，学生にとっても「今さら言われなくても」と思っているかもしれない。
　しかし，いざ実習になるとそれがどれだけ難しいことか，とまどう実習生が多いようである。というのも，機関でも施設でも実習生にとっては，ほとんどがはじめてのところであり，はじめて会う職員の中にとびこんでいくようなものである。緊張してあたりまえで，言われたことをするだけで精一杯だからである。言われたことさえ分からない時もあるかもしれない。そのような緊張しているなかで，いかに主体的・積極的に実習ができるかということでポイントを書いてみる。
　1つ目は，実習の間に経験して欲しいことはたくさんあるが，決められた期間の中でいかにたくさんのことを学べるかどうかというのは実習する学生次第であるところが大きいということである。そのため，自分から積極的に質問をした方が，より早く，またより多く理解することが多いのではないだろうか。また，質問だけでなく自分の意見や考え方を積極的に発言するのも大事なことである。
　2つ目には，実習中には職員から指示されることがなく，待機している時間がどの施設・機関にもあり，「何をしたら良いか分からなくて困った」という学生がいるようである。時間があるからといって「何かすることはないですか」と尋ねるのもよいが，実習先によっては，自分で考えて行動し学習してほしいかもしれない。つまり，この「待っている」時の過ごし方が大事である。資料があれば，自分の興味あるテーマを絞り込んで読んでまとめたりすることもできる。利用者がいる施設等では，積極的に話しかけてみることも1つの方法である。あるいは，実習担当者がいない場合でも他の職員にど

んどん質問するのもいい。できるだけ時間を有効的に使ってみよう。

アドバイス9　巡回指導の活用法

　巡回指導というのは，実習期間のちょうど中間あたりで実習指導教員が実習先に来て「実習生」「実習担当者」「実習指導教員」の三者で行うものである。大体は実習先の会議室などで面接形式で行われると思われる。

　実習指導教員が学生に尋ねることは，たとえば「これまでの実習の中で一番印象に残った活動は何ですか」「実習目標はどこまで到達できましたか」など，今までの実習に対してのふりかえりを行う。

　学生は実習の中で感じたことを実習指導教員に報告すれば良いが，自分の考えをまとめきれていない学生も多い。また三者でいると，緊張して思いどおりに話せない学生も多く，そういう時のために，巡回指導の日程が決まったら，前もって自分の考えや実習指導教員に対する質問をまとめておけば，相談がスムーズにいくようである。

　また，残された実習期間の課題を確認し，スケジュール調整を行うことが大事である。たとえば，今までの実習で活動していないことなどで，「今後これはやってみたい」ということがあれば積極的に希望を出していこう。職員に直接言えなかったことなど，実習指導教員を介して意見を言う機会として捉えてみたらどうだろうか。

　三者での話し合いというのは，まず学校では経験できないことでもある。ふだんはあまり聞くことができないような興味ある話を聞くことができるかもしれないので，しっかりと聞いておこう。

　ただ実習生として一生懸命にやっているつもりでも，想像していた実習と違うということで悩んでいる時や，実習目的・目標が実習内容とかけ離れていて目標が達成されないかもしれないと感じた時は一人で抱え込まずに実習指導教員に相談をしてほしい。

　さらに実習担当者の助言・指導のやり方に疑問を感じた時は，実習担当者がそばにいると話しにくいと思うので，そういう時は実習担当者に席を外してもらい，実習指導教員と二者で話し合う機会をもつ工夫をしよう。また，実習そのものを継続することに自信をなくしかけている時なども遠慮なく相談するべきである。

　このように，巡回指導は活用次第で残りの実習が有意義なものになるはずである。

アドバイス10　実習担当者以外にも指導してくれる職員のみつけ方

　実習生は事前学習，実習にかかわらず，実習担当者から「積極的に実習を行うに」とよくいわれる。しかし，先にも述べている通り福祉現場は多忙であり，忙しく動き回る職員に対してなかなか質問することや，声をかけることに躊躇する場合が多々あると思

われる。

　このことは実習生だけに問題がある訳ではない。実習指導するにあたっての研修等を受けている職員ばかりではない現状にも問題がある。職員の側にも実習生に質問されて答えられなかったらどうしようという心配もある。そこで提案したいのが，休み時間や昼食時等を利用して自己紹介的なことや雑談から入り人間関係を作ることである。そうしておけば比較的楽に話ができるようになるのである。また日常業務の中で，利用者と話をしている職員の様子をよく観察する。そうすることで実習生にとって話しかけやすいタイプかそうでないタイプか自身で判断がつく時がある。

　また実習生側にも質問するマナーをもってほしいものである。いきなり職員に対し疑問に思うことなどを質問し即答を求める姿勢ではなく，自分なりに調べた結果この点が分からない等質問を明確にすることが大切である。

　このようにすることにより，職員から実習に対する取り組み方が熱心で積極的であると印象づけられる場合がある。実習中における職員を観察学習することも実習担当者以外の適切なアドバイスを与えてくれる指導者をみつける方法の一つとして考えられる。

アドバイス11　セクハラ・パワハラ等の対応について

　雇用の分野における男女の均等な機会及び待遇の確保等に関する法律（男女雇用機会均等法）では性的な言葉やふるまいによって，労働条件を悪化させたり職場の環境を働きにくいものにしたりすることをセクシャルハラスメントと定義している。また職場の上司など権限をもつ者が，立場の弱い部下などに対して力に物を言わせて無理難題を強要したり，私生活へ介入したり，時には，人権の侵害にあたるような嫌がらせを繰り返し行うことをパワーハラスメントという。それでは実習中にこのようなことがあった場合どの様に対応すれば良いのか。

　たとえば，セクハラでは女子学生が自己の意に反し，実習中や実習後にも実習指導を名目に職員から時間外や休日に呼び出され携帯電話の番号やメールアドレスを教えるように言われ，断りきれずに教えたところ頻回に電話やメールがくるようになり迷惑している。また，パワハラでは実習中に教育指導と称して不適切な指導や行き過ぎた指導がこれにあたる。

　それではどのような対応をすれば良いか。第1には，「やめてほしい」と相手にはっきり意思表示することが大切である。しかしそのように簡単に言えれば問題はないのであるが，そのようにはいかないことが多いのである。直接相手に言いにくい場合，不快な思いをしている事柄をメモに書いて相手に渡すのも1つの方法である。また学校の実習指導教員や実習担当者等，第三者を通して言ってもらう方法もある。それにはハラスメントを受けた日時，場所，相手の言動，実習生の感じたことや気づいたことを記録にとっておき，正確な事実関係が分かるようにすることが大切である。このようなことを

放置しておくことは，実習生を送り出す側の養成校，それに実習生を受け入れる側の施設や機関に悪影響をもたらすのみならず，今後の実習教育のあり方についても支障をきたすことになる。現場実習の健全な育成をはかるためにも真剣に取り組まなければならない。

アドバイス12　実習中挫折しかけた時

　ソーシャルワーカーを目指して勉強している学生といえども，実習機関の業務について詳しく知っているわけでもない。福祉の現場で利用者と一体となり援助していくといったような漠然としたイメージを抱いている場合が多い。学生にとって，現場実習は未知の体験でもある。不安や緊張を伴うことは当然のことと思われる。

　一方，学生を実習生として受け入れる施設・機関としても，どのような学生が現場実習に来るのか期待するところが大いにある。また，学生にとっても実習先を決める判断材料として，将来の就職先の一つとして考えている学生も多数あるかと思われる。実習生の不安や緊張，受け入れる機関としての学生に対する期待が上手く作用しない時に実習中の挫折につながることがよくある。そこで，福祉事務所を例に実習を希望する学生に，いくつかのことを伝えておきたい。

　学生がもつ不安や緊張の原因となるようなことについて整理すると，次のようなことが考えられる。ついてはその対処方法についても合わせて考える。

　たとえばA君の場合，彼は真面目な性格で何事にも真剣に取り組むタイプである。卒業後は社会福祉士の資格を取得し福祉事務所で生活保護のケースワーカーとして働くことを希望している。実習指導教員にもその旨を話し，実習先が福祉事務所と決まった。事前学習や実習指導教員，実習担当者，実習生との三者面談で実習に向けての準備を整えた。

　ところが実際に実習を開始すると，実習担当者からは積極的に行動するようにとよく言われる。しかし実習担当者は来談者も多く日々忙しく仕事をこなしている。質問しようにも聞けるような状況になくとまどうばかりである。福祉事務所の場合，高齢，児童，障害，生活保護と学ぶことも多く，実習場所が日によって変わり実習担当者もその都度変わるためなじめず，その上，学校で学んだ社会福祉の知識も即現場では役に立ちそうにない。A君は，自分自身がこれから実習を上手く続けていけるかとても不安になり実習を休みたい気持ちが募ってきた。

　彼のように，このような思いをすることは程度の差こそあれ誰しも抱くことである。このような気分のまま現場実習を続けると緊張の余り実習担当者の何気ない言葉や声かけすら理解できず，とまどいや不安に駆られ実習を続けることが時として困難になることすらある。そこまでにはいたらずとしても同様な想いをもった実習生も多いことと思われる。それではこのようなことに対してどのように対処すれば良いのだろうか。

このような事柄については，学生，実習指導教員，実習担当者との三者面談の折り，大方は解決する課題ではある。いずれにしても，実習前，実習中に限らず困ったことがあれば早期に実習指導教員または実習担当者に速やかに相談することが肝要である。

　実習を実りあるものとし挫折しないためには，実習生自身の心構えをしっかりもつことである。たとえば単位や受験資格取得のためのみの現場実習はしないこと。実習は講義で得た知識と演習で修得した技術を再確認する場である。学校の授業をおろそかにしないことである。実習中は利用者の状況を客観的に把握し，論理的に思考し説明できるよう実習担当者の意見を参考に専門職としての意識づけを高めることにある。実習生といえど，利用者からみれば職員と同じであり甘えは許されないのである。利用者や職員と接する時は挨拶にはじまり，聴く姿勢など基本的なマナーを修得し，信頼関係を築く努力が大切である。対人援助業務を学ぶ上で大切な事柄でもある。実習生が何らかの事情により希望した配属実習先と違っても，新たな目的を見出し真摯に取り組む姿勢が大切である。

　以上のようなことを実習生が心掛けていれば，途中で挫折することなく学生自身も実習が将来必ず役立つことと思われる。

　実習を受け入れる機関からメッセージがある。全国に1,200か所以上福祉事務所があり，その規模，形態もさまざまである。しかし，こんなに福祉事務所が沢山あるにもかかわらず現場実習を受け入れるに際し，実習担当職員を配置している所は皆無に等しい状態である。むしろ現場では実習指導している職員は，日常業務をこなした上で実習生の指導にあたっているのが現状である。昨今の福祉需要の増大は，福祉現場の多忙さを招き，現場実習を維持していくのが困難な状況にある。そこで実習生に期待することは，事前学習をしっかり行い現場実習に臨むことが重要となる。事前学習を怠り安易な気持ちで実習に臨むと，実りある実習にならないばかりか，実習担当者に多大な負担をかけ，利用者に迷惑をかけることになりかねない。かつ多忙ななかにあって実習を快く引き受けてくれた福祉事務所も，次年度からは現場実習を引き受けてもらえない可能性も出てくることもある。

　現場実習は先に述べている通り，講義で得た知識や演習で習得した技術を再確認する場でもある。実習生の態度として指示があるまで行動しないような受身の姿勢ではなく，周囲の状況を判断した上で積極的に取り組むことが望まれる。福祉事務所は，福祉を学び対人援助技術を習得するにはうってつけの実習先であるといっても過言ではない。利用者から学ぶことも沢山ある。しかし実習中はいつも指導者がそばにいる訳ではなく，分からないことや，困ったことがあれば一人で抱え込まず遠慮せずに実習担当者はじめ，他の職員に聞き指導を受けることが必要である。実習期間中に経験した数々のことは実習生にとって将来必ず役立つことがあると思われる。実習終了後も実習をふりかえり，勉強の参考となれば実習が生かされたものとなる。現場実習はまたとないいろいろな経験のできる良い機会として臨んでもらうことを期待する。

アドバイス 13　実習後のふりかえりの必要性とその意義について

　ソーシャルワーカーを目指す学生にとって実習は宝物である。それが宝物になるかどうかは実習後の学習・ふりかえりにあるといっても過言ではなかろう。確かに実習の事前学習・実習中も重要であるが，何より大切なことは実習での体験をそのままにせずに評価，見直しをしっかりと行い，そのことを自分にフィードバックして今後にどう生かしていくのか，自分の中であった気づきや明確になった課題にどう取り組んでいくのかということにある。それを成し得なければ実習の意味は半減してしまうのである。

　そのためには実習後いろいろな角度で体験したことをふりかえる必要がある。たくさんの事柄について自分なりのふりかえりや，実習終了時の実習先の反省会だけでは十分でないので実習後の授業の取り組みの中でふりかえり，整理しておくべきである。実習中にあった出来事で上手くいったことだけでなく，失敗したことについてもなぜそうなったのかをその対応や受け止め方，その後の理解などをトータルで見直すことが必要である。またそれはただ単に成果や適正がどうだったかという結果だけではなく，その一つひとつの出来事の要因・状況・結果などその過程についてしっかりアセスメントするということである。それが出来事の理解を深め，次の対応に生かされていくのである。たとえば，実習中そつなく問題なく実習を終えようと守りに入ったり，失敗や利用者に嫌われてしまうことをおそれてやりたいことや伝えたいことが伝えきれずに実習を終えてしまったり，さらには実習終了後，他の実習生の「利用者と仲良くなれた」等の報告を聞いて自分も「上手くいった」とついつい報告してしまうことが生じることがある。実習中臆することなく取り組み，その結果について成功体験だけでなく，失敗体験こそ皆で共有し共通の財産にできれば大変有効であろう。

　最後に実習がその後のふりかえりを通して自分自身を見つめ直し，自分のありようについて考える機会になることを期待したい。人を援助する仕事に携わる者は，それが日々業務の中でそういったことができることが大切な専門性であり，まさに自己覚知・自己変革につながっていくからである。

　また大変な労力がいる実習であるが，それは自分だけではなく多くの人の支えによって成し得た業であるということ，そして施設・機関，学校でかかわった利用者，職員，先生への感謝の気持ちを忘れないで欲しい。

第12章

福祉実習事務手続き

　本章では，実習前後および実習中における具体的な事務手続きの概要とその流れについて整理し，分かりやすく解説している。事務手続きの内容を確認するために目を通すだけではなく，一つひとつの事務手続きや流れにどのような意味が込められているのかもあわせて考えてほしい。

第1節　事前学習

　実習前に行うべきことがらについて，事務的な面を中心にまとめてみた。実習先の選定方法，実習依頼の方法，実習計画作成，準備すべき書類，オリエンテーション（事前訪問）等に関してここで取り上げるが，一つひとつの事務手続きには，内容の正確さと，実習を控える立場にあるものとしての誠実性が要求されよう。

■事務手続きを学ぶにあたって

　近年，個人情報保護についての関心が急速に高まりつつある。従来から，プライバシーを守ることの大切さは，福祉現場や福祉教育の場において強調されてきており，個人情報保護法の施行によって，その価値が急に高くなったというわけではない。実習に関する事務書類の作成にあたって，施設・機関の利用者などのプライバシーの尊重については十分な注意が必要である。

　さらに，もう1つの観点である実習生のプライバシーについてもここで述べておこう。実習生個人票には，実習生の住所，電話番号などが記載されており，こうした情報についても残念なことに，プライバシーの問題を生むことにつながる可能性がある。ある実習先で，職員が実習生の電話番号をひかえて，しつこくデートの約束をとりつけようとしたというような話を聞いたことがある。実習生を守る体制を作っていくことが必要である。学生の情報を悪用する職員によってつらい経験をしたという過去の実習生の「体験」は，プライバシー保護についての事前学習の必要性を私たちに示している。

■事前学習における書類作成の意義

　実習の事前学習のプロセスにおいては，後で述べるように多岐にわたる書類を作成していくことになる。

　書類作成については，もちろん学生自身が実習先の施設・機関などとコミュニケーションする際に必要となる。就職する時には，履歴書や志望動機についての書類などを作成したりすることが必要であるように，実習においても関係する書類の作成を通じて，自分を表現する方法を磨くという意義がある。

　そして，文章を書く力をつけること，少なくとも，内容が正確であり，誤字のない書類を作成する力をつけることを学ぶという意義がある。

　また忘れてはならないのが，ソーシャルワーカー育成の手段としての書類作成という面である。福祉事務所や社会福祉協議会だけではなく，さまざまな施設において，日々，実にたくさんの書類が作成されている。利用者にとっては，書類の内容が間違っていたり，必要な時までにその書類ができていなかったり，書類が紛失した場合など，困るケースが多々出てくる。そのことを念頭において，「正確な」内容の書類を，「必要なスピ

ード」で作成し，「的確な」手続きを行うことを，実習前から心掛けておくことが肝要である。

■実習先の選定方法

実習先の選定にあたっては，①実習を希望する地域の施設・機関一覧から総当たり式に探す，②実習先として予定している地域に住む人の話を聞く，③インターネット（たとえば全国各地の施設・機関の情報を集めた「ワムネット」など）のサイトで探す，④すでに実習を経験した先輩の話を聞く，⑤実習指導教員に相談するなどの方法がある。これらの方法を駆使して，情報を集めていくことが大切である。

さらに進んだ段階では，実習先の施設・機関の候補となりうるところに見学に行って，情報を収集してくることが大切である。施設・機関の見学に際しては，電話などで依頼することになる。また施設・機関が必要とするのであれば，学校から正式な依頼状を発行してもらうこともありうる。こうしたプロセスにおいて，事務手続きについて学ぶことができるわけであるが，その方法が誠実性のないものであれば，見学のみならず実習自体を断られるかもしれない。

いずれにしろ，施設・機関の住所や行き方，担当者や代表者の氏名や役職を正確に教えてもらい，必要に応じて，学校の福祉実習相談室（事務手続きを行う部署）や実習指導教員に適切な連絡・報告を行うことによって，施設・機関と円滑な関係を結んでいくことが大切である。

さらに，実習を希望する施設・機関についての情報を，自分自身で活用しやすい方法で整理していくことにより，実習先の選定はより後悔のない結果に行き着きやすくなるのである。

■実習依頼の方法

実習依頼の方法については，実習指導教員が行う方法と，学生が行う方法とがある。実習指導教員が依頼する場合は，学生から実習指導教員に，施設・機関の実習担当者名や実習計画の内容，希望する実習時期などをあらかじめ伝えておく必要がある。施設・機関によっては，実習指導教員からでないと依頼を受け付けない場合があるので注意が必要である。

学生から依頼する場合は，ていねいで正確なコミュニケーションをとるために，何を電話で話すのか，実習施設・機関を希望する理由，実習時期についての希望（定期試験など学業の支障とならないように）などをあらかじめメモしておくと良い。

いずれの方法であっても，学校からの正式な依頼状が必要とされる。事務手続きとしては，福祉実習相談室に依頼状を申請するための書類を提出する必要がある。施設・機関の正式名称，住所，代表者や実習担当者の氏名と役職，実習期間などについて間違いのないように記入することが最小限必要である。

また，実習先の施設・機関から正式な承諾の可否，実習期間，事前に必要な検査などが記載された承諾書が返送されてくるので，そうした書類は，学校が保管しておくだけではなく，学生自身もそのコピーを保管しておくことが大切である。

■実習計画作成

実習先が決まったら，以下の点について学習を進めていくことが大切である。
① なぜ実習にいくのかを理解すること。
② 実習先の施設・機関について詳しく知ること。
③ 実習の目標を明確にし，研究テーマを設定すること。

実習生個々人が，①から③までの点を深く学んでいくことによって，実習計画が作成されていくことになる。実習指導教員と相談しつつ，図書館の資料や実習関連の部署にある資料，あるいは関連する人々へのインタビューを通じて，実習計画に関する情報収集を積極的に行うことが肝要である。

さらに，実習先で必要とされる援助に関する知識・技術の修得，社会福祉援助の価値・理念についても学び，実習計画に盛り込んでいくことが大切である。

■準備すべき書類

実習のために準備すべき書類には，以下のようなものがある。施設・機関によって提出時期や記述内容が異なるので，事前に実習先の施設・機関や学校の実習指導教員に確認し，正確な内容の書類を，期日までに作成し，提出することが大切である。

① 施設・機関に提出するもの
- 実習生個人票
- 実習計画書
- 誓約書
- 健康診断書（施設・機関により不要の場合がある）
- 細菌検査結果（施設・機関により不要の場合がある。あるいは多くの項目の検査が必要な場合もあるので，実習先に確認する必要がある）

② 学内各部署に提出するもの
- 実習用通学定期申請用紙（必要な場合）
- 配属実習における自動車・原動機付自転車通勤届（必要な場合）
- 授業に関する公欠届（必要な場合）

■オリエンテーション（事前訪問）

実習先の機関・施設がオリエンテーションを実施する時期は，実習先によってさまざまであるが，多くの場合，実習開始日の1か月前から1週間前である。実習がはじまる約2か月前に，実習先に電話などで日時を確認しておくことが必要である。

オリエンテーションの日時が決まれば，オリエンテーションに持参するものを施設・機関に確認し，書類などの準備を早めに行うようにしよう。実習生個人票は，オリエンテーションの前に実習先に送付する場合が多い。そのため，オリエンテーションの日時が決まれば，すみやかに福祉実習相談室に報告することが大切である。報告が遅れると，関係書類をいそぎ速達で送る必要が生じたり，間に合わなかったりして実習先に迷惑をかけることになる。

　オリエンテーションに持参するものは，実習先によって異なる場合もあるが，実習計画書や健康診断書，筆記用具などである。健康診断書については，必ず事前に時間的な余裕をもって受けておこう。また，診断書を発行してもらう前に，発行の申し込みが必要である場合は，早めに申し込んでおくことが必要である。細菌検査の結果を持参する必要がある場合は，少し余裕をもって受けておくことが必要である。検査結果が実習先の求める期限に間に合わない場合は，実習が延期になったり，厳しく注意されたりすることになる。最善を尽くしてそうした事態を避けるようにする努力が肝要である。

　また，オリエンテーションで実習先からもらった資料などは，大切にまたいつでも確認することができるようにきちんとファイルしておこう。資料の管理，活用に関しても，福祉実習の事前学習のプロセスにおいてしっかり学んでおこう。

第2節　実習がはじまったら

■実習初日の段取り

　実習当日は，早めに実習先に到着しておこう。余裕をもって出かけることが大切である。また実習先で着替えを行う場合，十分に着替えて準備する時間をもっておくこと。そして5～10分前には実習がはじめられる体勢でいよう。

　実習初日には，検査結果が記載されている細菌検査書を提出する。また，オリエンテーションで提出していない書類があれば速やかに提出しておく。あわせて実習生出席簿の押印の仕方，実習時間の記入方法についても必ず確認しておこう。

■実習中の過ごし方

①　マナーや実習先でのルールについて

　実習先では，利用者や職員とのかかわりが必要不可欠である。そのためにもまず大きな，そして元気な声で挨拶することを心掛けよう。そしてできるだけ早く利用者の名前や職員の名前を覚えるようにしよう。そうすることでコミュニケーションがスムーズになり，利用者とのラポールもとりやすくなる。

　実習中での服装や身だしなみにも十分気をつかってほしい。実習にふさわしい機能的な服装を心掛けることが大事である。また髪の毛や爪などもきちんと整えておこう。衛生面だけでなく，けがや事故のもとにもなりかねない。

　実習先には組織としての規範やルールがあるので，できるだけそのルールに早めに慣れることが実習を続けていく上で大切である。私物の収納，取り扱いや着替え場所など細かいことについても確認しておこう。もし分からないことがあれば，遠慮なく実習先に確認しよう。

②　実習態度について

　実習中は体調管理に十分注意すること。体調管理も配属実習の大事な要素となる。実習期間中は，早朝の出勤や夜勤などのシフトがあったり，普段とはちがう生活のリズムになりがちである。また緊張や不安なども高くなることから，思わぬことで体調を崩すことが多くなる。不摂生な生活を送らずに，十分な食事と睡眠をとるように心掛けよう。万が一体調を崩した場合，無理して実習を行わず，実習先や実習指導教員と相談して休養をとるようにすること。実習期間は夏季休暇中に行われることが多いため，汗をよくかく。こまめに水分補給を行い，身体を熱中症や脱水状態から守ろう。

　実習中は，"お客様気分"で実習に臨まないこと。利用者や職員とのかかわりについても利用者，職員からの働きかけを待つのではなく，実習生みずから積極的にかかわるよう行動すること。また，職員の方が忙しいから聞きづらいという理由で分からないことをそのままにしておいたり，質問しなかったりすることは避けること。職員の方は，

忙しければそのことを伝えてくれる。また質問に対してすぐに答えられない内容であれば，それも伝えてくれる。

　利用者の方々にとっては，実習先が生活の場であったりすることがある。また実習生の勉強のために，利用者自らがケースとして情報提供してくれる場合もある。したがって，所定の期間を終えるための配属実習といった無目的な実習で終わらないよう，謙虚な気持ちと態度で実習に臨む姿勢が大切である。

■実習日誌について
　① 実習日誌の特性

　実習日誌は，配属実習の課題の中でもかなり大きなウエイトを占める。毎日の実習内容を実習日誌に記述していくことで，日々のふりかえりや自己の考察を深めていくことが可能となる。そして実習担当者や実習指導教員にとっても，実習日誌を通して実習生がどのような観察を行い，どのような考えや自己成長がみられるのか知る手立てとなり，指導していく大事な道具となる。さらに実習日誌には"記録"としての役割もある。つまり，実習先にあるケース記録と同じような扱いである。

　したがって実習担当者や実習指導教員といった実習生以外の第三者が実習日誌を読んだ際に，自分の伝えたい内容が分かりやすく記述されていることが大事である。具体的な記述方法，留意点については，第5章第6節を参照のこと。

　② 実習日誌の作成について

　先に述べた実習日誌の特性からみて，実習日誌の作成についていくつかのポイントを整理しておこう。

〔実習日誌作成の前に〕

　(1)実習日誌は毎日記入し，必ず実習先に提出する。

　(2)誤字脱字に気を付け，辞書を必ず使うこと。

　(3)話し言葉で日誌を書かない。

　(4)ペンで必ず記入すること（清書すること）。

　　　鉛筆だと後で書き替えができるため，記録としての機能が失われてしまう。

　(5)利用者名の記述方法については，イニシャルやアルファベット，記号などあらかじめどのような記述をすべきか実習先に必ず確認をとっておくこと。

〔実習日誌の作成〕

　(1)実習内容の記録

　実習でどのようなことを行ったのか，実習の実際の内容について記録することが必要である。この場合，一般的には時系列に書いていくほうが情報として整理しやすい。実習日誌のフォームで，実習時間と実習内容が分かれているようであれば，時系列に実習先で行ったことを記録していくこと。

　(2)実習の所感，感想の記録

実習の実際の内容からその日印象に残ったこと，疑問に思ったこと，ポイントとして押さえておきたいことなどを絞って内容を記録していく。

　次に，その記録した事実内容から自分がどのようなことを感じたのか，考えたのか，あるいは考え行動したのかを書いていく。機関型の実習で講義や見学体験が主体となる実習内容であれば，学校で学んだことと関連させて考えたこと，感じたことを記録してみよう。施設型の実習で利用者とのかかわりが主体となる実習内容であれば，利用者とのコミュニケーションや観察の中で感じたこと，気づいたこと，考えたことを記録してみよう。そうすることでそのなかから出てきた新たな課題や，今までクリアにされていない課題などを次の目標課題につなげていくことができる。

　特に実習日誌の中で記述する個人的な感情表現については，もしそう感じたのであれば，何を根拠として，どのように感じたのか記録する必要がある。実習日誌は前述したように記録としての機能をもっているので，第三者である実習担当者や実習指導教員が実習日誌を読んで内容を理解してもらわなくてはならない。また，後に実習生が自身の実習日誌を読んだ時に，記録内容がよく分からないといったことにならないよう気を付けよう。

　最後に，実習日誌の取り扱いには十分注意すること。紛失したり，一部が欠損したりするようなことがないようにすること。通勤途中や自宅での扱いについても細心の注意を払うこと。

(3) メモについて

　実習日誌以外に記録としてメモをとることがあるが，実習先によって方針がそれぞれあるので，メモをとる場合はまず実習先にメモをとってもいいのか確認を必ず行うこと。メモは，利用者の前であからさまにとることは避け，休憩時間やちょっとした移動時間の合間にタイミングよく記録することを心掛けよう。また記録をすることにとらわれすぎて，実践が伴わないようになることは避けること。

　メモは，あくまでも実習日誌を書くために必要な情報を記録するためのものである。その時の実習内容や自分が感じたこと，利用者や職員とのやりとりや自分がとった行動などを簡単に記録し，実習日誌で要点をまとめて記録していこう。さらにメモにはプライバシーにかかわることが書かれているので，実習日誌と同様に取り扱いには十分注意すること。

■巡回について

① 巡回指導とは何か

　実習期間中に実習指導教員が実習先に訪問し，実習生や実習担当者と会って面談を行うことを巡回指導といい，別の言い方ではスーパービジョンと呼ばれている。巡回指導では，実習指導教員が実習生の実習の様子を直接聞くことで，実習における本人の悩み，不安などを少しでも軽減し，励ましていく役割がある。また，実習中の課題や問題など

を整理したり，新たな課題に取り組むなど実習が効果的に行われるよう教育的な支援を行うこともある。さらに，新たな課題や実習計画の変更などが出てきた場合に，実習指導教員が実習生と実習先の実習担当者との調整をはかる役割がある。

② 巡回指導日が決まったら

巡回指導日は，実習先の実習担当者と実習指導教員と実習生との日程調整の上，設定される。

次に，巡回指導日までに今までの実習のふりかえりを行ってほしい。実習計画と実際の実習内容の確認，どの点が達成課題としてクリアされているか，あるいは達成できていないのか。達成されていないとすれば，何が問題となっているのか整理しておく必要がある。そして自分の考えや実習の感想，日々の実習の中で感じていることや質問などを実習指導教員に説明できるようにまとめておくことも大切である。また，実習日誌の記録や実習担当者からのコメントを読み返して，その日その日の状況やその時に感じたことを再考してみよう。

③ 巡回指導日の面接について

巡回指導日当日は，実習日誌を忘れずに実習指導教員に提示すること。メモもとっているのであれば，記録したメモも用意しておくこと。

巡回指導の手順としては，次のような段取りが考えられる。まず，実習指導教員は実習担当者に挨拶し，実習生の実習態度（実習日誌の記録の仕方やマナーなども含む）や実習に対する動機，実習内容などについて話し合いを行う。

次に，実習担当者からのコメントを情報提供しながら，実習指導教員は実習生と面談していく。実習生は，今までの実習のふりかえりなど巡回日までにまとめた内容を実習指導教員に伝える。その際に，実習中に感じた疑問や実習先には聞きづらいと思うことを実習指導教員と情報を共有することもある。実習指導教員は，実習生の精神的支援も行いながら，実習における課題や問題を整理し，どのような実習を今後継続していくべきか確認していく。実習生は，実習において何が自分の問題となっているのか，どのような課題があるのか，あるいはどのようなことをしたいと思っているのか，できるかぎり具体化し言語化していくことが求められる。

実習指導教員と実習生の面談後に実習担当者も交えた三者面談が行われることがある。ここでは，実習指導教員が実習生，実習担当者とそれぞれ話し合った内容について三者で確認していく作業がある。実習生と実習担当者が，互いに直接伝えにくいと思われる内容についても調整をはかっていく。このような巡回指導での面談を通じて，実習生にとってより充実した実習内容と実習の継続をはかることが可能となる。また実習先においては，よりよい実習体制を学校と共に考えていく機会ができることが大きな利点であると考えられる。

第3節　事後学習と自己評価

■レポートまとめ

　現場実習を終えてから長く時間が経つと，記憶というものは薄れ，正確な記述ができなくなる。実習を終えてから少し休むとしても，レポートなど学校での課題に関しては，早めに取り組んでおくにこしたことはない。

　実習先の概要，実習計画，実習内容，考察や感想など，課題の意図を的確につかんで，実習日誌やメモから丹念に情報を選択し，まとめることが大切である。課題の目的，字数，書式などを正確に守り，誤字・脱字についても何度も見直しが必要である。

　レポートを書いていて，どうしても聞き漏らしたことがあると感じたら，実習担当者に丁寧に回答を依頼することが必要になる。また，利用者などの個人情報にかかわることをどの程度まで，レポートに盛り込むかについては，学校の教員と相談することが大切である。場合によっては，実習担当者の許可を必要とする内容も出てくるかもしれない。一般的には，利用者や職員の方々のプライバシーに関することを記述内容に盛り込むことは，極力避ける方が良いであろう。

　実習での貴重な体験をレポートにまとめることによって，バラバラであった情報の集まりは課題の整理へとつながり，有機的に意味をもつようになる。そして卒業後3年後，5年後であっても見直し，職業生活に生かしていくことができるような「宝物」にも成り得るのである。

　レポートという課題がない場合でも，実習報告集の原稿を作成することが求められることが多い。これは，文字数は少ないであろうが，多くの場合，実習先の施設・機関にも配布され，同学年の学生にも配布される。言わば，一生の思い出となるものである。それだけに，内容の吟味や誤字・脱字のチェックには悔いなきように力を注いでおく必要がある。

　実習報告集は，後輩も実習先の選定に生かすことが多い。それゆえに，客観的な記述を心掛け，多くの人が読んで理解しやすい文章で書くことも大切であろう。

■実習日誌の活用と保管

　実習日誌は，実習担当者に読んでもらい，コメントをいただければ完了というわけではなく，実習後の学習にもフルに生かしていきたいものである。利用者からの言葉，職員の方々からのアドバイス，自分自身の考察・感想など，現場に行かなくては得ることができないことがたくさん書いてあるはずである。

　もし，記述が不十分であり，後で読んで理解できないような部分が出てくるのであれば，余白の部分にでもメモ書きして補足しておくことも有益かもしれない。

　また，個人情報にかかわる部分については，分からないように修正しておくことも必

要である。第三者の目に入ったときにも，利用者や職員の方々にくれぐれも迷惑がかからないように注意しておこう。実習日誌自体の保管についても，第三者が容易に手にとれるような場所においておくことは，禁じられるべきである。守秘義務が守れないことによって，利用者や職員の方々に多大な損失を与えてしまう可能性があることを理解しておこう。できれば，鍵付きの引き出しなどに保管しておきたいものである。

　実習が終わった日に，すべての記述内容について施設・機関の実習担当者が読んで，コメントをいただくことができる場合は，むしろ稀である。学校の方針に従って，施設・機関の実習担当者と相談しつつ，残りのページを自分で取りにいくか，送っていただくかを，実習中に決めておく必要がある。自分でとりに行くことが望ましいが，送ってもらう場合は，郵便切手や実習生の自宅住所を表に書いた封筒などをあらかじめ渡しておくなどの配慮が必要である。施設・機関の実習担当者にできるだけ迷惑をかけない方法をとり，感謝の意をきっちりと伝えることが大切である。

■お礼状の書き方

　実習先の施設・機関でお世話になった方々には，感謝の気持ちを相手に伝えておきたいものである。実習先の施設・機関の実習担当者（あるいは代表者）宛に，手紙を書くという形が一般的である。誰を宛名にして書けば良いのかが分からない場合は，学校の実習指導教員と相談すればよい。

　次に，書くタイミングについては，実習終了後の翌日から1週間の間に届くようにするのが良いと思われる。それほど長い文章でなくてもよいから，心を込めてていねいに書くことが大切である。あまりに遅いと，感謝を伝えるという効果が少なくなる。お礼状は，早く書くにこしたことはない。

　形式としては，まず「拝啓」と書き，季節の挨拶を記し，本題に移る。最後は「敬具」で締めくくる場合が多い。社会人になる前に，手紙の諸形式を覚えておくことは，就職活動や日常でのつきあいにも有益である。

　お礼状は，実習先の壁に貼り出されたり，職員間で回覧されたりする場合もある。あまりにも個人的な内容にならないようにした方が良い。それとともに，誤字・脱字があればそれも周知のこととなり，恥ずかしい思いをするし，相手にも失礼であるので，くれぐれも注意することが肝要である。黒か青インクの万年筆やボールペンで書くべきであり，鉛筆書きは避けたいものである。

　また，現場実習に関するお礼状は，実習先の実習担当者に対して通り一遍の内容でないようにしたいものだ。実習中に特に印象に残ったエピソードを内容に盛り込んだりすることによって，その実習生ならではお礼状を作成するように心がけよう。

　また実習が終わってから，施設・機関から会報や資料が送られてくるかもしれない。そういう場合にも，こまめにお礼状を書くようにしよう。そうしたことで，その学生自身に関してだけではなく，次の学年，あるいはそれ以降の後輩にとっても，良い関係が

続いていく契機となるかもしれない。

　実習中に特にお世話になった方がいる場合は，施設・機関の実習担当者と相談して別にお礼状を書く場合もある。お礼状を書きたい相手が施設・機関の利用者の場合は，ある程度内容まで，施設・機関の実習担当者と相談した方が良いと思われる。

　お礼状を書くことによって，お世話になった実習先の方々との関係も深まるであろう。実習の記憶がはっきりしている間に，ぜひ実習先に心のこもったお礼状を，今の自分のできる範囲で書いてみよう。達筆でなくても，ていねいに心をこめて書いたものであれば，きっと何かが伝わるだろう。

おわりに

　社会福祉士・精神保健福祉士養成において実習教育はきわめて重要な位置にある。単なる現場で体験すればよいといったものではなく，現場での実習をより充実したものにすべく，事前学習の段階から計画的に取り組み，実習後も実習のふりかえりを行いながら実習のまとめを行う必要がある。いわば，長期にわたる計画的な実習教育が求められている。

　しかも，現場で実習を行うということは，現場との協力の下，実施されなければならない。学校側の一方的な教育プログラムでは不十分である。

　より充実した実習教育を行うにはどうすればよいのだろうか，学生自身が主体的に学ぶことのできる実習教育とはどのようなものだろうか，大学としてどのようなプログラムを考えていけばよいのだろうかをつねに模索してきた。

　このような想いから，一貫性のある内容で，しかも学生と教員，現場の実習担当者が共通して理解できるテキストを作成することとなった。そしてできあがったのが本書である。

　本書は，関西福祉科学大学社会福祉学部社会福祉学科が取り組んできた福祉実習教育を整理したもので，単なる授業のテキストにとどまらず，学生が自己学習を行う際にも十分有効活用可能な内容となっている。現場のワーカー，現場の実習担当者，大学教員さらには実習経験者など関西福祉科学大学に関係するさまざまな方々から執筆していただいている。さらに，現場の実習をより実りあるものとすべく，現場の方々との共同で「福祉実習モデル」を作成し，福祉相談援助実習の一定の基準を提示している。これにより，単なる経験で終わるのではなく，社会福祉士・精神保健福祉士実習をより体系的に行うことができるようになった。まさに，学生，実習受け入れ先，大学が三位一体となった共同の書籍といえる。

　本書は，一大学の取り組みにとどまらず，多くの社会福祉士・精神保健福祉士養成学校においても十分参考にしていただける構成となっている。ぜひ各学校においても活用していただきたい。

　最後に，当初の予定から大幅に発行が遅れてしまい，関係者に多大なるご迷惑をおかけした。この場をお借りしてお詫び申し上げたい。

2008 年 4 月
編者を代表して
社会福祉学科　津田耕一

執筆者紹介（所属，執筆分担，執筆順）

● 編 集 委 員 ●

遠塚谷富美子（元関西福祉科学大学教授：はじめに，第1章第2節，第4章第6節1，第7章第2節1〔共著〕，第8章5・6）

津田　耕一（関西福祉科学大学教授：第2章第3節，第4章第6節5・第7節〔共著〕，第5章第1節〔共著〕・第5節，第7章第2節5〔共著〕，第8章1・2・3，おわりに）

遠藤和佳子（関西福祉科学大学准教授：第4章第5節・第6節6，第7章第2節6〔共著〕，第8章12）

橋本有理子（関西福祉科学大学准教授：第4章第6節4，第5章第6節，第6章第1節4・5，第7章第2節4〔共著〕，第8章9・10・11・24〔共著〕）

山戸　隆也（四條畷学園短期大学准教授：第9章1・2，第12章第1節・第3節）

● 執　筆 ●

杉本　敏夫（関西福祉科学大学教授：はじめに，第1章第1節）

日根野　建（福井県立大学准教授：第2章第1節・第2節）

寺田　明代（関西福祉科学大学准教授：第2章第4節，第7章第2節8〔共著〕）

田中　志穂（第2章第5節1）

網嶋　秀樹（高砂市社会福祉協議会事務局長補佐：第2章第5節2）

直木　慎吾（特別養護老人ホーム萱振苑施設長：第2章第5節3）

村山　盛光（神戸愛生園施設長：第2章第5節4）

幸野　通浩（児童養護施設清心寮児童指導員：第2章第5節5）

飯塚　範子（阪南中央病院医療福祉課：第2章第5節6）

桑原　美樹（小阪病院病客部医療社会事業課：第2章第5節7）

一村小百合（関西福祉科学大学准教授：第3章，第4章第6節7，第7章第2節7〔共著〕，第8章7・8）

斉藤　千鶴（関西福祉科学大学教授：第4章第1節・第2節・第6節3，第7章第2節3〔共著〕）

河野　清志（山陽学園短期大学専任講師：第4章第3節・第4節，第8章17，第9章4・5）

松宮　満（関西福祉科学大学教授：第4章第6節2，第7章第2節2〔共著〕）

兒玉　好子（関西福祉科学大学准教授：第4章第6節8，第5章第1節〔共著〕，第8章4）

吉田　初恵（関西福祉科学大学准教授：第4章第7節〔共著〕，第6章第3節）

成清　敦子（関西福祉科学大学専任講師：第5章第2節・第3節，第8章13・14・15・16）

長澤真由子（広島国際大学専任講師：第5章第4節，第9章3・8）

柿木志津江（関西福祉科学大学専任講師：第6章第1節1・2・3，第7章第1節・第2節5〔共著〕）

袴田　俊一（関西福祉科学大学教授：第6章第2節，第8章イントロダクション）

中村　又一（武庫川女子大学非常勤講師：第7章第2節1〔共著〕，第11章10・11・12）

宮口 智恵（NPO法人チャイルド・リソース・センター代表：第7章第2節2〔共著〕）

前川 阿紀子（柏原市社会福祉協議会：第7章第2節3〔共著〕，第11章8・9）

高埜 須磨子（日本コイノニア福祉会第二好意の庭生活室長：第7章第2節4〔共著〕）

須郷 紳弘（大阪府障害者福祉事業団：第7章第2節5〔共著〕，第11章2・3）

西嶋 嘉彦（大阪府立修徳学院：第7章第2節6〔共著〕，第11章4）

北條 正治（水上隣保館総合施設長：第7章第2節6〔共著〕）

三宅 健一郎（川西市社会福祉事業団川西さくら園元園長：第7章第2節7〔共著〕）

竹原 紀夫（医療法人養心会：第7章第2節8〔共著〕）

中島 裕（関西福祉科学大学准教授：第7章第2節8〔共著〕，第8章23・24〔共著〕・25）

寶田 玲子（関西福祉科学大学専任講師：第8章18・19・20・21・22，第9章6・7，第12章第2節）

北村 由香里（第10章1）

薮田 さなえ（元関西福祉科学大学大学院研究生：第10章2）

植田 涼香（特別養護老人ホーム竜雲舜虹苑ケアワーカー：第10章3）

鈴木 依里（特別養護老人ホーム瑞光苑ケアワーカー：第10章4）

藤田 真奈実（神戸明生園生活援助員：第10章5）

志水 香（堺市役所：第10章6）

松村 和美（大阪発達総合療育センターフェニックス生活指導員：第10章7）

平松あかり（元関西福祉科学大学福祉実習相談室：第10章8）

御前由美子（関西福祉科学大学大学院研究員：第10章9）

前嶋　弘（救護施設ヨハネ寮ソーシャルワーカー：第11章1・5・6・7）

阪野　学（情緒障害児短期治療施設ひびき施設長：第11章13）

相談援助のための福祉実習ハンドブック

| 2008年6月20日　初版第1刷発行 | 検印廃止 |
| 2011年2月20日　初版第3刷発行 | 定価はカバーに表示しています |

編　者	関西福祉科学大学 社会福祉実習教育 モデル研究会
発行者	杉田　啓三
印刷者	林　　初彦

発行所　株式会社　ミネルヴァ書房

607-8494　京都市山科区日ノ岡堤谷町1
電話代表　(075) 581-5191番
振替口座　01020-0-8076番

Ⓒ関西福祉科学大学社会福祉実習教育モデル研究会, 2008　太洋社・清水製本

ISBN978-4-623-05075-8
Printed in Japan

社会福祉小六法
[各年版]

ミネルヴァ書房編集部　編
四六判／本体1600円

ミネルヴァ社会福祉六法
[各年版]

野﨑和義監修／ミネルヴァ書房編集部　編
四六判／本体2500円

社会福祉基本用語集
[七訂版]

「シリーズ・21世紀の社会福祉」編集委員会　編
四六判／本体1600円

社会福祉用語辞典
[第8版]

山縣文治・柏女霊峰　編集委員代表
四六判／本体2200円

―― ミネルヴァ書房 ――
http://www.minervashobo.co.jp/